삶에 희망을 주는
대표기도문

삶에 희망을 주는 대표 기도문

2007년 05월 20일 초판 1쇄 발행
2024년 12월 12일 초판 14쇄 발행

지은이　　| 김학중
펴낸이　　| 황성연
펴낸곳　　| 도서출판 청우
주문처　　| 열린유통
등록번호　| 제 2001-000055호
주소　　　| 경기도 파주시 광탄면 혜음로883번길 39-32
　　　　　　Tel. 031-906-0011　Fax 0505-365-0011

이 책은 저작권법에 의해 보호를 받는 저작물이므로 무단전재 및 복제를 금합니다.
잘못 만들어진 책은 구입하신 서점에서 바꾸어 드립니다.

삶에 희망을 주는

대표 기도문

김학중 지음

청우

머리말

흔히 인생을 고해라고 합니다. 정말 이 말처럼 모든 인생에는 끊임없이 고난이 찾아옵니다. 한 가지 어려움이 지나가면 또 다른 한 가지가 닥쳐오고, 비유하자면 인생은 고요한 호수가 아니라 끊임없이 파도가 몰아치는 거친 바다와 같습니다.

하나님을 믿는 성도도 마찬가지입니다. 천국에 들어가기 전까지 이 세상에 살 동안엔 고난이 면제되지 않습니다. 의롭게 살려고 하는 사람이 더 큰 고난을 당하기도 합니다. 그래서 누구에게나 인생 사는 게 쉽지 않은 것 같습니다. 하지만 우리 인생의 바다에 파도가 친다고 무조건 비관적으로 생각할 필요는 없습니다. 거친 파도를 헤치며 항해하는 배가 있듯이, 파도를 극복하고 승리하는 방법이 있기 때문입니다. 그 방법을 배울 수 있다면 참 다행한 일이고 괜찮은 인생일 것입니다.

다니엘 6장 1절에는 마치 파도를 헤쳐 나가듯이, 파도를 타듯이 고난을 이기고 승리한 사람이 등장하는데 바로 다니엘입니다. 그는 소년 시절부터 노년까지 숱한 고난을 당했지만 그때마다 당당하게 승리했던 사람이었습니다. 오히려 고난을 당할 때마다 더 큰 축복과 영광을 얻었는지도 모르겠습니다. 다니엘은 그 비결을 '기도'라고 온몸으로 말해주고 있습니다.

기도를 통해서 사자굴에서도 살아나왔고 풀무에서도 살아날 수 있었습니다.

여러분은 인생을 살아가면서 절박한 위기를 만나면 가장 먼저 무엇을 하십니까? 힘이 될 만한 사람들을 찾아다니십니까? 돈을 꾸어줄 사람을 찾아가십니까?

인생에서 결정권을 쥐고 있는 분은 바로 하나님이십니다.

하나님을 만나기 전에는 우리의 모든 노력과 애쓰는 것이 다 헛수고일 뿐입니다.

예수님이 기도하실 때 하늘 문이 열렸다고 했습니다. 기도는 하늘 문을 여는 열쇠입니다. 바울과 실라가 옥중에서 기도하고 찬송할 때 손발의 착고가 풀리고 옥문이 열렸습니다. 기도는 우리의 결박을 푸는 열쇠입니다.

기도는 좌절한 한 사람을 다시 일으켜 세우는 희망을 향한 힘입니다. 그것은 하나님의 기적과 역사에 동참하는 위대한 능력이며 권세입니다.

저는 인생을 살면서 여러 번 역경과 고난을 경험했습니다. 그러나 한 번도 좌절한 적은 없습니다. 제가 그렇게 계속 도전하며 살 수 있었던 것은 바로 꿈이 있었기 때문입니다. 제가 넘어졌을 때 다시 일으켜 세운 것 또한 꿈입니다. 그런데 그 꿈을 제 마음속에 계속 담아 놓을 수 있었던 가장 큰 힘은 바로 기도였습니다. 기도하지 않았다면 꿈이 저를 이끌어 오지 못했을 것입니다.

기도를 통해 항상 희망을 볼 수 있었고 꿈을 결코 놓치지 않을 수 있었습니다. 꿈을 꿈 되게 하는 것은 기도였습니다.

하나님께서 주신 희망의 꿈을 품고 늘 기도하여 모든 일에 승리하며 전진하는 성도들이 되시기를 바라며 이 책이 기도하는 데 도움이 되길 바랍니다.

꿈의교회
김학중 목사

목 차

제1부 대표기도 코칭

1. 대표기도란 한 마디로
2. 대표기도와 개인기도의 차이점
3. 대표기도는 어떤 역할을 할까요
4. 대표기도 할 때 포함할 수 있는 내용
5. 대표기도에서 기억해야 할 점

제2부 희망 대표기도문

1. 주일 예배 및 수요 예배 대표기도 16
1월의 기도 | 2월의 기도 | 3월의 기도 | 4월의 기도 | 5월의 기도 | 6월의 기도
7월의 기도 | 8월의 기도 | 9월의 기도 | 10월의 기도 | 11월의 기도 | 12월의 기도

2. 예식예배 대표기도 224
창립 기념 예배 | 직분 임명 예배 | 회갑예식 | 혼인예배 | 졸업예배 | 퇴임 예배
장례 예배 | 추도 예배 | 하관 예배 | 입관 예배 | 임종예배 | 교사 헌신 예배
청년부 헌신 예배 | 성가대 헌신예배 | 학생회 헌신예배 | 여선교회 헌신예배
남선교회 헌신예배 | 제직헌신예배

3. 절기예배 대표기도 255
신년 주일 예배 | 종려 주일 예배 | 고난 주간 예배 | 부활주일 예배
성령강림 주일 예배 | 어린이 주일 예배 | 어버이 주일 예배 | 맥추 감사 예배
추수 감사 주일 예배 | 대강절 예배 | 성탄 예배 | 송구영신 예배

제3부 기도와 희망

1. 청년을 위한 기도 280
공부하는 비전을 위한 기도 | 미래의 삶을 위한 기도 | 공동체의 변화를 위한 기도 | 나라를 위한 기도 | 세계를 위한 기도

2. 청소년을 위한 기도 285
학생으로서의 본분을 위한 기도 | 학교를 위한 기도 | 소외당하는 친구를
위한 기도 | 학교에서의 바른 기독교인으로서의 삶을 위한 기도 | 꿈을 위한 기도

3. 어린이를 위한 기도 290
하루를 시작하는 기도 | 하루를 마감하는 기도 | 부모님을 위한 기도
가정을 위한 기도 | 목표를 향한 기도

4. 직장인을 위한 기도 295
승리하는 직장생활을 위한 기도 | 직장의 빛과 소금 역할을 위한 기도
직장의 변화를 위한 기도 | 올바른 리더가 되기 위한 기도 | 성장을 위한 기도

5. 부부를 위한 기도 300
행복을 구하는 기도 | 결혼기념일 기도 1 | 결혼기념일 기도 2
다툰 후의 기도 | 아침을 여는 기도

6. 병든 자를 위한 기도 305
병상의 기도 | 어린 환우의 기도 | 두려움을 이기는 기도
회복을 확신하는 기도 | 고통을 이기게 하는 기도

7. 실직자를 위한 기도 310
좌절하지 않기 위한 기도 | 지금까지의 삶에 대한 감사 기도
하나님께서 인도해 주심에 대한 확신의 기도
새로운 꿈을 위한 기도 | 가정의 회복을 위한 기도

8. 아버지를 위한 기도 315
축복의 통로가 되기 위한 기도 | 가장으로서 모범이 되는 기도
믿음을 유산으로 남겨주는 기도 | 사랑하는 아내를 위한 기도
사랑하는 자녀를 위한 기도

9. 어머니를 위한 기도 320
현숙한 여인의 기도 | 따뜻한 가정을 위한 기도 | 사랑하는 남편을 위한 기도
사랑하는 자녀를 위한 기도 | 성공적인 인간으로서의 기도

10. 노인을 위한 기도 325
하나님의 섭리에 대한 감사의 기도 | 살아온 날들에 다한 감사 기도 | 최선의 삶
을 위한 기도 | 하나님의 나라의 확장을 위한 기도 | 하나님의 뜻을 위한 기도

11. 세계유명기도문 331

오늘날 교회가 필요로 하는 것은 보다 많은 시설도 아니고 새로운 기관이나 조직도 아니고 보다 고상한 방법들도 아니다. 오늘날 교회가 필요로 하는 것은 성령이 사용할 수 있는 사람, 기도의 사람들, 기도의 용사들이다. 성령은 방법을 통해서 역사하지 않고 사람을 통해서 역사한다. 그는 시설이나 기계 위에 임하지 않고 사람 위에 임한다. 그는 계획을 인치시지 않고 기도의 사람들을 인치신다.

- E.M. 바운즈

1부

대표기도 코칭

1. 대표기도란 한 마디로
2. 대표기도와 개인기도의 차이점
3. 대표기도는 어떤 역할을 할까요
4. 대표기도 때 포함 할 수 있는내용
5. 대표기도에서 기억해야 할 점

기도는 믿음의 증표이고 하나님과 사귐을 갖는 가장 중요한 매체입니다. 개인기도는 오직 하나님만이 아시기에 보다 자연스럽지만 대표기도는 하나님 외에 청중들이 듣기에 어색합니다. 누구나 처음 대표기도를 하게 되면 어떻게 해야 할지 몰라 당황합니다. 그러므로 대표기도에 대한 간단한 코칭이 필요합니다.

1. 대표기도란 한마디로…

예배 때나 각종 예식이나 많은 사람들이 모여서 기도할 때 모든 사람들을 대표 해서 공적으로 행하는 기도를 말합니다.

2. 대표기도와 개인기도의 차이점

1) 개인기도는 개인의 개별적으로 드리는 자기중심의 기도로서 어디까지나 자기가 주체가 되어 자기 자신의 관심이 미치는 범위까지 기도의 영역이 됩니다. 대표기도는 대표자로서 같이 있는 모든 기도자의 기도를 대신 하는 것이기 때문에 공적인 공동기도에 속하며 기도의 주체는 대표자 한 사람이 아니라 그 공동 기도자들입니다. 따라서 기도는 공동기도자들의 관심의 일반적 수준에까지 이르러야 합니다.

2) 개인기도는 신앙생활의 일부로서 기도자의 형편과 처지에 따라 실행이 가능하나 대표기도는 예배의 모임에서나 다수의 기도자가 함께 하는 자리에서 대표성을 부여 받고 하는 기도이기 때문에 예배생활의 일부라고 할 수 있습니다.

3) 개인기도가 어떠한 일정한 형식이나 격식 또는 습관에 구애받지 않고 자유로 할 수 있는 의사표현법을 띠고 있다고 한다면 대표기도는 관습적으로나 보편화된 일정한 형식이나 격식을 지니고 있습니다.

4) 개인기도는 시간의 제약을 받지 않고 얼마든지 기도자의 마음대로 기도할 수 있는 자유가 있으나 대표기도는 일정한 시간 안에 기도를 끝마쳐야 하는 제약을 받고 있습니다.

5) 개인기도는 공간적 장소의 제한 받음이 없으나 대표기도는 대개 일정한 장소에서 모여 예배를 드리거나 행사를 할 때 시행되기 때문에 대표기도를 할 수 있는 여건이나 기회는 제한됩니다.

3. 대표기는 어떤 역할을 할까요…

1) 중보기도로서의 역할을 합니다.
대표기도는 말 그대로 많은 사람들을 대표해서 하는 기도이기에 중보의 성향이 강합니다 그러므로 개인적 의견을 기도해서는 안 됩니다.

2) 공동기도로서의 역할을 합니다.
사도신경이나 주기도문처럼 많은 사람들이 공동의 고백을 하듯이 대표기도의 내용에 청중들이 아멘으로 화답함으로 공동기도의 역할을 하게 됩니다. 그러므로 지엽적인 내용은 바람직하지 않습니다.

3) 경건한 예배를 드리는 한 축으로서 역할을 합니다.
대표기도는 예배의 한 축이기에 진실함과 신중함이 있어야 합니다.

4) 듣는 이들로 하여금 기도의 방향을 제시해주는 역할을 합니다
기도를 하기에 어려움을 느끼는 청중들이 대표기도에 동참함으로 자신의 기도의 방향과 내용을 설정하는데 도움을 얻습니다.

4. 대표기도 할 때 포함될 수 있는 내용

1) 하나님을 찬양하고 영광 돌리는 기도를 해야 합니다. 대체로 처음

부분에 많이 사용합니다. 주기도문도 처음에는 하나님을 찬양하고 영광을 돌리는 내용을 담고 있습니다. 진실이 담긴 찬양과 경배의 내용이 필요합니다.

2) 감사하는 기도를 해야 합니다. 속한 공동체에 내려주신 감사의 조건을 찾아 감사의 기도를 합니다. 감사기도는 많이 할수록 좋습니다.

3) 회중의 죄를 회개하는 기도를 해야 합니다. 공동체의 대표로서 공동체의 죄를 참회하는 기도를 합니다. 지엽적인 죄가 아닌 일반적인 죄, 영적인 죄를 회개합니다.

4) 회중을 대표해서 간구하는 기도를 해야 합니다. 공동체의 상황을 정확히 간파하고 공동체의 간구를 대신해서 합니다. 그러므로 공동체의 여건과 상황을 잘 알아야 합니다.

5. 대표기도에서 기억해야할 점

1) 교회와 성도를 대표함을 잊지 않습니다. 대표라는 사실을 잊고 기도하는 분은 기도의 중심을 못 잡고 매우 헤매게 됩니다. 그러므로 기도 가운데 미리 원고를 착실히 준비하고 나오는 것이 바람직합니다.

2) 교회와 성도 전반의 영적상황을 고려하여 중보기도 합니다. 교회와 성도의 상황과 전혀 관계없는 기도를 하면 아무리 잘한다고 해도 더 이상 대표기도로서 효능이 없습니다. 미리 속한 공동체의 환경과 여건을 살펴야 합니다.

3) 어떻게 하면 화려한 미사여구를 사용하여 기도를 잘 할 수 있을까 고민하면 안 됩니다. 기도는 하나님께 하는 것입니다. 우리는 사람을 기쁘게 하는 대표기도가 아니라 하나님을 기쁘시게 하는 대표기도를 해야 합니다.

주님!

지나 온 날들을 회고하며
감격에 넘치는 마음으로 기도합니다.
몸이 아프고 피곤할 때 힘과 용기를 주셨고,
마음이 괴롭고 외로울 때 믿음과 소망을 주셨으며,
할 일을 주셔서 보람을 갖게 하시고,
가족들을 지켜 주셔서
화평하게 하사,
고통스러운 시간과 사건들을 겪으면서도,
아주 넘어지지 않게 하심을 감사하나이다.

바쁘고 힘겹게 달려가는
일과 속에서도
아름다움을 감상할 수 있는 기회를 주셨고,
친구와 가족과 교우들의 정을
느끼게 하시며,
하나님의 사랑을 사고와
질환과 땀과 눈물 속에서
경험하게 하심을 감사하나이다.

큰 햇볕 주심을 잊고
작은 별빛을 불평한 우리를 용서하시고,
우리의 마음을 바다처럼 넓혀 주시며
하늘처럼
푸르고
시원하게
만들어 주옵소서.

　　항상 기도한다는 뜻은, 하나님 필터로 모든 삶을 들여다 본다는 뜻이기도 합니다. 하나님 필터를 갖게 되면 우리는 하나님의 눈을 통해서 세상을 보고 또한 우리와의 관계성을 통해 하나님을 보게 됩니다. 그러기 위해 우리는 우리를 염려케 하는 모든 사건을 하나님이 다 감찰하시고 주관하심을 인식해야 합니다. 여러분은 이런 질문에 익숙해지길 바랍니다.
　　"하나님은 이 일에 대해 어떻게 생각하실까?"
　　"하나님은 이런 상황에서 어떤 일을 행하실까?"
　　"이 상황에서 필요한 하나님의 능력은 어떤 것이어야 할까?"

　　- 찰스 스탠리

2부

희망대표기도문

1. 주일 예배 및 수요 예배 대표기도
1월의 기도 | 2월의 기도 | 3월의 기도
4월의 기도 | 5월의 기도 | 6월의 기도
7월의 기도 | 8월의 기도 | 9월의 기도
10월의 기도 | 11월의 기도 | 12월의 기도

2. 예식예배 대표기도
창립 기념 예배 | 직분 임명 예배 | 회갑예배
혼인예배 | 졸업예배 | 퇴임 예배
장례 예배 | 추도 예배 | 하관 예배 | 입관 예배
임종예배 | 제직 헌신 예배
남전도회 헌신예배 | 교사 헌신 예배
청년 헌신 예배 | 찬양대 헌신예배
학생회 헌신예배 | 여선교회 헌신예배
남선교회 헌신예배 | 제직헌신예배

3. 절기예배 대표기도
신년 주일 예배 | 종려 주일 예배 | 고난 주간 예배
부활주일 예배 | 성령강림주일 예배
어린이 주일 예배 | 어버이 주일 예배
맥추감사 주일 예배 | 추수감사주일 예배
대강절 예배 | 성탄 예배 | 송구영신 예배

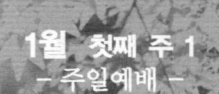

한 해의 결단

*"내가 여호와를 기다리고 기다렸더니 귀를 기울이사
나의 부르짖음을 들으셨도다"* (시 40:1)

어제나 오늘이나 영원토록 동일하게 살아계시는 하나님, 그 크신 은혜와 사랑을 감사드립니다. 새로운 한 해를 허락하시고 신년예배를 드릴 수 있도록 인도하시니 참으로 감사를 드립니다. 오늘 하루 저희들이 거룩한 주일로 하나님 앞에 온전히 드리기를 원하오니 마음과 정성을 다해 거룩한 예배를 드리게 하옵소서. 이 시간 저희들이 드리는 찬양과 기도를 열납하여 주옵소서. 올 한 해도 저희들의 몸과 마음을 하나님 앞에 거룩한 산 제물로 드리는 삶을 살아가게 하옵소서. 우리의 삶이 하나님 보시기에 기쁨이 되게 하여 주시옵소서. 지난 한 해를 돌아볼 때 하나님 앞에서 불충한 삶이었음을 고백합니다. 맡겨주신 사명을 온전히 감당치 못했을 뿐 아니라 하나님의 사랑을 이웃들에게 전하지도 못하였습니다. 새로운 한 해는 하나님 앞에 새롭게 결단하게 하시고 충성하는 일꾼이 되게 하여 주시옵소서. 사랑의 하나님, 이 나라와 민족을 기억하여 주시사, 마지막 때 귀하게 쓰임 받는 민족으로 삼아 주시고, 복음전파의 귀한 사명을 감당하는 민족이 되게 하여 주시옵소서. 세계 각처에서 전쟁의 소문이 사라지고, 이 땅에도 참된 평화가 임하게 하옵소서. 어려운 가운데 있는 이 나라가 경제적으로 회복되며 정치적으로 안정될 수 있도록 함께 하여 주시옵소서. 능력의 하나님, 우리 교회를 지켜 주시고 험난한 세상 가운데 구원의 방주로의 역할을 감당하게 하여 주시니 감사드립니다. 모든 예배가 감사와 기쁨의 축제들이 되게 하시고, 더 큰 부흥의 역사가 일어나게 하여 주시옵소서. 이 시간 담임목사님을 붙들어 주시고 듣는 우리들의 마음을 변화시키는 능력의 말씀을 전하게 하여 주시옵소서. 찬양으로 영광 돌리는 성가대 위에 함께 하시사 기쁘게 받아주시고, 저희들의 마음문도 활짝 열어 주시옵소서. 예수 그리스도의 이름으로 기도하옵니다. 아멘

희망 명언 인내와 반성하는 마음만 있으면 누구든 곤란을 뚫고 나갈 수 있다. - 파브르

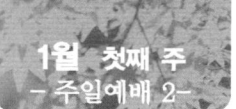

화평의 출발

"내가 그리스도와 함께 십자가에 못 박혔나니, 그런즉 이제는 내가 산 것이 아니요 오직 내 안에 그리스도께서 사신 것이라"(갈2:20)

우리의 삶을 주관하고 인도하시는 좋으신 하나님, 지난 한 주간 우리를 지켜주시고, 오늘 거룩한 주일을 맞아 주의 전으로 발걸음을 인도하여 주시니 감사합니다. 이 예배가 마음과 정성을 다해 드리는 거룩한 산 제사가 되게 하여 주시고 우리의 찬양과 기도를 기뻐 받아 주시옵소서. 지극히 자비로우신 하나님, 지난 한 주간 저희들은 하나님의 자녀다운 삶을 살지 못하였고, 세상의 죄악과 타협하며 살았음을 고백합니다. 우리의 죄를 뉘우치고 진심으로 회개하오니, 저희들의 죄과를 기억하지 마시고 용서하여 주시옵소서. 연약하고 부족한 저희들에게 믿음으로 결단하게 하셔서, 세상에 나아가서도 선으로 악을 이길 수 있는 능력을 주시옵소서. 사랑의 하나님, 이 세계에 참된 평화를 허락하소서. 미움과 다툼이 사라지게 하시고, 용서와 화해를 허락하여 주소서. 이 나라의 위정자들에게 함께 하셔서 지혜와 명철을 주시고, 하나님을 두려워하게 하옵소서. 국민들을 위한 정치를 하게 하시고, 하나님 앞에 무릎을 꿇는 자들이 되게 하여 주시옵소서. 이 땅이 경제적으로 어려운 가운데 있사오니 회복되게 하시고, 정치적으로도 안정되게 하옵소서. 이 땅에는 아직도 절망과 염려로 고통당하고 있는 많은 사람들이 있사오니, 이들의 마음을 위로하여 주옵시고, 용기를 주셔서 차가운 날씨에 믿음마저 식지 않게 하여 주시옵소서. 남북으로 분단된 이 나라에 긍휼을 베푸셔서 다시는 전쟁이 일어나지 않게 하시고, 평화적으로 통일을 이룰 수 있도록 역사하여 주시옵소서. 이 시간 담임목사님에게 성령께서 함께 하시사 피곤치 않게 하시고, 말씀을 전할 때 우리의 혼과 영과 관절과 골수를 찔러 쪼개는 능력으로 역사하게 하옵소서. 성가대의 찬양을 열납하시고, 듣는 저희들의 마음 문을 열어 주셔서 큰 은혜의 시간이 되게 하여 주시옵소서. 예수그리스도의 이름으로 기도하옵나이다. 아멘.

희망 명언 700번이 넘는 패배가 나를 키웠다. -김인식(야구 감독 · 12년간 736승 38무 772패의 성적을 기록)

1월 첫째 주
- 수요예배 -

함께 가는 이웃

"내가 이르노니 너희는 성령을 좇아 행하라 그리하면 육체의 욕심을 이루지 아니하리라" (갈5:16)

사랑과 은혜가 충만하신 하나님! 저희들로 하여금 주님을 경외하며 찬양할 수 있게 하셔서 감사합니다. 사랑이 충만하신 하나님 아버지, 저희들이 연약해서 때때로 주님을 원망하곤 했던 죄를 고백합니다. 고난이 닥칠 때마다 주님을 부인했던 죄를 용서하옵소서.

저희를 위해 십자가를 지셨던 주님의 고난을 기억하면서 이겨낼 수 있는 믿음을 주시옵소서. 저희들에게 건강과 생명을 주셔서 오늘도 호흡하면서 나왔사오니 하나님께 신령과 진정으로 예배드리게 하옵소서. 나라와 민족을 위하여 기도하오니 무엇보다도 침체에 빠진 경제를 회복시켜 주시옵소서. 죽어가는 영혼들을 사랑하셔서 이곳에 교회를 세워주시니 감사하옵나이다. 모든 교우들이 오직 하나님의 영광을 위하여 삶을 영위하며 주님의 사랑을 실천하게 하옵소서.

저희가 하나님의 자녀답게 세상에서 거룩하게 구별된 삶을 살면서 승리할 수 있도록 믿음을 주시옵소서. 저희 가운데 고난 당하는 자가 있습니까? 평안을 주시고, 우리 교회가 고통에서 벗어나는 거룩한 성소가 되게 하여 주시옵소서. 또한 아버지, 저희들의 이웃을 위하여 기도합니다. 우리의 이웃과 믿지 않는 가족들의 영혼을 불쌍히 여기사 죄악에서 해방될 수 있는 은혜를 허락하여 주옵소서.

저희가 그들에게 선한 행실로 주님의 사랑을 실천함으로 전도의 문이 열려 복음의 씨앗을 심을 수 있게 하옵소서. 목사님을 위해 기도하오니 성령과 진리로 충만케 하시어 영감의 말씀을 증거할 수 있게 하시고, 듣는 저희들의 마음도 뜨거워지게 하옵소서.

예수 그리스도의 이름으로 기도합니다. 아멘.

희망 명언 가능성 있는 사고방식을 키우는 가장 좋은 방법 중 하나는 자신이 평소 꾸는 꿈보다 한 단계 더 높은 꿈을 꾸는 것이다. - 존 맥스웰

1월 첫째 주 - 유명기도문 -
아침의 기도

"육체의 소욕은 성령을 거스리고 성령의 소욕은 육체를 거스리나니"(갈5:17)

하늘에 계신 나의 아버지,
주께서 지난밤에 나를
모든 해악과 위험에서 보호하여 주셔서,

주의 사랑하는 아들,
예수 그리스도로 말미암아
주님께 감사함을 드립니다.

그러한즉 주님께 기도하오니,
오늘 하루도 죄악과 모든 악에서
나를 보호하여 주셔서
나의 모든 행위와 삶이
주님의 마음을 기쁘게 하게 하소서.

그것은
내가 나의 몸과 영과 일체를
주의 장중에 내어 맡기기 때문입니다.
부디 주의 거룩한 천사가 나와 동행하게 하사
악한 대적이
나에게서 어떠한 힘도
미치지 못하게 하소서

희망 명언 가장 감사해야 할 것은 신이 주신 능력을 제대로 이용하는 것이다. - 트릴로프

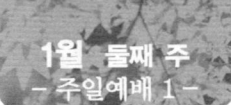

비전을 위하여

*"그리스도 예수의 사람들은 육체와 함께 그 정과 욕심을
십자가에 못 박았느니라"* (갈5:24)

길이요, 진리요, 생명이 되시며 언제나 우리에게 복 주시기를 원하시는 자비로우신 하나님, 은혜를 감사드립니다. 예수님의 고난과 십자가 죽음이 있었음에도 우리는 지난 한 주간 주님의 고귀한 사랑을 잊어버린 채 죄악 가운데 허덕이며 살았음을 고백합니다. 물질에 가치기준을 둔 채 돈을 많이 벌어야 축복인 것처럼 착각하면서 살았습니다. 주님! 부족하고 어리석은 종을 용서하여 주시옵소서. 주님을 곧잘 부인하며 살아가는 종에게 정죄하는 대신 긍휼한 눈으로 바라보시니 이 시간 죄의 짐을 다 내려놓겠습니다. 불쌍히 여기시고 주님만 바라보며 살아가도록 도와주시옵소서. 우리의 삶이 지치고 힘들 때 주님의 십자가를 바라보게 하옵소서. 종이 실수하여 넘어지면 다시 일어설 수 있도록 인도하여 주시옵소서.

우리 교회의 비전을 주님께서는 이미 아시고 계신 줄 믿습니다. 한 영혼을 귀하게 여기시고 세상 끝까지 복음을 전파하라는 주님의 지상명령을 따르기 위해 이제 새로운 마음으로 새해를 시작합니다. 온 성도들이 기쁜 마음으로 영혼 구원의 귀한 사업에 참여하게 하시고 복에 복을 더하여 주시옵소서. "나를 믿는 자는 영원히 살 수 있다"고 말씀하신 주님! 사망권세를 이기신 주님, 세상의 것은 사망이며, 영의 것은 생명과 평안임을 우리가 믿사오니, 그 생명의 말씀을 듣기를 원합니다. 따사로운 햇살이 만물을 소생시키듯이 생명의 말씀으로 황폐한 우리 마음을 소생시켜 주시옵소서. 우리도 영적으로 부활하게 하시고 결단하게 하시어 세상 가운데서도 승리할 수 있도록 도와주시옵소서. 이 시간 머리 숙인 종들에게 인생의 전환점이 되는 예배가 되도록 성령께서 강하게 역사하시옵소서. 예수님의 이름으로 간절히 기도 하옵나이다. 아멘

희망 명언 가장 높은 곳을 올라 가려면, 가장 낮은 곳부터 시작하라. - 미상

1월 둘째 주
- 주일예배 2 -
헌신의 결단

"너희가 만일 성령의 인도하시는 바가 되면 율법 아래 있지 아니하리라"(갈5:18)

하나님! 이 땅의 백성들은 살기 어렵다고 아우성이지만 우리에게는 소망의 주 예수 그리스도가 계시기에 오늘도 하나님의 전에 모였습니다. 지난 주간 우리는 믿음의 길을 가려고 애썼으나 자신도 모르는 사이에 벗어나곤 했습니다. 주님, 부족한 종들을 다시 한 번 용서하시옵소서. 그리고 늘 반복하는 나쁜 죄악에서 완전히 벗어나 예수님을 닮아가는 종이 되게 하시옵소서. 우리 제단에 들어오는 사람마다 예수의 참 사랑을 맛보게 하시고 예수사랑 공동체로 소문나게 하시옵소서. 우리 제단이 새로운 해를 시작하며 귀한 일들을 계획하게 하시니 감사합니다. 올해 이 일들을 통하여 우리 모든 성도들이 하나 되게 하시옵소서. 그리고 하나님께서 주시는 놀라운 힘을 얻고 어려운 일들이 해결되는 역사가 일어나게 하시옵소서. 마음과 몸으로, 물질로 한 사람도 빠짐없이 헌신함으로써 축복을 체험할 수 있기 원합니다. 우리 모두에게 감사와 기쁨과 벅찬 감격이 계속되게 하시옵소서. 올해 하나님의 일들로 우리 교회가 크게 부흥하는 기회가 되게 하시옵소서. 성도들 개개인마다 신앙이 성장하여, 우리 가정, 우리 구역, 우리 기관, 우리 지역교회가 크게 부흥하는 역사가 일어나게 하시옵소서. 그리고 이 사역들과 함께 우리의 희망도 이루어지게 하시옵소서. 우리의 꿈도 크게 꾸기를 원합니다. 모든 우리 시민들에게, 한국의 모든 백성들에게, 아니 이 세계의 만민들에게 예수의 이름으로 희강을 전파하고, 예수의 이름으로 꿈을 꿀 수 있게 하시옵소서. 이 제단을 위하여 몸 바친 종들에게 건강과 열정을 더욱 주시고 덕을 더하시며 말씀과 기도의 능력으로 충만하게 하시옵소서. 또한 양들과 같이 아파하고 같이 기뻐하는 사랑의 목자가 되게 하옵소서. 이 거룩한 날 예배를 통해 주께서 주시는 기쁨을 맛보며 복된 하루를 보내게 하시옵소서. 예수님의 이름으로 기도드렸습니다. 아멘.

희망 명언 강을 거슬러 헤엄치는 자가 강물의 세기를 안다. - 윌슨

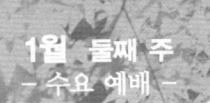

심령의 회복

"그러므로 우리는 기회 있는대로 모든 이에게 착한 일을 하되
더욱 믿음의 가정들에게 할찌니라"(갈6:10)

하나님 아버지, 오늘도 저희를 부르시고 아버지 전에 나오게 하셔서 감사드립니다. 메마르기가 사막 같고 거칠기가 광야와 같은 이 세상에서 지난 사흘 동안 우리의 심령이 상하고 피곤하여 지쳤습니다. 하나님의 자녀라고 하면서도 도리어 주님의 영광을 가리며 살았던 죄인들입니다. 사실 하나님을 우리 아버지라고 말하기조차 부끄럽습니다. 주님, 우리의 허물을 용서하여 주시옵소서.

더럽혀진 심령을 주님의 보혈로 깨끗하게 씻어 주옵소서. 하늘로부터 내리는 생수로 채워 주옵소서. 주님께서 "누구든지 목마르거든 내게 와서 마시라 내가 주는 물은 그 배에서 생수의 강이 흘러나리라"고 말씀하셨습니다. 이 시간 주님께서 주시는 생수를 마시기 원합니다.

우리는 세상의 보이는 것을 따라 살았습니다.

육신적인 것을 추구하며 그것을 하나님보다 더 사랑하기도 했습니다. 그러나 거기에는 참 만족이 없었고, 얻으면 얻을수록, 누리면 누릴수록 우리의 심령은 더욱 메말라갔습니다.

하나님 아버지, 우리의 심령은 거룩하신 아버지만이 가득 채울 수 있음을 믿고 오늘도 주님 앞에 나아왔습니다. 하나님은 누구든지 오기만 하면 그 심령을 시원하게 하고 만족케 하는 생수를 주신다고 하셨습니다. 오늘 저녁도 하나님께서 세우신 사자의 입을 통하여 우리 심령 깊은 곳에 폭포수 같이 풍성하게 생명수를 부어 주옵소서. 가물어 메마른 땅에 단비를 내리듯이 은혜의 단비를 흠뻑 내려 주옵소서.

예수님의 이름으로 기도하옵나이다. 아멘.

희망 명언 겁쟁이는 죽음에 앞서서 여러 차례 죽지만 용기있는 자는 한 번밖에 죽지 않는다.
— 셰익스피어

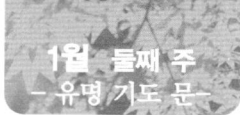

주님의 은사

"또 새 영을 너희 속에 두고 새 마음을 너희에게 주되 너희 육신에서 굳은 마음을 제하고 부드러운 마음을 줄 것이며" (겔36:26)

전능하신 하나님,
주께서 우리에게 주의 아들을 주셨사오니
이 선물이 우리를 사로잡게 하소서.

우리는 종종 생각과 말과 행실로
쓰러지고 허우적거리오니
이것으로 우리가
주님 안에서 가져야 할
기쁨을 얻지 못합니다.

그러므로 우리가 매일 죄를 짓고
게으르고 감사할 줄 모른다 할지라도

주여,
그럼에도 불구하고
우리의 하나님으로 머물러 주시어
친절과 호의를 베풀어 주셔서
평화와 성령의 기쁨 가운데
사로잡히게 하소서.

희망 명언 계획이란 미래에 관한 현재의 결정이다. - 피터 드러커

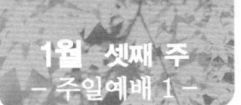

부흥의 꿈

"우리가 선을 행하되 낙심하지 말찌니 피곤하지 아니하면 때가 이르매 거두리라" (갈6:9)

저희를 사랑하시며 이 시간도 함께 하시는 좋으신 하나님, 그 크신 은혜에 감사드립니다. 지난 한 주간도 저희들의 삶을 안전하게 지켜주시고, 거룩한 주일을 허락하셔서 주의 전으로 발걸음을 인도하여 주시니 또한 감사합니다. 이 시간 저희들이 하나님의 마음을 기쁘시게 하는 예배를 드리게 하여 주시옵소서. 자비로우신 하나님, 지난 한 주간 저희들의 삶을 돌아볼 때, 세상의 소금과 빛의 역할을 감당하라는 주님의 명령을 준행하지 못했습니다. 세상의 죄악과 타협하며 살았음을 고백하면서 이 시간 뉘우치고 회개하오니 저희들을 긍휼히 여기사 용서하여 주시옵소서. 세상의 유혹과 고난이 있을지라도 믿음으로 승리할 수 있는 힘과 용기를 허락하여 주시옵소서. 전쟁의 소문이 계속되고 있는 이 세계에 참된 평화를 허락하여 주시옵소서. 미움과 다툼이 사라지게 하시고, 이 세계 만민들에게 용서하고 화해하며 살아가게 하옵소서. 이 나라와 이 민족에게 하나님의 은총을 구하오니 특별히 위정자들에게 함께 하셔서 지혜와 명철을 더하여 주시옵소서. 하나님을 두려워하며, 백성들을 사랑하는 마음을 갖게 하여 주시옵소서. 이 땅 위에 모든 우상과 사술이 사라지게 하시고, 믿음으로 하나가 되게 하여 주시옵소서. 교회가 계속 부흥하게 하시고, 하나님께서 원하시는 더 큰 꿈과 비전이 하나님의 능력 가운데 이루어지게 하여 주시옵소서. 새롭게 세워진 각 기관의 임원들이 헌신과 봉사를 결단하게 하시고 맡겨진 사명을 잘 감당하게 하옵소서. 세우신 담임목사님을 붙잡아 주시고, 하나님께서 주신 선교에 대한 큰 꿈과 비전을 이루어 나가게 하옵소서. 이 시간 기쁘게 하나님께 영광 돌리는 성가대의 찬양을 열납하여 주시고, 듣는 저희들의 마음 문을 열어 주시며, 큰 은혜의 시간이 되게 하여 주시옵소서. 예수 그리스도의 이름으로 기도하옵나이다. 아멘.

희망 명언 고난의 시기에 동요하지 않는 것, 이것은 진정 칭찬받을 만한 뛰어난 인물의 증거다.
– 베토벤

1월 셋째 주
— 주일예배 2 —

능력의 간구

"또 내 신을 너희 속에 두어 너희로 내 율례를 행하게 하리니 너희가
내 규례를 지켜 행할찌라"(겔36:27)

우주 만물을 창조하시고 섭리하시는 하나님! 우리들을 주님의 자녀로 구별시켜 주셔서 오늘 여호와께 경배하러 나왔나이다. 진정과 신령으로 여호와의 이름을 높이고 찬양하며 영광스러운 예배를 드리게 하옵소서. 지난 한 주간도 주님께서 임재하시는 가운데 우리들에게 생명을 허락하시고 삶을 지켜주신 은혜를 감사합니다. 받은 은혜 많사오나 하나님의 자녀로 구별된 삶을 살지 못하고 세상의 유혹 속에 빠질 때도 많았던 죄인임을 고백합니다. 용서하시고 긍휼히 여겨 주시옵소서. 사랑이 무한하신 주님! 모든 성도들이 성령 충만하여 심령이 새로워지게 하옵소서. 하나님께서 주신 능력으로 강건하게 하시고 담대하게 복음을 전하는 증인들이 되게 하옵소서.

우리들에게 영혼 구원의 사역을 감당케 하시니 감사합니다. 우리들이 먼저 하나님께 드려지는 제물이 되길 원합니다. 하나님의 나라와 지경이 확장되는 거룩한 영혼 구원의 일에 우리 모두 기쁘게 헌신하게 하옵소서. 기도와 사랑, 감사와 헌신으로 아름다운 주님의 몸을 이루어 갈 수 있도록 하옵소서.

담임목사님, 영육 간에 강건케 하시고 영감을 더하여 주셔서 뜨거운 은혜의 말씀, 성령 충만한 말씀을 선포할 수 있게 하옵소서. 그리하여 우리들의 심령이 감사와 기쁨으로 넘쳐 부활의 주님을 만날 수 있게 하옵소서. 희망의 찬양대! 저들의 찬양이 구원의 기쁜 소리가 되어 듣는 성도들로 하여금 천군 천사를 만날 수 있게 하옵소서. 여러 모양으로 예배를 도우며 수고하는 손길들을 성령께서 붙들어 주시고 기쁨으로 충만케 하옵소서.

예배의 시종을 주님께 의탁하옵고 사랑이 무한하신 우리 주 예수 그리스도의 이름으로 기도드립니다. 아멘.

희망 명언 고난이 클수록 더 큰 영광이 다가온다. - 키케로

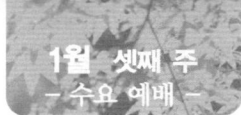

신앙공동체

"네가 보거니와 믿음이 그의 행함과 함께 일하고 행함으로 믿음이 온전케 되었느니라" (약2:22)

주여, 저희들에게 주님 앞에 나아와 기도할 수 있는 시간을 주시오니 감사하나이다. 우리들을 감당할 수 없는 시련 속에 내버려두지 마시고 주의 강한 팔로 도와주옵소서.

주여, 고통이 우리를 억누르지 못하게 하시고 가난이 우리를 비굴하게 만들지 못하게 하옵소서. 병들고 허약하면 마음마저 약하게 되오니 강하게 붙들어 주옵소서. 주여, 우리 마음에 오시옵소서. 우울하고 약한 우리 마음에 오셔서 기쁨을 주시고 힘이 되어 주옵소서. 우리의 마음에 새 생명을 주셔서 우리의 영혼이 되살아남으로써 우리의 생활 속에 사랑과 기쁨과 찬송이 넘치게 하옵소서.

주여, 우리 가정에 오시옵소서. 가족들에게 건강한 몸과 사랑의 마음과 봉사의 생활로 축복하여 주옵소서. 욕심을 버리고 감사하는 마음으로 사는 가정이 되게 하옵소서. 물질을 넉넉하게 주시고, 동시에 신앙적으로도 부요하여 이웃을 위하여 희생하며 돌아보는 가정이 되게 하옵소서.

주여, 우리 교회에 오시옵소서. 우리 교회가 하나님의 영광을 위해 성도들이 서로 봉사하는 신앙공동체가 되게 하옵소서. 말씀이 풍성한 교회, 사랑이 넘치는 교회가 되게 하옵소서. 이 한 시간 온전한 마음으로 말씀을 받고 정성을 다해 기도드릴 수 있도록 성령님 주관하옵소서. 모든 성도들이 한 마음으로 하늘 영광 보좌를 향해 간절히 기도드리게 하옵소서. 우리 교회의 머리 되시는 예수님 이름으로 기도드립니다. 아멘.

희망 명언 고통은 인간의 넋을 슬기롭게 하는 위대한 스승이다. - 에센 바흐

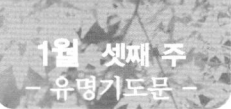

곁에 계신 분

*"나를 사랑하는 자는 내 아버지께 사랑을 받을 것이요 나도 그를 사랑하여
그에게 나를 나타내리라"* (요14:21)

선하신 구세주여,
주께서 시작하신 일이 이 얼마나 지혜로운 일인지요.

진정 주께서 나의 형제 되심을
내가 압니다.

나의 주님 그리스도시여,
이제 주께서 하나님이시며
하늘과 대지의 임금님이라고 할 손
내가 결코 주님을 두려워하지 않겠습니다.

그것은 주께서 나의 동료, 나의 형제,
나의 혈육이시기 때문입니다.

내가 또한 보나니
주께서 태어나신 주님의 족보에
얼마나 선하고 악한 사람들이 기록되어 있는지요.

주님께 진정으로 바라오니
두려움에 떨고 좌절한 양심들을 위로해 주시어
그들이 신선하게 주님을 신뢰하게 하소서.

희망 명언 고통을 거치지 않고 얻은 승리는 영광이 아니다. - 나폴레옹

1월 넷째 주 - 주일예배 1 -
복음의 중심

"예수께서 또 가라사대 너희에게 평강이 있을찌어다 아버지께서 나를 보내신 것 같이 나도 너희를 보내노라"(요.20:21)

우리 삶의 주인이신 전능하신 하나님, 그 크신 사랑에 감사합니다. 지난 한 주간 세상의 험한 풍파 속에서 우리의 삶을 지켜주시고 안전하게 인도하시니 감사합니다. 이 시간 기쁨으로 예배하며 영광 돌리고자 하나님 앞에 나아왔습니다. 저희들에게 한량없는 자비와 긍휼을 베푸시고 전심으로 하나님을 기뻐하는 예배를 드리게 하여 주시옵소서. 전쟁과 기근으로 어려움을 겪고 있는 이 세계에 주님의 평화가 임하도록 기도합니다. 미움과 다툼이 사라지게 하시고, 나눔과 용서와 화해의 삶을 허락하여 주시옵소서. 우리 민족을 특별히 사용하셔서 땅끝까지 복음을 전하는 귀한 선교의 사명을 감당하게 하옵소서. 이 나라와 민족을 사랑하시는 하나님, 이 땅이 하나님의 공의가 이루어지는 은혜의 땅이 되게 하여 주시옵소서. 이 땅의 모든 위정자들을 지켜주셔서 새 시대의 비전을 소유하게 하시고 히스기야와 같이 하나님의 뜻을 구할 수 있는 지도자들이 되게 하여 주시옵소서. 담임목사님에게 늘 영육간의 강건함으로 함께 하시고 말씀의 은사와 영적인 지도력을 갑절로 더하여 주시기를 간구합니다. 아론과 훌과 같이 돕는 손길들이 많아지게 하여 주시옵소서. 말씀을 통해 상한 심령이 위로받게 하시고, 낙심한 이들이 새로운 소망을 얻게 하여 주시옵소서. 이 시간 함께 예배하는 세계 각국의 선교지에도 함께 하여 주시기를 원합니다. 빛도 없이 이름도 없이 섬기는 선교사들에게 건강과 능력으로 함께 하여 주셔서 늘 승리의 소식만 전하게 하여 주옵소서. 이 시간 기쁨으로 하나님께 영광 돌리는 찬양대의 찬양을 통하여 큰 은혜의 시간이 되게 하여 주시옵소서. 우리를 사랑하시는 예수 그리스도의 이름으로 기도하옵나이다. 아멘.

희망 명언 공포의 눈으로 미래를 바라본다는 것은 위험하기 짝이 없다. - 에드워드 할리만

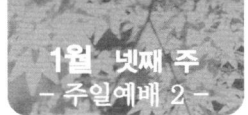

1월 넷째 주
- 주일예배 2 -

말씀의 실행

"주의 교훈으로 나를 인도하시고 후에는 영광으로 나를 영접하시리니" (시73:24)

좋으신 하나님! 우리의 마음과 뜻과 정성을 다하여 주님을 찬양합니다. 부족하고 연약한 우리들에게 십자가의 은혜를 누리게 하시고, 날마다 천국의 소망을 품고 살아가게 하신 주님을 찬양합니다. 지난 한 주간 우리들은 하나님만이 우리의 주인이라고 고백하면서도 너무 많은 시간 물질에 이끌려 세상과 벗하여 살았습니다. 하나님 아버지! 육신이 연약한 데다 믿음마저 부족해 사탄의 종노릇했던 우리들을 용서하여 주시옵소서. 이 시간 살아계신 하나님과 진실한 교제를 하며 신령과 진정으로 예배드리게 하옵소서. 우리 교회가 계획한 새해의 사업들이 한 가지 한 가지 시작되고 있습니다. 온 성도들이 정성으로 기도하며 준비해왔던 일이 주님의 응답으로 이뤄져 가고 있음을 믿습니다. 이 사업을 이루는 모든 과정에 주님께서 개입하셔서 능력과 지혜를 허락하셔서 계획대로 진행되어 은혜스럽게 완성될 수 있도록 도와주시옵소서! 담임목사님에게 건강과 말씀의 권위와 능력을 주셔서 한국 교회와 세계선교를 위해 큰일을 감당할 수 있게 하여 주시옵소서! 또한 부목사님들과 전도사님들에게도 능력과 건강을 더하여 주셔서 각기 맡은 사역을 감당하는데 부족함이 없도록 인도하여 주시옵소서. 보이지 않는 곳에서 여러 모양으로 수고하는 손길 위에 주님의 사랑과 은혜로 채워 주시옵소서. 이 시간 말씀을 듣는 자마다 더욱 강한 믿음을 주시옵소서. 이 예배를 통하여 우리에게서 불순종과 냉정한 마음, 교만, 미움이 물러가게 하시옵소서. 염려와 질병과 악한 것들도 물러가게 하시고 대신 그 자리에 성령께서 충만히 임하여 주옵소서. 찬양대가 정성껏 준비한 찬양을 통하여 홀로 영광 받으시고 우리들도 은혜의 시간이 되기를 원하옵나이다. 우리를 죄에서 구원하신 주 예수 그리스도의 이름으로 감사 기도드렸습니다. 아멘.

희망 명언 과거는 모두 잊었다. 나는 미래만 보고 있다. - 어디슨

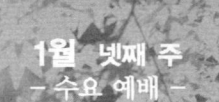

주께 돌아옴

"하늘에서는 주 외에 누가 내게 있으리요 땅에서는 주 밖에
나의 사모할 자 없나이다" (시73:25)

우리들 곁에 늘 계시며 지켜 주시고 우리의 기도를 들어 주시는 하나님 아버지, 은혜를 감사드립니다. 저희를 긍휼히 여겨 주시고, 자비를 베풀어 주옵소서.

어리석은 저희들에게 지혜로운 생각을 하게 하시고, 밝은 해 아래서 허락하신 삶을 즐기면서 하나님을 찬양하도록 이끄시는 성령님께 감사드립니다. 하나님, 지난 사흘 동안 저희들이 영적으로 나태했던 죄를 회개하며 고치기 위해 수요기도회에 나왔습니다. 숨 막힌 세상에서 지내는 동안 답답하고 컬컬했던 마음에 하늘의 평화를 채우고자 나아왔습니다. 이 기도회를 통해 모든 잘못을 용서 받고, 고침 받을 뿐 아니라 숨통이 트이는 은혜의 잔치를 체험하게 하옵소서.

"하늘의 지혜를 구하라"고 하신 하나님 아버지, 이 땅 위에서 달음질을 잘한다고 우승하는 것도 아니고, 힘이 세다고 싸움에서 이기는 것도 아닌 줄 압니다. 세상 지혜가 있다고 해서 먹을 것이 생기는 것도 아니요, 슬기롭다고 재물을 모으는 것도 아닌 줄 압니다. 오직 그 나라와 그 의를 먼저 구하고 하나님을 의지하며 앙망하는 신앙이 있을 때에 이 모든 것을 더하시고, 제 빛을 발하게 하시는 줄 믿습니다. 이 시간 겸손한 마음으로 말씀을 상고하며 주의 뜻대로 살 수 있도록 힘써 기도드리게 하옵소서. 우리 가정의 크고 작은 문제들, 개인의 어려운 문제들, 교회가 나아갈 방향과 국가적인 위기 등 이 모든 것을 우리들의 아버지 되시는 하나님께 내어놓고 간절히 기도하게 하옵소서. 예수 그리스도의 이름으로 기도드립니다. 아멘.

희망 명언 괴로울 때가 있고 즐거울 때가 있다. 인간은 이렇게 고락이 교차되는 가운데 인격이 완성되어 간다. - 채근담

1월 넷째 주
- 유명기도문 -
하루의 기도

"여호와는 그 얼굴을 네게로 향하여 드사 평강 주시기를 원하노라" (민6:26)

오! 하나님,

오늘 하루 동안 나를 사랑하는 자들에게 걱정을 끼치고,
나를 믿는 자들을 실망시키며,
나를 고용한 고용주의 기대를 저버리고,
나와 가까운 사람들의 마음에 상처주는 행동을
행하지 않게 도우시옵소서.
다른 사람을 시험에 빠지게 하거나
또한 잘못된 길로 쉽게 인도할 소지가 있는 것을
행하지 않는 하루가 되게 하옵소서.

자신의 최선을 다하고 있는 자들을 실망시킬 수 있는 것과,
다른 사람의 열심을 식게 하거나
남에게 의심을 불러 일으킬 만한 것을
행하지 않는 하루가 되게 하옵소서.
슬픈 자에게 위로가 되고,
외로운 자에게 친구가 되며,
낙심 가운데 있는 자에게 용기를 주고,
궁핍한 자에게 도움을 베푸는 하루가 되게 하옵소서.
그렇게 하므로 사람들이 내게서
나의 주인이시며 내가 항상 섬기기 원하는
당신의 거룩하심을 발견케 하옵소서.

이 모든 것을 당신의 사랑에 의지하여 기도드립니다. 아멘.

희망 명언 괴로움이 남기고 간 것을 맛보아라. 고통도 지나고 나면 달콤할 것이다. - 괴테

1월 다섯째 주 - 주일예배 1 -
동포를 위하여 |

"이 모든 것 위에 사랑을 더하라 이는 온전하게 매는 띠니라"(골3:14)

좋으신 하나님 아버지, 은혜와 사랑을 감사합니다. 세상을 향하여 나아갔던 저희를 사랑하사 복된 주의 전으로 돌아오게 하시니 또한 감사합니다. 이 시간 우리의 마음과 정성을 모아 전심으로 찬양하며 기도하게 하옵소서. 사랑의 하나님, 지난 한 주간 저희들은 하나님의 뜻대로 살지 못했습니다. 오히려 하나님의 뜻을 거스르며 죄악 가운데 살았음을 고백합니다. 우리의 죄를 뉘우치고 진심으로 회개하오니, 기억치 마시고 용서하여 주시옵소서. 연약하고 부족한 저희들에게 믿음으로 결단하게 하셔서 시험을 이기게 하옵소서. 지난 한 주는 우리 민족의 명절인 설날을 지냈습니다. 고향을 방문한 모든 성도들이 주일을 거룩하게 지키며 오고 가는 발걸음을 안전하게 지켜 주시옵소서.

　이 시간 북한을 위하여 기도합니다. 얼어붙은 땅에 복음이 전파되게 하시고 믿음으로 화해하는 놀라운 축복의 역사를 허락하여 주시옵소서. 북한의 김정일을 변화시켜 주셔서 대화와 화합을 통하여 이 땅 위에 참된 평화가 임할 수 있도록 인도하여 주시옵소서. 이 땅에 침체된 경제가 회복되게 하시고, 좌절한 이들이 새로운 소망을 얻게 하여 주시옵소서. 이 땅 위에 모든 우상이 사라지게 하시고, 복음을 땅끝까지 전하는 민족으로 변화시켜 주시옵소서. 담임목사님에게 능력을 주시고 영적인 지도력을 갑절로 더하여 주시옵소서. 이 시간 전하는 말씀을 통해 실의에 빠진 이들이 소망을 얻고 삶이 변화되는 능력이 나타나게 하옵소서. 성가대가 찬양으로 영광 돌릴 때 열납하여 주시고, 듣는 저희들의 마음 문도 활짝 열어 주시옵소서. 예수 그리스도의 이름으로 기도하옵나이다. 아멘.

희망 명언　구체적인 형태로 목표를 세우고 기한을 정하라. - 맨터니 로빈스

1월 다섯째 주
- 주일예배 2 -

돌아보는 기도

"그런즉 누구든지 그리스도 안에 있으면 새로운 피조물이라· 이전 것은 지나갔으니 보라 새것이 되었도다" (고후5:17)

사랑의 하나님! 오늘 거룩한 주일에 주님의 전에서 예배드리도록 인도하신 은혜를 진정으로 감사하며 영광 돌립니다. 지난 한 주간 동안 우리들이 세상에 살면서 주님 앞에 죄를 범한 것이 있다면 이 시간 모두 고백하고 깨끗이 씻음 받기를 원합니다. 하나님께서 크신 사랑으로 부족한 종들을 용서하여 주시옵소서. 하나님의 자녀라고 하면서도 우리는 때때로 서로 시기하고 질투하면서 마음을 아프게 하기도 하였습니다. 한 영혼이 천하보다 귀한데도 불구하고 입으로만 되뇔 뿐 가슴으로 죽어가는 이웃을 돌아보지 못한 죄인이었습니다. 우리들 모두 머리로 계산만 하지 않고 손발로 봉사하며 하나님께 영광 돌리는 삶을 살아가게 하옵소서.

주님, 어느 새 한 해의 첫 달을 마감하고 있습니다. 조용히 돌아보고 한 해의 시작을 결산해 보게 하시고 부족한 마음과 헌신을 오늘 예배를 통해 채워주시옵소서. 서로를 격려하고 돌아보아 주님께서 가르치신 사랑을 이루게 하소서. 저희 속에 하나님께서 주신 기쁨이 다시 자리잡도록 마음을 다잡게 도와주소서. 오늘 단 위에 세워주신 담임목사님을 극진히 사랑하사 말씀을 전할 때 우리 모두에게 은혜의 단비로 흠뻑 젖게 하옵소서.

그리하여 이 도시를 살리고 한국을 튼튼히 세우며 세계 방방곡곡에 복음을 전하는 하나님의 거룩한 자녀요 빛과 소금의 역할을 다하는 주님의 백성이 되게 하옵소서. 이 시간 하나님께 찬양을 드리는 찬양대 위에, 그리고 이 예배를 위해 음으로 양으로 수고를 아끼지 않은 많은 지체들에게 복을 내려 주옵소서. 이 모든 말씀 거룩하신 주 예수 그리스도의 이름 받들어 간절히 기도드립니다. 아멘.

희망 명언 그 어떤 순간도 아닌 바로 지금 이 순간이 기적인 것을 우린 이미 안다. - MBC창사특집극 '기적' 중에서

1월 다섯째 주 - 수요 예배 - 치유를 위하여

"나를 보내사 마음이 상한 자를 고치며 포로된 자에게 자유를,
갇힌 자에게 놓임을 전파하며"(사61:1)

살아계신 하나님 아버지, 오늘 수요 예배를 맞아 우리들이 나아왔습니다. 죄인의 친구가 되시는 주님이시여, 우리를 불러 주시니 감사드립니다. 세상에서 주님의 돌보심을 받고 살다가 오늘 우리의 모습을 돌아보고 서로 격려하며 합심해서 기도하기 위해 주님 전에 나아왔습니다. 세상 일로 바쁘게 살면서 주님을 저버리지나 않았는지 두렵습니다. 우리들의 마음 문을 열어 주시고, 세상 죄와의 싸움에서 승리하게 하옵소서.

상처를 입은 연약한 우리 심령들을 십자가 지고 피 흘리신 주님의 손으로 치유하옵소서. 우리들의 심령에 스며든 교만과 사욕을 성령으로 깨우쳐 주시고 회개하게 하옵소서. 그 모든 죄가 소멸되게 하옵소서. 그리하여 온전한 주님의 공동체가 되게 하여 주옵소서. 우리 교회를 성령께서 주관하사 세상의 빛이 되게 하시고 나라와 민족을 구원하는 방주가 되게 하옵소서.

우리 교회의 지체가 된 모든 형제들이 하나님의 말씀으로 충만하며 위로부터 내려오는 기쁨과 평강과 소망과 사랑이 넘치는 삶을 살게 하옵소서. 그리하여 가정에서나 사회에서나 하나님의 자녀로서 참되고 의롭게, 사랑으로 살아가게 하옵소서. 약한 자에게는 힘이 되게 하시고, 좌절한 자에게는 희망을 주게 하옵소서. 없는 자에게는 나누어 주는 자가 되게 하시고, 천하고 눌린 자를 높이는 자가 되게 하옵소서. 저희들도 주님과 같은 길을 걷게 하옵소서.

거룩하신 주님, 오늘 예배 중에 우리 마음이 겸손하게 도우시고 진정으로 주님을 경배하게 하소서. 말씀 선포하시는 목사님에게 성령의 능력을 허락하시고 모든 순서 가운데 함께 하소서.

예수님의 이름 받들어 기도드립니다. 아멘.

희망 명언 그 자체로는 축복받지 못한 약한 사람이 다른 사람들의 마음속에 있는 모든 즐거움으로 기쁨을 얻는다. - 골드 스미스

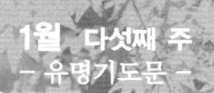

기도

"약속하신 그것을 또한 능히 이루실 줄을 확신하였으니" (롬4:21)

살아가는 동안 항상 내 마음의 문을 두드리시는 거룩하신 성령이시여 당신께 대답할 수 있도록 도와주소서.

나는 궤도를 벗어난 별처럼 무턱대고 이리 왔다 저리 갔다 하며 살고 싶지 않습니다. 당신의 뜻을 억지로 따르고 당신의 법을 무턱대고 지키며 당신의 명령에 마지 못해 복종하는 짓은 하고 싶지 않습니다.

살아가면서 당하는 모든 일들을 당신께서 주시는 선하고 온전한 선물로 받아들이겠습니다. 인생의 슬픔일지라도 당신께서 주시는 포장된 선물로 받아들이겠습니다. 아침에도 대낮에도 밤에도 봄에도 여름에도 그리고 겨울에도 나는 내 마음을 활짝 열어 두겠습니다. 당신께서 햇빛으로 오시든 빗줄기로 오시든 나는 기쁨으로 당신을 내 가슴에 모시겠습니다.

당신은 햇빛보다 더 밝으신 분
빗줄기를 내리시는 분
내가 간절히 바라는 것은 당신의 선물이 아니라 바로 당신이옵니다.
두드리소서.

당신께 문을 활짝 열어드리겠습니다.

희망 명언 그것을 하러 나는 왔다. 그것만을 생각하면 된다. - 헤밍웨이

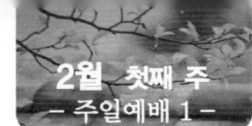

2월 첫째 주 - 주일예배 1 - 무릎꿇는 자

"그러므로 우리가 낙심하지 아니하노니 겉사람은 후패하나 우리의 속은 날로 새롭도다"(고후4:16)

한량없는 사랑으로 우리의 삶을 인도하시는 능력의 하나님, 저희들에게 베푸신 은혜와 사랑을 감사드립니다. 지난 한 주간 세상의 험한 풍파 속에서 저희들을 지켜주시고, 늘 평안한 마음을 허락하여 주시니 또한 감사드립니다. 오늘도 거룩한 주일을 허락하여 주셔서 저희들의 마음을 온전히 하나님 앞에 드리려고 하오니 이 예배가 신령과 진정으로 드리는 거룩한 산 제사가 되게 하여 주시옵소서. 지난 한 주간 세상에서 하나님의 마음을 아프게 해 드린 것이 있으면 이 시간 진심으로 회개하오니 저희들의 죄를 용서하여 주시옵소서. 다시금 같은 죄를 반복하지 않도록 이길 수 있는 힘을 허락하여 주시옵소서. 하나님, 이 나라와 민족을 기억하여 주시옵소서. 특별히 얼어붙은 북한 땅에도 복음이 전파되게 하시고, 하나님의 크신 은총이 임하는 약속의 땅이 되게 하여 주시옵소서. 이 나라의 모든 지도자들을 능력의 장중에 늘 붙잡아 주시기를 원합니다. 지혜와 명철을 더하여 주시고 겸손한 마음과 하나님을 두려워하는 마음을 갖게 하여 주시옵소서. 하나님 앞에 중요한 국사를 온전히 맡기고, 무릎을 꿇는 자들이 되게 하여 주시옵소서. 우리 교회를 사랑하시고, 지금까지 큰 부흥을 이루게 하신 하나님의 은혜를 감사드립니다. 영적으로 깨어있는 교회가 되게 하시고 하나님의 계획과 뜻을 온전히 이루어 나가게 하여 주시옵소서. 말씀을 전하게 될 담임목사님을 붙잡아주셔서 그 말씀을 통하여 우리의 영혼이 쉼을 얻게 하시고 새로운 능력을 체험하게 하여 주시옵소서. 교회학교 겨울성경학교와 수련회가 은혜스럽게 진행되게 하시고, 모든 순서마다 하나님의 능력이 나타나기를 원합니다. 교회학교를 통하여 이 나라와 민족을 책임질 일꾼들이 양육되게 하여 주시옵소서. 성가대가 찬양으로 영광 돌릴 때 열납하여 주시옵소서. 예수 그리스도의 이름으로 기도하옵나이다. 아멘.

희망 명언 그곳을 향해 오늘도 한 걸음씩 걸어 가려 한다. 끝까지 가려한다. 그래야 이 길로 이어진 다음 길이 보일테니까. - 한비야

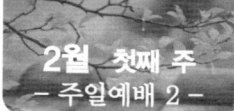

2월 첫째 주 - 주일예배 2 -
참회하는 마음

"누가 뉘게 혐의가 있거든 서로 용납하여 피차 용서하되 주께서 너희를 용서하신 것과 같이 너희도 그리하고"(골3:13)

사랑과 은혜가 충만하신 하나님! 지난 주간 주님의 은혜 가운데 이 모양 저 모양으로 지켜주심을 감사드립니다. 우리의 믿음은 부족하나 삶의 현장에서 어려운 고비가 있을 때마다 하나님을 바라보았기에 승리할 수 있었습니다. 오늘도 주님의 전을 사모하며 예배드리러 나아왔사오니 축복하여 주옵소서. 때로는 세상과 벗하며 죄악에 빠지기도 했던 우리의 마음이 십자가 보혈로 용서함 받기를 간구합니다. 죄 가운데 뒹굴고 허랑방탕하였어도 상하고 가난한 마음으로 통회하며 다시 돌아온 영혼을 멸시치 않으시는 줄 믿습니다. 우리를 용서하시고 생명의 길로 다시 인도하여 주시옵소서. 오늘 예배에 주님을 꼭 만나게 하시고 주님께서 주시는 평안과 사랑을 온 마음으로 느끼게 하옵소서. 하나님, 주님 주신 사랑으로 영혼 구원을 소망하며 여러 가지 사역을 하고 있습니다. 그 사역들을 축복하시고 주님의 마음으로 그 일들을 감당할 수 있도록 도와주시옵소서. 온 성도가 한 마음으로 기도하며 준비하여 한 영혼이라도 주님께 돌아올 수 있도록 도와주시옵소서. 특히 청소년들에게 함께 하시어 세계를 품는 큰 꿈을 꾸게 하시고 예배를 통해 그 꿈을 확신하게 하여주시옵소서. 또한 말씀으로 그들이 삶의 소명을 깨닫고 더욱 큰 세계를 경험하는 기회가 되게 하옵소서. 주님, 이제 목사님이 말씀을 선포하실텐데 그 말씀을 통해 새사람으로 회복되는 귀한 시간이 되기를 원합니다. 우리의 생각과 마음과 습관을 변화시켜 주시옵소서. 이 시간 이름 없이 빛도 없이 예배를 위하여 섬기는 성도들의 손길을 주님께서 기억하시옵소서. 찬양대를 통하여 천사도 흠모하는 찬양을 드릴 때 영광 받아 주시옵소서. 이 시간 주님께는 영광이요, 우리에게는 넘치는 은혜와 축복으로 말미암아 기쁨과 감격을 경험하는 예배가 되게 하시옵소서. 십자가 보혈로 우리를 대속하신 예수님의 이름으로 기도합니다. 아멘.

희망 명언 그대 앞에 놓인 장애물을 달게 받아라. 싸워 이겨 나가는 데서 기쁨을 느껴라.
- 앙드레 모로아

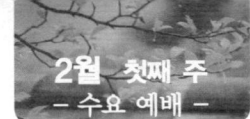

승리하는 삶

"우리의 싸우는 병기는 육체에 속한 것이 아니요 오직 하나님 앞에서 견고한 진을 파하는 강력이라"(고후10:4)

사랑의 하나님 아버지, 하루가 저물어 가는 이 시간 당신의 말씀이 그리워 나아왔습니다. 주님께 찬양과 기도드리기 위하여 여기 아버지 집에 모였습니다. 자비로우신 하나님 아버지, 엎드린 저희들의 마음과 생각을 주장하옵소서. 주님이 원하시는 기도와 찬양을 드리도록 인도하여 주옵소서. 몸은 피곤하여도 우리의 영혼이 소생하는 은혜를 사모합니다. 어제나 오늘이나 또 영원토록 변함이 없으신 의로우신 하나님 아버지, 지난 3일간 우리는 삶의 현장에서 온갖 죄악 된 것들로 더럽혀진 죄인임을 고백합니다. 우리를 용서하여 주옵소서. 그리고 우리들을 당신의 진리로 성별해 주셔서 세상에서 빛과 소금의 역할을 다하도록 도와 주옵소서.

이 시간 머리 숙여 기도드리오니 우리들 가운데 낙심한 자가 있으면 소망을 주옵소서. 슬픔당한 이들에게는 위로를, 좌절한 이들에게 용기를, 불안한 이들에게는 평안을, 육신이 약한 이들에게 건강을, 시험 당한 이들에게 이길 힘을 주옵소서. 하나님 아버지, 이제 우리에게 말씀하옵소서. 목사님을 통하여 주시는 말씀으로 우리의 속사람이 날로 새로워지기를 원합니다. 어느 한 순간도 저희들은 주님을 떠나서 홀로 설 수가 없음을 압니다. 하나님의 말씀으로 우리를 강하게 세우사 주님을 섬기는 일에 부족함이 없게 하옵소서.

사랑하는 주님, 이 시간이 끝나면 다시 세상에서 살게 될텐데 말씀의 감격을 잊지 않게 하시고 기도의 끈을 절대 놓지 않도록 하시며 세상 유혹을 과감히 뿌리치고 주님께서 주시는 기쁨에 늘 거하여 살아갈 수 있도록 도와 주옵소서.

우리를 날로 새롭게 하시며 승리케 하시는 예수님의 이름으로 기도드립니다. 아멘.

희망 명언 그대가 자신의 불행을 생각하지 않게 되는 가장 좋은 방법은 일에 몰두하는 것이다.
— 베토벤

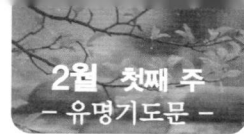

중보기도

"두 세 사람이 내 이름으로 모인 곳에는 나도 그들 중에 있느니라" (마18:20)

주여 교회와 각 지체들을 축복하시고 교회의 일들로 하나님의 나라가 큰 무리의 마음에 이루어 지게 하옵소서. 진실로 예수님을 위해 사역하는 교회들과 개인들과 혼자 일하는 사람들을 기억하시옵소서.

주님의 이름이 수많은 사람들에게 알려지게 하소서. 성경 말씀을 주셔서 말씀을 출판할 수 있게 하소서.

예수 그리스도의 향기로 이 어두운 대도시가 밝아지게 하소서. 사랑하는 우리 나라가 그리스도를 알고 주님 발아래 무릎꿇게 하소서.

오! 십자가에서 구원을 외치고, 보좌로부터 "하나님이여 민족들로 주를 찬송케 하시며 모든 민족으로 주를 찬송케 하소서" 라고 선포하게 하소서.

희망 명언 그대의 꿈이 한 번도 실현되지 않았다고 해서 가엾게 생각해서는 안 된다. 정말 가엾은 것은 한 번도 꿈을 꾸지 않았던 사람이다. - 에센 바흐

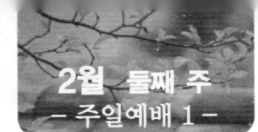

2월 둘째 주 - 주일예배 1 - 능력의 교회

"너의 행사를 여호와께 맡기라 그리하면 너의 경영하는 것이 이루리라" (잠16:3)

부족한 저희들을 지극히 사랑하셔서 날마다 복된 삶으로 인도하시는 좋으신 하나님 아버지, 그 크신 사랑과 은혜에 감사와 찬양으로 영광 돌립니다. 하나님은 순간순간마다 저희들의 삶을 지켜 주시고, 가장 선하고 복된 삶으로 인도하시는 분이심을 분명히 믿습니다. 그 크신 사랑과 은혜를 기억하며 늘 저희들의 마음 가운데 감사와 찬양의 고백이 넘치게 하여 주시옵소서. 오늘 하루도 복된 거룩한 주일을 허락하여 주시니 저희들이 마음과 정성을 모아 이 시간 온전히 하나님 앞에 드리게 하옵소서. 지난 한 주간 저희들의 삶을 돌아볼 때 도무지 낯을 들 수 없는 죄인임을 고백합니다. 세상의 빛과 소금으로 살아가라는 하나님의 명령에 순종하지 못하고 죄악 가운데 거하였사오니 부족한 저희들을 용서하시옵소서. 하나님의 사랑과 은혜를 기억하며 살아갈 수 있도록 힘과 능력을 더하여 주시옵소서. 전쟁의 소문으로 혼란한 이 세상을 굽어보시고 평화를 내려 주옵소서. 이 나라의 모든 지도자들을 하나님께서 능력의 장중에 붙잡아 주시옵소서. 저들이 지혜와 명철을 더하게 하시고 겸손한 마음과 하나님을 두려워하는 마음을 갖게 하여 주시옵소서. 이 땅의 침체된 경제가 회복되게 하시고, 좌절에 빠진 이들이 새로운 삶의 용기를 얻게 하여 주시옵소서. 우리 교회를 통하여 하나님의 뜻이 이루어지게 하옵소서. 하나님 나라의 지경을 넓혀가게 하여 주시옵소서. 담임목사님에게 말씀의 은사와 영적인 지도력을 갑절로 더하여 주시고, 꿈과 비전을 갖고 기도할 때마다 큰 능력이 나타나며 도와주는 손길들이 많아지게 하여 주시옵소서. 하나님의 역사가 끊이지 않는 교회가 되게 하소서.

예수 그리스도의 이름으로 기도하옵나이다. 아멘.

희망 명언 그대의 마음속에 식지 않는 열과 성의를 가져라. 당신은 드디어 일생의 빛을 얻을 것이다.
— 괴테

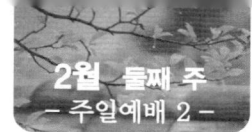

2월 둘째 주 — 주일예배 2 —
세상을 위해

"믿음의 주요 또 온전케 하시는 이인 예수를 바라보자" (히12:2)

사랑과 은혜가 풍성하신 하나님 아버지! 거룩한 주일 아침에 주님의 전에 나와 찬양과 경배를 드리며 주님을 영화롭게 할 수 있도록 인도하여 주신 은혜를 감사드리옵나이다. 억만 죄악 가운데 영원히 죽을 수밖에 없는 우리들을 택하셔서 주 예수 그리스도의 은혜로 구원하여 주시고 하나님의 백성으로 삼아 주시니 참으로 감사와 찬양을 드리옵나이다. 하지만 지난 한 주간 돌아보면 우리들은 주님의 뜻에 순종하지 못했던 죄인임을 고백합니다. 매일의 삶속에서 주님이 베푸시는 큰 은혜를 깨닫지 못하고 매순간 헛된 세상에 마음을 빼앗기며 살아 왔습니다. 우리들의 어리석음을 용서하여 주시옵소서. 우리들에게 소망이 되시며, 능력이 되시고, 생명이 되시는 하나님, 주님 외에 그 어떤 것도 의지하지 않게 하시옵소서. 하나님만이 우리의 모든 것이 되심을 믿습니다. 하나님, 이 나라와 이 민족을 기억하여 주시기를 원하옵나이다. 이 민족이 하나님께서 베푸신 큰 은혜를 깨닫게 하시옵소서. 이 나라를 이끌어가는 지도자들에게 하나님의 뜻과 섭리를 깨달을 수 있는 지혜를 주시기 원합니다. 하나님을 경외하며 백성을 위해 봉사하는 지도자가 되게 하여 주시옵소서. 주님께서 이 땅에 세우신 우리 교회를 기억하여 주시기를 간절히 원하옵나이다. 세상 구원의 방주 역할을 온전히 감당하고자 아름다운 사역들을 지금 실행하고 있습니다. 이 사역들이 주님께는 영광이요 성도들 모두에게는 기쁨과 화평의 기회가 되게 하시옵소서. 주님, 이 시간 우리가 갈급한 심령으로 주님께 찾아 왔사오니 성령으로 충만케 하시고, 그리하여 능히 세상을 이겨 나가게 하여 주시옵소서. 우리들의 수고와 헌신을 통해 주님의 영광을 드러내기에 부족함이 없게 하옵소서. 우리에게 소망을 주시고 날마다 능력으로 붙들어 주시는 예수 그리스도의 이름으로 기도드립니다. 아멘.

희망 명언 극복해야 할 장애물이 있다는 것은 오히려 당신에게 도움이 된다. - 로버트 콜리어

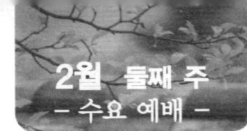

함께하는 능력

"서로 돌아보아 사랑과 선행을 격려하며"(히10:24)

영광과 존귀와 찬양과 기도를 받으시기에 합당하신 하나님 아버지, 많은 사람들 가운데 저희들을 부르셔서 아버지의 백성으로 삼고 보호하시며 인도하신 은총을 감사드리옵나이다. 지난 3일 동안도 저희들을 세상에서 지켜주셨다가 이 날 밤 다시금 주님 전에 모여 그 무한한 은혜와 사랑을 사모할 수 있게 하셔서 또한 감사드리나이다. 비옵기는 빈 그릇 같은 우리의 심령 속에 주님 오시옵소서. 진리의 빛과 은총의 향기로 가득 채워주시고 삶의 용기와 지혜를 다시 얻게 하여 주옵소서. 주님이 우리 마음에 오시면 저 밝은 하늘이 열리고 주의 빛이 저 넓은 대지를 비추며, 죄와 슬픔과 고뇌가 사라지고 활기찬 생명의 능력이 우리의 심령 속에서 용솟음치리라 믿습니다. "내가 세상 끝날까지 너희와 항상 함께 있으리라" 말씀하신 주님, 이 날 밤 우리에게 나타나셔서 우리의 마음을 뜨겁게 하여 주옵소서.

갈릴리 해변에 나타나셔서 베드로의 손을 잡으시고 "네가 나를 사랑하느냐?"고 말씀하신 주님! 이 시간 우리에게도 나타나셔서 우리의 연약한 손을 잡아 일으켜 주옵소서. 그리하여 우리의 심령이 다시 한번 새로워지고 믿음이 견고하여져 주님 오시는 그날까지 주의 일에 더욱 힘쓰는 저희들이 되게 하여 주옵소서. 이 시간에도 수많은 생명들이 주님의 은총과 도움을 바라고 있나이다. 나라일을 맡은 위정자들, 휴전선을 지키는 국군 장병들, 대학가의 젊은 지성들, 어두운 세상에서 방황하는 생명들, 그들도 다 우리의 형제들이오니 사랑과 능력으로 보살펴 주옵소서. 이 시간 한 사람도 거저 왔다가 돌아가는 자가 없도록 말씀을 통하여 풍성한 은혜를 내려 주옵소서. 우리 주 예수의 이름으로 기도하옵나이다. 아멘

희망 명언 근심 걱정은 불신앙이나 혹은 생각지 않은 공포의 말이다. 우리들에게는 그것을 용납할 권리가 없다. - 호레이스 부쉬넬

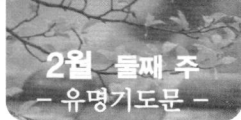

욕망에서 건지소서

"그런즉 선 줄로 생각하는 자는 넘어질까 조심하라" (고전10:12)

오 마음이 온유하고 겸손하신 예수여, 나의 기도를 들어 주소서.
존경 받고자 하는 욕망에서,
사랑 받고자 하는 욕망에서,

높임 받고자 하는 욕망에서,
찬양 받고자 하는 욕망에서,
선택 받고자 하는 욕망에서,

상담자가 되려는 욕망에서,
인정 받고자 하는 욕망에서,

부끄럼 받을까봐 두려워하는 욕망에서,
멸시 받을까봐 두려워하는 욕망에서,
책망 받을까봐 두려워하는 욕망에서,

잊어버린바 될까 두려워하는 욕망에서,
조소 당할까봐 두려워하는 욕망에서,
의심 당할까봐 두려워하는 욕망에서,

주님! 나를 구원해 주소서.

희망 명언 근심 걱정은 인생의 독약이요, 많은 죄와 엄청난 비극의 어버이다. - 휴 블레어

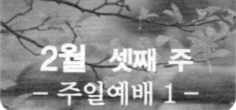

민족의 기도

2월 셋째 주 - 주일예배 1 -

"주는 영이시니 주의 영이 계신 곳에는 자유함이 있느니라" (고후3:17)

좋으신 하나님, 그 크신 은혜를 감사드립니다. 지나온 저희들의 삶을 돌아볼 때 하나님께 감사할 일들뿐입니다. 긴 긴 겨울의 끝자락에서 하나님의 사랑을 생각해보면 우리의 고난과 어려움도 따뜻한 봄을 향하여 나아가는 삶의 한 과정인 줄 믿습니다. 하나님, 지난 한 주간 저희들은 죄 가운데 거하며 우리 이웃의 마음을 아프게 하는 삶을 살았음을 고백합니다. 간절히 바라옵기는, 하나님 앞에 참회하는 저희들의 모습을 굽어 살피시사 모든 죄를 사하여 주시옵소서. 하나님께서 저희들에게 베풀어주신 귀한 사랑과 은혜를 늘 기억하게 하시옵소서. 특별히 이번 주간부터는 사순절이 시작됩니다. 주님의 고난과 죽으심을 기억하게 하여 주시고, 경건한 생활과 겸비한 마음으로 이 기간을 지내게 하옵소서. 하나님 아버지, 이 나라와 이 민족이 먼저 하나님 앞에 바로 서게 하시옵소서. 이 나라의 위정자들을 기억하여 주시고, 그들이 하나님을 두려워하게 하옵소서. 일터에서 쫓겨나 실의에 빠진 사람들에게 주님께서 위로하시고, 그들이 결코 좌절하지 아니하고 믿음과 용기를 가질 수 있도록 도와주시옵소서. 얼어붙은 북한 땅에도 복음이 전하여지게 하시고, 무너졌던 하나님의 전이 다시 수축되게 하여 주시옵소서. 다시 한 번 이 땅위에 큰 부흥의 역사를 허락하여 주시고 영적으로 회복되게 하여 주시옵소서. 하나님께서 우리 교회를 기억하여 주시고, 지금까지 주님의 뜻을 이루는 일에 귀하게 쓰임받게 하시니 감사합니다. 나날이 부흥 발전하게 하시고, 하나님의 귀하고 선한 일들을 날마다 더하게 하여 주시옵소서. 오늘도 전하는 말씀을 통해 저희들에게 큰 은혜를 허락하시고, 하나님 나라의 신령한 비밀을 깨달을 수 있게 하옵소서. 찬양으로 영광을 돌리는 성가대 위에도 함께 하셔서 하나님을 영화롭게 하는 시간이 되게 하여 주시옵소서. 예수 그리스도의 이름으로 기도하옵나이다. 아멘

희망 명언 근심에는 치유책이 없고 오히려 치유할 수 있는 것들까지도 부식시킨다. - 셰익스피어

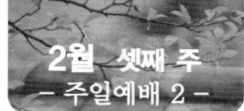

믿는 자로서

"누구든지 하나님의 성전을 더럽히면 하나님이 그 사람을 멸하시리라 하나님의 성전은 거룩하니 너희도 그러하니라" (고전 3:17)

　천지만물을 창조하시고 우리의 생사화복을 주관하시는 참 좋으신 하나님! 이 세상에 많고 많은 사람들 중에서 특별히 우리를 주님의 자녀로 택하셨습니다. 지난 한 주간 우리를 눈동자 같이 보호하셨다가 주님의 거룩한 성일을 맞아 존귀하신 하나님께 예배드리도록 인도하셨사오니 그 은혜를 감사드립니다. 사랑의 주님! 우리는 주님의 뜻대로 살겠다고 언약하면서도 세상의 재물과 물질을 더 사랑하며 살아왔습니다. 또한 주님께서 서로 사랑하라 하셨건만 서로 미워하고 질시하며 살아왔음을 고백합니다. 이 모든 허물을 용서하여 주시고 오직 주님 뜻대로 빛과 소금의 역할을 감당하며 살 수 있도록 인도하여 주시기를 원합니다. 하나님 앞에 변함없이 신실하게 인정받는 성도가 되기를 원합니다. 하나님! 우리가 믿는 자로서 주님께, 주님의 몸 된 교회와 이웃에게 인색하지는 않았습니까? 우리를 위해 십자가에서 돌아가신 예수님의 사랑처럼 우리도 이웃에게 조건 없이 순수하게 나눔을 실천하는 믿음의 자녀가 되기를 원합니다. 많은 사람들 앞에서 일상적인 형식과 외식에 치우친 신앙인이 되지 않도록 도와주시고 우리의 가장 소중한 것을 드려 주님을 기쁘시게 할 수 있기를 원합니다.

　사랑의 주님! 이 시간 우리의 자녀들을 위해 기도합니다. 입시로, 군 복무로 힘든 우리의 자녀들이 주님과 교회를 늘 생각하면서 맡겨진 사명에 최선을 다 할 수 있도록 힘주시고, 귀한 믿음의 일꾼으로 성장하여 주님을 기쁘시게 하기를 원합니다. 힘들고 어려운 때일수록 우리 모두가 한 마음, 한 뜻으로 기도하게 하시고, 서로 격려하며 주님의 몸 된 교회를 평안하고 아름답게 세워갈 수 있도록 인도하여 주시옵소서. 오늘 주시는 귀한 말씀을 통하여 우리의 생각과 인격이 변화되게 하시고 우리의 삶 전체가 진실한 예배가 되게 하옵소서. 예수님의 이름으로 감사하며 기도드립니다. 아멘.

희망 명언 근심은 고통을 빌려가는 사람들이 지불하는 이자이다. - 르·이언

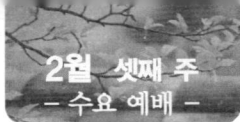

언약의 주여

"또 무엇을 하든지 말에나 일에나 다 주 예수의 이름으로 하고 그를 힘입어 하나님 아버지께 감사하라"(골3:17)

언약의 반석 위에 주의 백성들을 모으시는 하나님, 오늘도 저희들은 인자하신 주님을 만나려고 나아왔나이다. 하루하루 삶 속에서 주님이 주신 사명을 감당하려고 애써 보았으나 슬프고 억눌린 마음을 가눌 길이 없음은 무슨 까닭입니까? 죄악 속으로 마구 빠져 들어가는 저희들의 안타까운 모습을 불쌍히 여겨 주시옵소서. 우리의 힘이 되신 하나님 아버지, 불안해 하거나 낙망하지 않도록 하나님을 바라보게 하옵소서. 하나님이 없는 기도나 노력은 헛된 수고인 줄 알면서도 내 힘과 의지만 믿었던 우리들입니다. 하나님, 지금까지의 부끄러웠던 삶을 청산하고 새 계명을 받은 언약의 백성답게 살고 싶습니다.

사랑의 하나님을 다시 한번 바라봅니다. 우리를 위해 대신 죄값을 치르신 예수님의 공로를 내세우기가 부끄럽지만 저희들을 긍휼히 여기시고 어둠 속에서 벗어날 수 있게 도와주시옵소서. 주님께서 주신 빛 가운데 살 줄 몰라 오히려 두꺼운 커튼을 치는 우리들을 불쌍히 여겨 주옵소서. 우리는 하나님께서 사랑하라고 하셨는데도 사랑할 줄 모르고 서로를 탓하며 미워했습니다. 이제는 아픈 가슴을 달래줄 수 있는 자가 되게 하옵소서. 열이 나는 사람에게 물수건을 얹어주고, 배고픈 사람에게는 내 밥을 덜어주는 모습으로 변화시켜 주옵소서.

우리 교회와 가정과 민족이 어디로 가야 할지 몰라 헤맬 때 빛을 비춰 주시옵소서. 이 시간 말씀을 전할 목사님과 우리들의 마음 문이 활짝 열려 성령의 감화과 감동이 있게 하옵소서.

주님 나라의 의와 평화를 구하는 기도를 드리게 하옵소서. 예수 그리스도의 이름으로 기도 드립니다. 아멘.

희망 명언 근심은 손님처럼 왔다가 재빨리 주인이 된다. - 네스델 보비

2월 셋째 주 - 유명기도문 -
형제의 참사랑

"내가 주께 범죄치 아니하려 하여 주의 말씀을 내 마음에 두었나이다" (시119:11)

내가 나만 쳐다보다가 내 수렁에 스스로 빠지지 않게 하소서.
내 마음을 넓혀주시고 내 뜻을 높게 해주소서.
나를 넘어선 따뜻한 시선으로
하나님 당신과 이웃을 보게 하시고
형제가 당하는 어려운 고비마다
함께 무릎으로 나아가도록 도와주소서.
나에게 베풀어진 형제의 사랑을 셈하지 않게 해주시고
내가 베푼 사랑을 과장하지 않도록 내 마음을 지켜주소서.
슬프고 괴롭고 섭섭한 순간들조차
내 사랑이 닿지 못한 높이와 내 사랑이 펴지 못한 넓이의
쓸쓸함을 깨닫게 하소서.
당신이 심어주신 척박한 땅에서 당신이 불러주신 공동체 안에서
당신이 원하시는 아름다운 빛깔로
형제의 참사랑을 꽃피우게 하소서.
오직 하나인 목숨, 이승의 남은 햇살을
서로 사랑함으로 불태우게 하시고
화해와 일치의 도구로 쓰이게 하소서.
주여, 오늘도 더욱 사랑하지 못한 아픔으로만
참회하는 영혼이게 하시고 흠뻑 젖는 가슴이게 하소서.
아아—
사랑 때문에만
오로지 사랑 때문에만
이 생명 타오르게 하소서.

희망 명언 근심은 슬픔보다 떨쳐버리기가 어렵다. 슬픔은 시간이 지나면 되지만 근심은 더욱 쌓일 뿐이다. - 장 폴 리히터

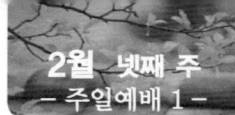

사순절의 기도

"우리는 다 양 같아서 그릇 행하여 각기 제 길로 갔거늘 여호와께서는 우리 무리의 죄악을 그에게 담당시키셨도다" (사53:6)

살아계신 하나님, 늘 부족한 저희들을 한량없는 사랑으로 붙잡아 주시고, 건강한 삶을 누리게 하시니 감사드립니다. 이 시간 신령과 진정으로 예배드리기 위해 하나님 앞에 나아왔습니다. 저희들이 마음과 뜻과 정성을 다하여 예배드리게 하여 주시옵소서. 지난 한 주간 저희들은 하나님께서 원하시는 삶을 살지 못하고 우리의 입술로 형제와 이웃의 마음에 상처를 주는 죄를 범하였습니다. 자비하신 하나님, 회개하는 심령들에게 죄사함의 은총을 베풀어 주시고, 선으로 악을 이기는 능력을 허락하여 주시옵소서.

지금은 사순절 기간입니다. 주님의 고난과 죽으심을 기억하게 하시고, 경건한 삶으로 주님을 닮아가게 하여 주시옵소서. 상급학교로 진학한 모든 학생들에게 지혜와 명철을 허락하여 주시고 믿지 않는 이들의 본이 되게 하여 주시옵소서. 경제적으로 어려워 좌절한 이들이 많이 있사오니, 하나님께서 위로하여 주시고 회복되는 은혜를 허락하여 주시옵소서.

하나님, 우리 교회를 기억하시고 지금까지 함께 하시며 크게 부흥할 수 있도록 역사하셔서 감사드립니다. 앞으로도 더욱 부흥케 하시고, 민족복음화를 위해 더욱 귀하게 쓰임받는 교회가 되게 하여 주시옵소서. 하나님 아버지, 교회의 각 기관들을 기억하여 주시어서 아름다운 교제를 나눌 뿐만 아니라 각 지체들이 몸된 교회를 위하여 쓰임받게 하여 주시옵소서. 담임목사님을 영육간에 강건하게 지켜주시고, 늘 쇠하지 않도록 능력을 허락하여 주시옵소서. 오늘도 말씀을 전할 때 듣는 저희들에게 하나님 나라의 신령한 비밀을 깨닫는 이 시간이 되게 하여 주시옵소서.

예수 그리스도의 이름으로 기도하옵나이다. 아멘

희망 명언 근심은 인생의 녹이다. 인생의 빛을 잃게 하고 삶의 힘을 약하게 한다. - 트라이언 에드워즈

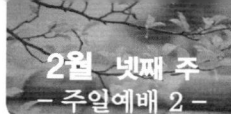

2월 넷째 주
— 주일예배 2 —

단결의 기도

"하나님의 뜻은 이것이니 너희의 거룩함이라" (살전4:3)

사랑과 은혜가 충만하시고 지금도 살아계셔서 역사하시는 아버지 하나님, 지난 주간도 은혜와 사랑으로 지켜주신 것을 감사드리며 주님께 영광을 돌립니다. 또한 오늘 거룩한 주일을 맞아 주님을 예배하고 경배하게 하시니 감사드립니다. 그러나 지난 주간 우리들은 주님의 뜻대로 살지 못하였음을 고백합니다. 미움도 있었고 원망도 있었고 분냄도 있었고 게으름도 있었습니다. 이 시간 주 앞에 빈 마음으로 무릎 꿇었사오니 용서하시고 깨끗케 하여 주옵소서. 또한 교만하지 않고 낮은 곳에서 세상의 빛과 소금이 되게 하여 주옵소서. 하나님의 영광을 가리지 않는 우리가 되기를 간절히 원하며 기도하옵나이다. 주여, 주님의 일을 위해 많은 성도들이 한 마음 한 뜻이 되어 헌신하며 기도하고 있습니다. 모두 한 마음으로 동참하게 하시고 헌신하게 하셔서 주님이 주시는 기쁨으로 충만케 하옵소서. 주여, 우리 가족을 비롯한 민족이 주님께 순종하며 살 수 있게 하시고 모든 국민들이 주님의 복음을 접할 수 있도록 도우시어 주님의 평안과 사랑을 경험하게 하여 주시옵소서. 그리고 설날 명절을 맞아 고향을 방문하는 모든 성도들이 주 안에서 안전하게 다녀올 수 있도록 도와주시고 가족들과 주님의 사랑을 나누며 예배드리고 혹 믿지 않는 가족, 친지들이 있다면 말씀을 증거할 수 있는 기회를 허락하여 주시옵소서. 그들도 주님의 사랑 안에 거하기를 간절히 소원합니다. 하나님, 목사님이 선포할 말씀을 통해 능력을 입고 세상에서 승리하는 성도들이 되게 하옵소서. 교회 각 부서에서 은밀히 수고하는 손길들 위에 복을 주시옵소서. 특별히 어려운 환경 속에서 수고하는 성도들에게 건강을 지켜주시옵소서. 주여, 이 시간에도 우리와 같이 하시길 원합니다. 말씀을 듣고 은혜와 성령으로 충만하게 하실 줄 믿으며 거룩하신 예수님 이름으로 기도드립니다. 아멘.

희망 명언 근심은 자신감이 강한 사람에게서 멀리 달아난다. - 그라시안

하나되게 하소서

"자녀들아 우리가 말과 혀로만 사랑하지 말고 오직 행함과 진실함으로 하자" (요일3:18)

하나님, 우리의 입술이 지혜를 말하며, 마음에 하나님의 법을 두게 하옵소서. 우리의 걸음이 실족치 않게 악에서 떠나 선을 행하게 하옵소서. 우리의 모든 경영과 계획을 주께서 아시오니 선하신 뜻 안에서 이루어져 영광스런 열매를 맺게 하옵소서. 이 저녁, 전국 방방곡곡에서 주의 이름으로 모여 말씀을 선포하고 기도하는 곳마다 우리 주님 역사하옵소서. 이 강산과 이 교회가 주님으로 인하여 사는 길을 찾도록 회개의 영을 부어 주옵소서. 가르치는 사람이나 정치하는 사람을 권고하셔서 바른 지도자의 길을 가게 하옵소서. 이 세상의 통치자가 하는 정치에 대해 비판하지만 나 자신과 입장을 바꿔 생각해보게 하옵소서. 우리 자신도 그들과 같은 환경에 처한다면 더 잘할 것 없이 비난 받을 수밖에 없는 존재가 될 수 있음을 알게 하옵소서. 다른 사람의 마음도 읽을 줄 아는 지혜를 주옵소서. 서로 사람다운 삶의 길을 갈 수 있도록 위로하며 권면하도록 도와주옵소서. 스스로 겸손의 띠로 허리를 동이고 복음의 신발을 신은 화해와 평화의 사도가 되게 하옵소서. 이 민족을 통해 영광 받으시기를 원하시는 하나님 아버지, 갈릴리 호수를 여행하시며 유대인과 이방인을 복음으로 하나 되게 하신 예수님을 생각합니다. 백성의 삶에 깊숙이 개입하셔서 이 땅에서도 예수님의 말씀으로 통일이 이뤄지게 하옵소서. 둘로 쪼개진 강토가, 갈라진 사람들의 마음이 하나 되게 하옵소서. 정치하는 이들이나 국방을 지키는 이들에게 은혜를 내리시어 하나님을 두려워하게 하시고, 주님의 뜻을 분별하는 지혜를 주옵소서. 우리 교회 안에 혹시라도 두 마음으로 나눠지는 비극이 있다면 서로 용서하고 사랑하여 하나 되게 하옵소서. 우리의 모든 죄를 대속하시고 사랑으로 용서하시는 예수님의 이름으로 기도드립니다. 아멘.

희망 명언 근심이란 하나님이 우리를 돌볼 수 없다는 상황 표시다. - 챔버스

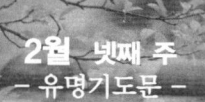

거듭남

"영접하는 자 곧 그 이름을 믿는 자들에게는 하나님의 자녀가 되는 권세를 주셨으니" (요1:12)

● 오 주님!

주님께서는 저희가 원하고 바라는 그 모든 것들을

넘치도록 풍부하게 가지고 계심을 압니다.

저희 모두가 주님의 그 풍요로움을 함께 누릴 수 있게 하소서.

그리고 은혜에 은혜를 더하셔서 저희들의 죄를 사해 주옵시고

저희의 죄악을 모두 소멸하게 하옵소서.

그 은혜 가운데에서 저희가 의롭다함을 얻고

저희 심령이 성화되어 정결한 영혼으로

주님의 성도들의 기업을 물려 받는 저희들이 되게 하옵소서.

— 존 웨슬리

희망 명언 근심하는 사람은 문제를 찾아내고, 관심을 갖는 사람은 문제를 해결한다. - 헤럴드 스티븐스

3월 첫째 주
- 주일예배 1 -

3월의 기도

"너희가 하나님의 성전인 것과 하나님의 성령이 너희 안에 거하시는 것을 알지 못하느뇨"(고전3:16)

우리의 삶을 인도하시고 날마다 선한 계획을 이루어 가시는 능력의 하나님, 저희들에게 영적인 분별력을 허락하시사, 세상에서 선으로 악을 이기는 능력의 삶을 살게 하여 주시옵소서. 사회적으로 어두운 소식들이 참으로 많이 들려옵니다. 우리 믿는 자들이 먼저 회개하게 하시고 세상의 소금과 빛의 역할을 감당하게 하여 주시옵소서. 오늘은 삼일절 기념예배로 하나님께 드립니다. 80여 년 전 일본의 압제 하에 신음하던 이 민족을 위해 많은 믿음의 선각자들을 세우시고 그들을 통하여 독립운동의 불길을 일으키신 하나님의 은혜를 감사드립니다. 저희들도 그 삼일정신을 이어받아 나라와 민족을 위하여 기도하며 충성하는 삶을 살게 하여 주시옵소서. 사랑의 하나님, 주님의 종들을 택하시고 오늘까지 인도하셔서 이 땅 위에 큰 부흥이 일어나게 하심을 감사합니다. 다시 한 번 이 땅위에 부흥과 영적인 회복의 역사를 허락하여 주시옵소서. 하나님, 이 나라의 정치 경제 지도자들이 하나님을 두려워하게 하여 주시옵소서. 정직한 마음과 올바른 판단력을 허락하여 주시옵소서. 하나님 앞에 지혜를 구하는 지도자들이 되게 하여 주시옵소서. 하나님 앞에 바로 선 자들이 국정을 담당하게 하시고 주님의 뜻이 이루어지는 이 나라와 이 민족이 되게 하여 주시옵소서. 남과 북으로 분단된 이 나라를 기억하여 주시옵소서. 북한 땅에도 복음이 전하여져서 평화적인 통일이 이뤄지게 하옵소서. 세워주신 담임목사님을 주님께서 오른손으로 붙잡아주시고 꿈과 비전을 갖고 기도할 때마다 하나님의 능력이 크게 나타나게 하여 주시옵소서. 오늘 찬양으로 영광을 돌리는 성가대 위에도 함께 하셔서 하나님을 영화롭게 하는 귀한 시간이 되게 하여 주시옵소서. 예수님의 이름으로 기도드렸사옵나이다. 아멘

희망 명언 근심하지 말라, 근심은 인생을 그늘지게 한다. - 페스탈로찌

3월 첫째 주
- 주일예배 2 -
소생의 기도

"너희는 여호와를 만날만한 때에 찾으라 가까이 계실 때에 그를 부르라"(사55:6)

지금도 살아계셔서 우리와 늘 함께 하시는 사랑의 하나님,
 저희와 늘 동행하시고 세상의 험난한 풍파와 유혹 가운데서도 우리의 삶을 푸른 초장과 잔잔한 물가로 인도하시니 감사드립니다. 이 시간 저희들이 하나님 앞에서 참된 예배자가 되게 하여 주시옵소서. 만물이 소생하는 이 계절에 우리의 영혼도 새로워지게 하여 주시옵소서. 지난 한 주간 저희들은 하나님의 선하신 계획을 거스르며 살았습니다. 이 시간 저희들의 삶을 긍휼히 여겨 주시옵소서. 지금은 사순절 기간입니다. 주님의 그 십자가 사랑을 기억하게 하여 주시옵소서. 저희들도 십자가를 지고 주님을 따르게 하여 주시옵소서.
 사랑의 하나님, 이 나라와 이 민족을 지켜 주시기를 원합니다. 이 땅이 다시는 전쟁으로 상처를 입지 않게 하옵소서. 50년 넘게 계속되는 분단의 역사가 하루빨리 끝날 수 있도록 하나님께서 간섭하여 주시옵소서. 이 나라의 모든 위정자들이 하나님을 두려워하게 하옵소서.
 우리 주변에 경제적으로 어려워 좌절한 이들이 많이 있사오니, 도우시는 하나님의 은혜로 다시금 일어설 수 있는 힘과 용기를 허락하여 주시옵소서.
 담임목사님을 능력의 손으로 지켜주셔서 독수리가 날개 치며 올라가듯 새 힘을 허락하여 주시옵소서. 갑절의 영감으로 함께 하시사, 말씀의 권세를 허락하여 주시옵소서.
 찬양으로 영광을 돌리는 성가대 위에도 함께 하셔서 하나님을 영화롭게 하는 귀한 시간이 되게 하여 주시옵소서. 예수 그리스도의 이름으로 기도하옵나이다. 아멘

희망 명언 긍정적으로 생각하고 믿고 말하고 행동하면 일거리가 늘어난다. - 잭 캔필드

3월 첫째 주
- 수요 예배 -

꿈의 날개

"시온을 향하여 이르기를 네 하나님이 통치하신다 하는 자의 산을 넘는 발이 어찌 그리 아름다운고" (사52:7)

사랑과 은혜로 저희를 품에 안고 돌보시는 주님!

오늘 이 시간 은혜 받기 원하여 기도하며 찬양할 수 있는 자리로 이끌어 주시니 감사드립니다. 지금은 모든 생명 있는 것들이 향기를 발하고 성숙을 위하여 발돋움하는 계절입니다.

이 축복된 계절에 저희 심령들도 더욱 힘 있게 발돋움할 수 있기를 원합니다. 저희의 미래도 꿈의 날개를 활짝 펼 수 있는 희망과 확신으로 가득 차게 하시옵소서.

능력 주시는 자 안에서 무엇이든지 할 수 있다는 신앙을 소유하게 하시고, 힘 있게 전진할 수 있는 저희들이 되게 하여 주시옵소서. 긍휼이 풍성하신 주님! 저희 자신을 돌아볼 때 눈에 보이지는 않지만 온갖 죄로 얼룩져 있음을 발견합니다.

주님의 뜻을 저버리고 각기 자기 뜻대로, 자기 고집대로 행동했습니다. 아무런 양심의 가책도 느끼지 못한 채 주님이 미워하시는 것들만 행하기에 급급했던 저희들입니다. 불쌍히 여기시고 용서하여 주시옵소서. 주님의 보혈로 깨끗하게 씻어주시기를 원합니다.

죄에 오염되기 쉬운 연약한 저희 심령을 우리 주님께서 붙들어 주시옵소서. 자신의 안일을 위하여 고집부리지 않게 하옵시고, 주님의 은혜와 사랑으로 충만한 삶을 살게 하여 주시옵소서.

오늘 선포되는 주님의 말씀을 가슴에 깊이 담고 세상에서 승리할 수 있게 도와주시옵소서. 오늘 드리는 예배에 함께 하실 것을 믿고 예수님 이름으로 기도하였습니다. 아멘.

희망 명언 긍정적인 감정은 능력을 부여하고 부정적인 감정은 능력을 앗아간다. - 개리 주카브

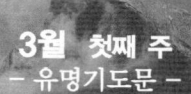

예비함

*"너희가 말세에 나타내기로 예비하신 구원을 얻기 위하여 믿음으로 말미암아
하나님의 능력으로 보호하심을 입었나니"* (벧전 1:5)

지극히 은혜로우신 주님,

당신께서는 세상을 극진히 사랑하사
스스로를 내어 주시므로 세상을 구원하셨습니다.

또한 저희 죄악된 인간을 구원하시기 위하여
인간으로서의 고통을 겪으시려고
스스로를 낮추어 인간의 몸이 되셨습니다.

저희의 심령을 주님의 그 놀라우신 사랑으로 채워주소서.

그리하여 저희들이 순종 안에서 주와 함께 살고
주님의 그 사랑안에서 죽으며
다시 일어나 주님의 영광속에서
주님과 함께 영원히 즐거워 할 수 있게 하소서

- 존 웨슬리

희망 명언 긍정적인 기대는 긍정적인 태도를 낳는다. - 존 맥스웰

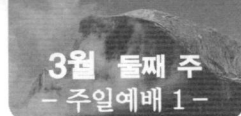

환경을 이김

"대저 하나님께로서 난 자마다 세상을 이기느니라 세상을 이긴 이김은 이것이니 우리의 믿음이니라"(요일5:4)

우리에게 참 기쁨을 주시는 좋으신 하나님, 거룩한 주일 온전히 예배드릴 수 있게 하심을 감사드립니다. 구원의 하나님! 저희들의 이기적인 마음을 온유한 마음으로 새롭게 하시고, 정직한 영을 허락하여 주셔서 주님의 뜻에 어긋나지 않는 삶을 살 수 있도록 하시옵소서. 아무리 바람이 매섭고 차가워도 봄의 훈풍이 찾아오듯 저희의 신앙의 겨울도 주님의 따뜻한 성품으로 포근히 감싸 주시옵소서!

어떤 환경과 여건을 만날지라도 믿음으로 살아가려는 저희들의 결단이 변치 않게 하시옵소서! 사랑의 하나님! 담임목사님과 부목사님들께 용기와 힘과 건강을 주시고, 많은 심령들을 푸른 풀밭 잔잔한 물가로 인도 할 수 있도록 능력에 능력을 더 하여 주시옵소서! 사랑하는 하나님, 바라옵기는 언제나 잃어버린 영혼을 위하여 기도하며 그들에게 주님의 복음을 전하기를 원합니다. 우리에게 능력을 허락하시고 헌신할 수 있는 마음과 담대함을 주시옵소서.

우리가 교회의 모퉁이 돌의 역할을 잘 감당할 수 있기를 원합니다. 주신이도 주님이시오, 취하시는 이도 주님이십니다. 저희의 것을 아끼지 않게 하시고 영혼을 위하여 주님을 위하여 기꺼이 기쁘게 드릴 줄 아는 자녀 되게 하여주시옵소서.

오늘 우리에게 주시는 주님의 말씀으로 마음과 마음이 하나 되어 기쁨과 은혜가 넘치고 하나님 나라의 평화를 맛보며 심령이 새로워지는 귀한 예배가 되도록 축복 하시기를 원하오며,

예수님의 이름으로 감사하며 기도드렸습니다. 아멘

희망 명언 긍정적인 사고는 미소 한 번, 낙관적인 말, 그리고 희망, 힘겨울 때 건네는 "넌 할 수 있어!" 한 마디다. - 리처드 M. 드보스

겸손의 기도

3월 둘째 주
- 주일예배 2 -

"아무 일에든지 다툼이나 허영으로 하지 말고 오직 겸손한 마음으로 각각 자기보다 남을 낫게 여기고"(빌2:3)

역사의 주인으로서 만물을 섭리하시는 살아계신 하나님, 오늘도 하나님께서 복된 거룩한 주일을 저희에게 허락하시고, 하나님의 거룩한 전에 나아올 수 있도록 인도하여 주시니 또한 감사하옵니다. 이 시간 신령과 진정으로 드리는 저희들의 예배를 받아 주시옵소서. 지난 한 주간 저희들은 언어와 행실이 바르지 못하여 하나님의 영광을 가리며 살았음을 참회합니다. 또 세상적인 지위와 소유를 자랑하며 스스로를 높이는 교만한 삶을 살았습니다. 이 시간 하나님 앞에 엎드려 회개하오니 긍휼히 여겨 주시고 저희들의 모든 죄를 사하여 주시옵소서. 지금은 사순절 기간으로서 저희들에게 주님의 고난과 죽으심을 늘 기억하게 하옵소서. 또 저희들을 구원하시기 위하여 겸손하게 십자가를 지시면서 순종하셨던 주님을 닮아가는 사순절이 되게 하여 주시옵소서. 지금 이 시간에도 세계 도처에서 전쟁으로 고통을 당하는 이들이 많이 있음을 기억하며 그들을 위하여 기도드립니다. 그들이 입은 상처가 회복되게 하시고 이 땅에서 미움과 분열이 사라지도록 역사하여 주시옵소서. 이 땅의 모든 위정자들이 사리사욕을 버리고 하나님과 백성들을 두려워하게 하여 주시옵소서. 이 땅위에 우상과 사술을 끊어주시고, 하나님의 존귀하신 이름만이 선포되게 하여 주시옵소서. 우리 교회를 사랑하셔서 마지막 때에 흑암 가운데 있는 세상을 밝히는 등불과 같은 역할을 하게 하시고, 하나님의 이름을 만방에 전하는 귀한 일들을 감당하게 하시옵소서. 담임목사님에게 성령충만함을 허락하시사 귀한 말씀을 전할 때에 상한 심령들이 치유되게 하시고 기쁘게 받아들여 큰 은혜가 임하게 하여 주시옵소서. 찬양으로 영광을 돌리는 성가대 위에도 함께 하셔서 듣는 저희들의 마음문을 활짝 열어 주시옵소서. 이 시간도 우리의 삶의 주인이 되시는 예수 그리스도의 이름으로 간절히 기도드립니다. 아멘

희망 명언 긍정적인 생각이 긍정적인 결과를 가져온다. - 제프 켈러

3월 둘째 주 - 수요 예배 - 우상을 버리게

"나는 여호와니 이는 내 이름이라 나는 내 영광을 다른 자에게, 내 찬송을 우상에게 주지 아니하리라"(사42:8)

천지를 지으신 하나님 아버지시여, 저희가 성소를 향하여 손을 들고 주님의 이름을 찬양합니다. 모든 이름 위에 뛰어나신 하나님께 감사드립니다. 여호와를 자기 하나님으로 삼는 백성은 복이 있다 하신 말씀에 의지하여 이 시간 하나님을 우리의 참 소망과 주인으로 믿고 나왔으니 은총을 내려 주옵소서. 오늘의 예배를 통하여 우리의 영혼이 자유를 얻게 하옵소서. 우리 민족을 사랑하시는 하나님 아버지, 오천 년의 역사 속에서 우상숭배와 가난과 진노의 자식으로 살던 이 민족에게 주님의 피 흘리신 복음의 씨를 뿌려 주시고 구원의 도리를 붙잡을 수 있도록 인도하신 은혜를 감사드립니다. 그러나 아직도 이 나라 구석구석에는 우상을 섬기며 헛된 신에게 구하는 어리석은 백성들이 있습니다. 스스로 지혜롭다 하며 자기 교만과 자랑에 빠진 불쌍한 이들, 하나님의 정의와 법을 무시하고 쾌락과 탐욕의 노예가 되어 살아가고 있는 자들도 있습니다. 주님께서 자비롭고 전능하신 손을 들어 건져 주시고 잘못된 길에서 돌이키게 하옵소서. 아직도 북은 북대로 남은 남대로 서로 자기주장을 하며 화해하지 못하는 이 나라를 불쌍히 여기사 하나님 안에서 하나가 되는 통일의 역사를 속히 보게 하옵소서. 이 시간 신령한 젖을 사모하여 나왔으니 한 주간 이 세상에서 살아갈 넉넉한 영혼의 양식을 얻게 하옵소서. 가정에서, 직장에서, 어느 일터에서나 하나님의 사람으로 담대히 살아가며 하나님 나라의 일꾼으로 일하게 하옵소서. 우리의 이웃들에게 주님의 아름다운 향기를 나타내게 하옵소서. 예수님의 이름으로 기도드립니다. 아멘.

희망 명언 긍정적인 자세는 냉철한 판단력과 굳은 의지력으로 감정을 다스리는 습관이다.
 - 나폴레온 힐

3월 둘째 주 - 유명기도문 -
구원

"나 곧 나는 여호와라 나 외에 구원자가 없느니라" (사43:11)

영원하신 섭리로써
육체라는 배에다 저희들의 영혼을 실으신 하나님 아버지!
험한 바다와 같은 이세상 그 어느 곳에도
저희를 정박하지 않게 하시고

이 바다를 곧 바로 지나 아버지의 영광스러운
나라로 향하게 도와 주옵소서.

또한 사방 곳곳에서 저희를 향해 몰려드는 거센 위험들로 부터
저희를 안전하게 보호하여 주옵시고
주님의 거룩한 계시를 받을 수 있도록
저희들의 사랑이 전연히 준비될 수 있게 하여 주옵소서.

그리하여 성령님의 인도하심을 받아 힘차게 앞으로 항해하여
우리 주 예수 그리스도를 통하여 내려 주신 영원한 구원의 항구에
마침내 행복하게 이를 수 있도록 하옵소서.

- 존 웨슬리

희망 명언 긍정적인 자세는 어떤 목표의 성취를 위해 정신을 집중하는데 필요한 기초 조건이다.
- 나폴레온 힐

3월 셋째 주 - 주일예배 1 -
자기개발

"저 안에 거한다 하는 자는 그의 행하시는대로 자기도 행할찌니라"(요일2:6)

사랑의 하나님!

한주간도 주님께서 지켜주신 은혜에 감사드립니다. "너희가 전심으로 나를 찾으면 나를 만나리라."하신 하나님 아버지,

오늘 거룩한 주님의 날에 주님의 말씀을 통하여 뵙기를 원합니다. 하나님의 형상으로 태어난 저희들이 너무나도 자주 넘어지고 시험과 환란을 이기지 못하고 약한 모습을 보이고, 추악한 자태로 살아갑니다. 생각하면 감사하고 사랑하며 살기도 짧은 인생인데 자기 자신만을 위하여 살고 있습니다.

하나님! 용서하여 주시고 넓고도 깊은 주님의 마음을 본받게 하옵소서. 하나님 아버지! 우리 각자에게 베풀어주신 저마다의 달란트를 개발하고 활용하여 하나님을 향한 감사와 영광을 위해 쓰이는 저희들의 삶이 되게 하옵소서.

사용치 않아 녹슬고 부러지는 도구가 아니라 닳아 없어지더라도 빛나고 용도에 맞게 쓰임 받는 도구가 되게 하옵소서. 이제 말씀을 받들고 단 위에 서신 담임목사님께 전신갑주를 입히시고 말씀을 전할 때 모두가 은혜 받는 영광의 자리가 되게 하옵소서.

찬양을 올리는 찬양대와 음으로 양으로 봉사하는 모두에게 건강과 기쁨을 허락하시고 항상 자신보다는 이웃을 생각하고 말씀중심으로 말하고 행하는 저희들이 되게 하옵소서.

이 시간 참석한 모든 권속들이 한마음 한 뜻되어 하나님 아버지께는 영광을 돌리게 하옵시고 한없는 은혜의 시간이 되게 하옵소서. 모든 말씀, 거룩하신 예수 그리스도의 이름으로 기도드립니다. 아멘

희망 명언 긍정적인 자아상을 갖게 되면 당신은 놀라운 가능성과 보상 그리고 유익을 발견할 수 있다.
- 존 맥스웰

3월 셋째 주
- 주일예배 2 -
청지기를 위하여

"무릇 지킬만한 것보다 더욱 네 마음을 지키라 생명의 근원이 이에서 남이니라" (잠4:23)

　감사하신 하나님! 거룩한 성일 주의 전으로 불러주시고 예배로 영광 돌릴 수 있게 하심을 감사드립니다. 한 주간동안 주의 계명대로 다 지켜 행하지 못함을 용서하여 주시옵소서. 늘 부족하고 만족하여 살지 못하는 우리들이지만 은혜 안에 거하여 살았음을 깨닫게 하여 주시옵소서. 자비하신 하나님! 주의 영광을 위해 진행할 많은 사역을 허락하심을 감사드립니다.

　온 성도들이 합력하여 기도하고 헌신할 때, 주께서 때에 따라 은혜와 능력으로 이루어 주실 줄 믿습니다. 믿음으로 행하게 하시고, 감사함으로 행하게 하옵소서. 영혼구원의 사명과 선교의 사명을 잘 감당하는 교회가 되게 하옵소서.

　사랑의 하나님! 주의 몸 된 교회의 모든 조직과 직분자들이 맡은 일에 최선을 다하여 모든 열정과 사랑의 모범을 보이게 하소서. 직분은 주님이 맡겨주신 청지기의 사명임을 알게 하시고 겸손함으로 더 힘들고, 더 아프고, 더 부족하고 소외받는 이들에게 인자함으로 사랑으로 감싸 안는 성도들이 되게 하시고, 그리스도의 사랑이 나타나는 교회가 되게 하소서. 진행 중에 있는 사역들을 통해 상한 심령이 치유되는 은혜를 더하여 주시고, 말씀으로 인도하시는 담임목사님을 성령 하나님의 은혜와 사랑으로 지켜 주시옵소서.

　이제 말씀을 전하실 때, 성령으로 충만하게 하시고 사람의 말이 아닌 주의 말씀이 저희에게 들려질 때, 낙심한 마음과 지친 심령에 기쁨과 소망이 되게 하옵소서. 우리의 죄를 대속하신 예수그리스도의 이름으로 기도합니다. 아멘.

희망 명언 긍정적인 정신 자세는 주어진 책임을 다하는 것에 만족하지 않으며 약속된 의무 이상의 것을 해내려 진력한다. - 나폴레온 힐

3월 셋째 주 - 수요 예배 -
빈손의 기도

"무릇 시온에서 슬퍼하는 자에게 화관을 주어 그 재를 대신하며 희락의 기름으로 그 슬픔을 대신하며"(사61:3)

우리의 예배를 받으시기에 합당하신 하나님 아버지, 이른 아침부터 예배를 통하여 내려 주신 하늘의 신령한 만나로 인하여 감사드립니다. 하나님 아버지, 우리의 속사람을 살펴 주시고 깨끗케 하여 주옵소서. 저희들은 입술이 부정했고 목이 곧았으며 불순종의 나날을 보내기도 했습니다. 입술로는 "주여! 주여!" 했지만 진실한 고백과 믿음의 삶을 살지 못했음을 고백합니다. 저희 모두를 용서하시고 말씀의 능력과 성령의 역사로 새롭게 하옵소서. 저희들은 빈 손 들고 왔습니다. 빈 마음 가지고 왔습니다. 그러나 이 자리를 떠날 때는 하늘의 은총과 능력의 말씀을 가지고 일어날 수 있게 하옵소서. 이 시대에 필요한 자로 세워 주시고 이 시대를 변화시키는 자로 훈련시켜 주옵소서. 하나님과 사람을 사랑하고, 자연과 생명을 사랑하고 어린아이처럼 순수한 믿음으로 살게 하옵소서. 하나님 아버지, 우리 성도들이 그리스도의 형상을 닮기를 원합니다. 실패한 자가 힘을 얻고, 상처받은 자가 치유되며, 낙심한 자가 소망을 발견하는 교회가 되기를 원합니다. 모든 성도들이 그리스도 안에서 풍성한 삶을 누리며 성령의 열매를 맺을 수 있도록 도와주옵소서. 아버지의 거룩한 뜻이 하늘에서 이룬 것 같이 우리 교회를 통하여 풍성하게 이루어지게 하옵소서. 우리의 이웃을 불쌍히 여겨 주옵소서. 이 시간도 병으로 고통스러워하고, 실직으로 아파하며, 가난으로 가슴 졸이는 외롭고 소외된 주님의 백성들에게 은혜를 베풀어 주옵소서. 예수님의 이름으로 기도드립니다. 아멘.

희망 명언 긍정적인 정신자세는 실패와 좌절, 역경에서도 그에 합당한 보상의 씨앗을 찾아내어 그 씨앗을 자신에게 이익이 되는 방향으로 발아시키겠다는 의지다. - 나폴레온 힐

3월 셋째 주
- 유명기도문 -

이런 자녀 |

"내가 내 신을 만민에게 부어 주리니 너희 자녀들이 장래 일을 말할 것이며"(욜2:28)

주여! 우리 자녀들로 하여금
믿음으로 모여 기도하게 하시며
소망중에 배워 역사하게 하시고
사랑으로 번져 선교하게 하소서.

주여! 우리 자녀들이
순수의 신앙으로 오늘의 역군되고
순종의 행동으로 내일의 주역되며
순교의 충성으로 영원의 후사되게 하소서.

주여! 우리 자녀들은
아버지의 이름을 빛내며
삶의 모든 영역에서 아버지의 주권을 인정하고
아버지의 뜻을 실천하는 용기있는 증인들이 되게 하사
우리가 이루지 못한 역사의 전성기를 이루게 하소서.

저들로 하여금 저들을 잘못 길러온 우리를 용서하게 하옵시며
우리가 가르치지 못한 진리를 깨닫게 하옵시며
우리가 넘지못한 담을 넘게하사 이땅을 젖과 꿀이 흐르는
땅으로 만들게 하소서.

그리 하시오면
곱게 물든 잎들처럼 우리들도 곱게 곱게 돌아갈 수 있겠나이다
예수님의 이름으로 기도드립니다. 아멘

― 전호윤

희망 명언 기대가 사람을 키운다. ― 지그 지글러

3월 넷째 주 - 주일예배 1 - 방주 역할

"하나님께서 전도의 미련한 것으로 믿는 자들을 구원하시기를 기뻐하셨도다" (고전 1:21)

우리의 삶의 주인이신 존귀하신 하나님, 약하고 부족한 저희들을 부르셔서 세상의 어떤 강한 것보다 복되게 하시니 그 은혜를 감사하며 찬양드리옵나이다. 저희들에게 영원한 생명을 주시기 위하여 고난당하시고, 죽기까지 저희들을 사랑하신 주님의 은혜 또한 감사드립니다. 이번에 사순절을 지내면서 그 크신 하나님의 사랑을 다시 한 번 깨닫게 하시고, 주님의 고난에 동참하게 하셨사오니 앞으로도 그런 삶을 살아가게 하여 주시옵소서. 자비로우신 하나님, 주님의 품안에서 지내는 것을 자유가 없는 삶으로 생각하고 세상을 향하여 나아가려 했던 저희들의 모습을 회개합니다. 이 시간 예배하는 저희들의 모습을 긍휼히 여기사 심령을 정결하게 하시고, 새롭게 하여 주시옵소서. 강퍅한 저희들의 심령이 주님의 사랑 앞에 녹아지게 하시고, 주님을 닮아가는 저희들의 삶이 되게 하여 주시옵소서. 이 나라와 이 민족을 긍휼히 여기사 하나님의 은총이 충만하게 하여 주시옵소서. 특별히 우리 교회를 사랑하시고 함께 하신 하나님의 은혜를 감사드립니다. 지금까지 선교하는 교회로 귀하게 쓰임받게 하셨사오니, 앞으로도 구원의 방주 역할을 감당하는 우리 교회가 되게 하여 주시옵소서. 그 동안 하나님께서 주신 은혜를 깨닫고 새로운 비전을 향하여 기도하며 나아가는 우리 교회가 되게 하여 주시옵소서. 오늘 저녁에 있을 세례예식을 통하여 세례받는 모든 이들이 그리스도 안에서 거듭나는 체험을 하게 하여 주시옵소서. 담임목사님에게 함께 하셔서 날마다 선교의 지경이 넓어지게 하시고 말씀의 권세를 더하여 주시옵소서. 귀한 말씀을 대언할 때 능력이 임하셔서 듣는 이들이 하나님의 음성을 듣게 하시고, 세상을 살아갈 때 큰 힘과 용기를 얻게 하여 주시옵소서. 예수 그리스도의 이름으로 간절히 기도하옵나이다. 아멘

희망 명언 기대가 커야 더 좋은 결과를 얻을 수 있다. - 지그 지글러

3월 넷째 주 - 주일예배 2 -

좁은 길

"내가 내 몸을 쳐 복종하게 함은 내가 남에게 전파한 후에 자기가 도리어 버림이 될까 두려워함이로라" (고전9:27)

　자비와 은혜의 하나님 아버지! 먼지처럼 많은 사람들 가운데서 저희를 택하여 주시고 오늘까지 지켜 주시고 인도하여 주신 것을 감사드립니다. 주님께서 우리의 죄를 대신하여 십자가 위에서 찢기시고 피 흘려 돌아가시지 않으셨다면 우리들은 영원히 죄 가운데서 멸망 받을 수밖에 없었습니다.

　그러나 우리들은 주님의 그 놀라운 사랑과 은혜를 깨닫지 못하고 주님을 배반하고 하나님 아버지의 곁을 떠나 스스로 혼자 살아보겠다고 하는 어리석은 탕자와도 같습니다.

　사랑의 주님, 우리가 주님의 그 사랑의 뜻을 깨달을 수 있도록 분별의 영을 주옵소서. 지혜와 총명을 더하여 주사 주님을 바로 보고 믿을 수 있는 우리들이 되도록 인도하여 주옵소서.

　자비로우신 주님 넓고 평평한 길이라 하더라도 세상의 잘못된 길과 죄악 된 길로 나아가지 않게 하옵소서.

　비록 좁고 험난한 길이라 하더라도 주님께서 걸어가신 길을 따라갈 수 있도록 은총을 더하여 주옵소서.

　이 시간 말씀을 증거하실 목사님께 능력을 더하여 주시고 우리들은 영육 간의 생명의 양식을 공급받아 거친 세상에서 빛과 소금의 사명을 다하게 하여 주옵소서.

　예수님의 이름으로 기도 드립니다.　아멘

희망 명언　기대감은 흥분, 신념, 욕망, 자신감, 헌신, 에너지 등 우리가 성공하는 데 도움이 되는 모든 자질을 만들어낸다. - 존 맥스웰

3월 넷째 주 - 수요 예배 -
남을 나보다 낫게

"내가 전심으로 주를 찾았사오니 주의 계명에서 떠나지 말게 하소서" (시119:10)

만유의 주재가 되시며 사랑과 질서로 우주 만물을 다스리시는 여호와 하나님, 그 크신 사랑과 은혜를 감사드립니다. 보잘 것 없는 저희를 잠잠히 사랑하시며 "너는 내 것이라"고 지명하여 불러주셔서 감사하며 찬양을 드립니다. 하나님 아버지, 저희는 주님을 사랑한다고 하면서도 언제나 미련하고 부족하였으며, 주님을 모른다고 세 번이나 부인한 베드로처럼 언제나 떳떳하지 못한 죄인으로 살았습니다.

그러나 어제도 오늘도 영원토록 변함없이 동일하게 저희를 사랑해 주시고 용납해 주시는 주님께 감사를 드립니다.

하나님 아버지, 저희의 연약함을 도우시고 저희의 마음과 생각을 지켜 주옵소서. 주님께서 원하시는 길을 따라 행하며 언제나 주님의 기쁨이 되게 하옵소서. 주님, 저희 교회의 모든 기관이 잘 연합하여 한 마음이 되기를 원합니다.

모양과 생각은 다르지만 남을 나보다 낫게 여기고 모든 일을 주께 하듯 하며, 서로 돌아보아 사랑과 선행을 실천하는 저희가 되게 하옵소서. 이 시간 담임목사님에게 함께 하셔서 큰 권세와 영감을 더하시고, 선포할 말씀이 저희에게 기름진 꿀이 되며 영생하도록 솟아나는 샘물이 되게 하여 주옵소서. 성가대의 찬양을 기쁘게 받으시고, 듣는 모든 성도들도 같은 마음으로 찬양하게 하옵소서.

또 저희의 삶 속에 늘 향기로운 찬양의 제사가 있게 하여 주옵소서. 만물들과 함께 호흡이 있는 자마다 모두 큰 기쁨으로 찬양드리는 시간이 되게 하옵소서. 예수님의 이름으로 기도드립니다. 아멘.

희망 명언 기대감을 더욱 부추기라. - 그라시안

3월 넷째 주 - 유명기도문 -

사용하소서

"주 여호와의 신이 내게 임하셨으니" (사 61:1)

주 예수님,
주께서 뜻하시고 바라시는 일이 무엇이든
그 일에 저를 사용해 주옵소서.
제 마음은 가난하여 빈 그릇과 같으니,
당신의 은혜로 채워 주옵소서.

제 영혼은 죄로 더럽혀졌고 번민에 싸여 있으니,
당신의 사랑으로 소생시키시고 새롭게 하옵소서.
제 마음을 가지사
당신의 거처로 사용하옵소서.

제 입을 사용하시어
당신의 영광스러운 이름을 전파하게 하옵소서.
제 사랑과 모든 힘을 사용하시어
그리스도 안에 있는 형제 자매들을
세워 줄 수 있게 하옵소서.

제 믿음의 확신이 풀어지지 않게 하시며,
그로써 어느 때나
"예수님께서 나를 필요로 하시며, 나는 예수님을 필요로 한다"고
진실하게 말할 수 있게 해 주옵소서.

— 드와이트 무디

희망 명언 기대는 태도에 엄청난 영향을 미친다. - 존 맥스웰

4월 첫째 주
- 주일예배 1 -

생명의 감격

"주께서 생명의 길로 내게 보이시리니 주의 앞에는 기쁨이 충만하고 주의 우편에는 영원한 즐거움이 있나이다" (시16:11)

우리 죄를 사하시기 위하여 하나뿐인 아들 예수 그리스도를 아끼지 아니하시고 저희들에게 보내주신 좋으신 하나님, 주님의 고난으로 저희들에게 새 생명을 주셔서 감사드립니다. 주님께서 고난의 쓴 잔을 받지 아니하셨더라면 저희들은 여전히 죄의 종으로 살았을 터인데, 저희 대신 질고와 찔림과 상함을 당하심으로써 저희가 구원을 받고 축복된 자녀로 살게 되었습니다. 십자가에 달리셨던 주님을 기억하고, 그 위대하신 사랑을 늘 감격하며 주님을 사모하는 저희들이 되게 하여 주시옵소서. 이 시간 저희들의 마음속에 있는 죄악의 쓴 뿌리를 제하여 주시고, 주님을 위해 아낌없이 향유를 부은 마리아처럼 온 마음으로 찬양하게 하여 주시옵소서. 죄악의 사슬을 풀어주시고 주님께서 피값으로 사신 이 교회를 기억하시옵소서.

이 나라와 이 민족을 긍휼히 여기시고 침체된 경제가 회복되게 하옵소서. 길을 잃고 방황하는 심령들이 자유와 평화를 주시기 위하여 이 땅에 오신 주님을 만나게 하시고, 천국의 복된 소식을 듣게 하여 주시옵소서. 이 시간 말씀을 통하여 우리들의 삶이 변화되기를 원합니다. 목사님이 전하는 말씀을 하나님의 음성으로 듣게 하시고, 세상을 살아가는데 큰 힘과 용기를 얻게 하여 주시옵소서.

오늘 찬양으로 영광을 돌리는 성가대 위에도 함께 하셔서 듣는 저희들의 마음문을 활짝 열어 주시고, 주시는 말씀도 기쁨으로 받아들여서 큰 은혜를 얻게 하여 주시옵소서.

예수 그리스도의 이름으로 간절히 기도하옵나이다. 아멘

희망 명언   기대를 확실히 밝혀라. - 존 발도니

4월 첫째 주
- 주일예배 2 -
향기 나는 삶

"항상 기뻐하라 쉬지 말고 기도하라 범사에 감사하라 이는 그리스도 예수 안에서 너희를 향하신 하나님의 뜻이니라"(살전5:16-18)

좋으신 하나님! 오늘도 거룩한 성회로 모여 하나님의 인자하심을 찬양하며 감사할 수 있는 복을 허락하여 주시니 감사합니다. 우리의 예배를 기쁘게 받아 주옵소서. 예배를 통하여 복을 허락하여 주시고 감사를 통하여 오직 하나님만이 영광 받으시기를 원하오니 우리와 함께 하여 주옵소서. 사랑과 은혜가 충만하신 하나님! 부족하고 허물 많은 모습으로 살다가 하나님의 거룩하심을 기억하여 하나님의 전에 나왔사오니 긍휼히 여기사 깨끗하게 씻어 주시옵소서. 주님의 보혈을 의지하여 세상에서 하나님의 거룩하심을 드러낼 수 있도록 우리를 변화시켜 주시기를 원합니다. 성령의 열매를 맺게 하시고 예수님의 성품을 닮아갈 수 있는 믿음을 허락하여 주옵소서. 하나님의 거룩한 백성의 향기가 우리의 삶에서 풍겨 나오기를 원하오니 우리의 삶을 주관하여 주옵소서. 언제나 부족함 없이 채워 주시는 주님으로 인하여 날마다 감사가 끊이지 아니하도록 복을 내려 주옵소서. 우리의 삶이 감사와 찬양의 제사가 되게 하시고 입술을 열 때마다 하나님의 영광을 찬송하게 하여 주옵소서. 사랑과 구원의 하나님! 우리를 사랑하사 우리 죄를 대신하여 십자가를 지신 주님의 고난을 생각합니다. 주님의 고난을 기리는 사순절 기간을 통하여 우리로 하여금 자기를 부인하고 겸손한 마음으로 낮아지신 주님을 본받을 수 있게 하옵소서. 상심한 한 명의 영혼을 귀하게 여기시는 주님, 우리 가운데 상한 심령들이 있습니다. 그들에게 하나님의 은혜가 전해질 수 있도록 도와주시옵소서. 그들이 살아계신 하나님을 만나고 내면의 상처를 치유 받는 놀라운 기적이 일어나게 하시옵소서. 그리하여 날마다 살아나는 교회가 되게 하여 주시옵소서. 오늘 예배를 주님께 의탁하오며 거룩하신 예수님의 이름으로 기도 드립니다. 아멘

희망 명언 기쁨은 나누면 두 배가 되고, 슬픔은 나누면 반이 된다. - 스웨덴 속담

4월 첫째 주
- 수요 예배 -

나누는 아픔

"너희가 진리를 순종함으로 너희 영혼을 깨끗하게 하여 거짓이 없이 형제를 사랑하기에 이르렀으니 마음으로 뜨겁게 피차 사랑하라"(벧전1:22)

사랑의 하나님 감사합니다.

이 시간 또다시 주님 앞에 나와 경배와 찬양을 드리게 하시니 감사합니다. 그러나 죽기까지 사랑하여 주시는 그 사랑 안에서 저희는 깨어 있지 못하고 하나님의 음성을 듣지도 못하며, 주의 일을 할 때에 핑계거리를 찾으며 완악함과 짝하였고 게으름과 벗하였습니다.

아버지여, 저희를 위하여 다시 오실 주님을 생각하며 그 보혈을 의지하오니 저희를 용서하여 주옵소서. 저희의 심령이 믿음의 부요함에 처하게 하시고 애통하는 복 있는 자들이 되게 하옵소서.

하나님, 분단의 아픔 속에 있는 이 나라를 불쌍히 여겨 주시고, 믿는 저희들을 아픔을 치유하며 회복시키는 사역자들로 써 주옵소서. 북한 땅의 무너진 제단도 저희 손으로 다시 쌓을 수 있는 복을 허락하여 주옵소서.

주께서 기름 부어 세우신 목사님을 늘 하나님의 오른팔로 붙드시며 주어진 모든 일들을 능히 감당할 수 있도록 능력을 주옵소서. 하나님께만 영광 돌리는 귀한 종이 되게 하옵소서.

말씀을 전하실 때 영육간의 강건함을 더해 주시고 오직 주님의 능력만 나타나게 하옵소서.

예배의 모든 순서를 통하여 하늘의 기쁨을 허락하시고 주님 홀로 영광 받으옵소서. 예수님의 이름으로 기도 드립니다. 아멘

희망 명언 기쁨은 매우 긍정적인 것이다. 이는 안전함을 줄 뿐 아니라 따뜻한 사랑의 온기를 동반한다.
- 후커

4월 첫째 주
- 유명기도문 -

번민하는 심령

"너희 염려를 다 주께 맡겨 버리라 이는 저가 너희를 권고하심이니라" (벧전5:7)

참으로 은혜롭고 자비로우신 하나님,
주님만이 상한 심령을 치유하시고 번민하는
마음을 평화로이 하시오니
저는 도우심을 바라고 주님께 외치옵나이다.

영과 육을 치료하시는 놀라운 분이시여,
내 연약하여 쓰러지려는 심령을 위로하시고
용기를 북돋워 주시옵소서.
주님만이 저를 구원하시옵나이다.
그래서 도우심을 바라며 주님께 부르짖사옵니다.
가장 크게 외치는 소리를, 타오르는 간절한 기도를 들으시옵소서.
저의 신뢰가 주님 안에 있게 하시고
평안하고 밝은 마음을 갖게 하시옵소서.
우리 주님의 구원을 조용히 기다리며 바라는 것이 진실로
선한 일이옵나이다.
주님께서 허락하시는 쉴 곳에 있게 하시고
내 영혼이 내 안에서 더 이상 요동치 말게 하소서.
주님께서 허락하신 쉴 곳에 있게 하사

내 영혼이 하나님안에서 구원을 누리며 안식하게 하여 주시옵소서.

- 요한 웨슬리

희망 명언 기쁨은 하나님 나라에 빼놓을 수 없는 사업이다. - 루이스

4월 둘째 주
- 주일예배 1 -

종려주일

"그 때에 소경의 눈이 밝을 것이며 귀머거리의 귀가 열릴 것이며" (사35:5)

날마다 저희들에게 한없는 사랑과 은총을 베푸시는 좋으신 하나님, 오늘 하루도 거룩한 주일을 허락하시고 복된 발걸음을 허락하셔서, 주의 전으로 나아오게 하시니 감사드립니다. 지난 한 주간도 눈동자 같이 지켜주시고 따뜻하게 품으시고 보호하여 주신 은혜에 또한 감사드립니다. 오늘은 특별히 종려주일입니다. 저희들의 죄를 사하시기 위하여 하나뿐인 아들 예수 그리스도를 아끼지 아니하시고 저희들에게 보내 주셨음에도 불구하고 저희들은 세상의 안락에 취하여 주님의 십자가의 고통과 번민을 잊어버리고, 겸손히 하나님과 이웃을 섬기는 대신에 다른 사람을 정죄하고 판단하였음을 고백합니다. 자비로우신 하나님, 저희들의 모든 죄와 허물을 용서하여 주시옵소서. 종려주일, 새끼나귀를 타고 평화의 왕으로 오신 주님의 겸손을 배우게 하소서. 십자가를 지고 주님을 따라가 생명의 부활에 이르게 하여 주시옵소서. 예수님께서 고난의 쓴 잔을 받으셨기에 저희들은 생명을 얻었으며, 저희 대신 질고와 찔림과 상함을 당하심으로써 저희가 구원을 받고 축복된 자녀로 살게 되었습니다. 십자가에 달리셨던 주님을 기억하며 이 고난주간을 지내게 하시고, 그 위대하신 사랑 앞에 늘 감격하며 살아가게 하여 주시옵소서. 이 시간도 전쟁으로 고통을 당하고 있는 많은 이웃들을 위하여 기도합니다. 전쟁이 속히 끝나게 하시고, 더 이상 무고한 인명이 희생되지 않도록 주님의 평화가 임하게 하시옵소서. 특별히 간구하옵기는 이 나라를 긍휼히 여겨 주시기를 원합니다. 세대간의 갈등과 경제적인 불황이 심화되고 있사오니, 평화의 왕이 되시는 우리 주님께서 이 민족을 치료하시고 건져주시옵소서. 기쁘게 찬양하는 성가대 위에도 함께 하셔서 듣는 저희들의 마음문을 활짝 열어 주시고, 주시는 말씀을 통해 큰 은혜가 임하게 하여 주시옵소서. 예수 그리스도의 이름으로 간절히 기도하옵나이다. 아멘.

희망 명언 기쁨은 하나님의 존재에 대한 가장 확실한 고백이다. - 피에르 드 차딘

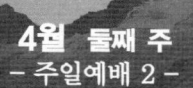

게으름의 회개

"네 재물과 네 소산물의 처음 익은 열매로 여호와를 공경하라" (잠3:9)

긍휼이 풍성하신 하나님 아버지! 우리를 사랑하셔서 귀한 주의 자녀로 삼아주신 은혜를 감사하며 경배와 찬양과 영광을 드립니다. 지난 한 주 동안 주님이 주시는 은총으로 살게 하심을 감사합니다. 고난과 역경이 끊이지 않는 세상에서 늘 저희를 보호하시고 인도하심도 감사드립니다. 그러나 지난 한 주간을 돌아 볼 때에 너무나 흉하고 더러운 죄악 속에 살았음을 고백합니다. 또한 주님의 명령에 따라 열심히 살지 못하고 특히 주님을 위한 삶은 더욱 게을렀음도 고백합니다. 이 모든 죄를 사랑이 많으신 하나님 아버지! 용서하여 주시옵소서. 저희에게 세상의 소금이 되라고 말씀하신대로 저희가 희생함으로 세상의 더러움을 씻고 오히려 살맛나는 세상을 만들 수 있게 하여 주시기를 원합니다. 주는 것이 받는 것보다 복되다고 하신 주님, 아직도 받는 것만 좋아하는 저희를 용서하여 주시고 하루 속히 주는 삶을 살게 하여 주옵소서. 하나님 아버지! 특별히 감사한 것은 저희가 정성을 모아 주의 일에 힘쓰게 하심입니다. 아직 부족하여 주의 큰 일을 감당할 수 없으나 저희의 믿음을 보시고 꼭 이루어 낼 수 있도록 도와주시고 더 큰 일들을 감당할 수 있기를 원하옵니다. 오늘 주의 말씀을 선포하실 담임목사님을 도우셔서 우리를 향하신 하나님의 뜻을 바로 깨닫는 은혜의 시간이 되게 하시고 말씀의 씨앗이 우리에게 심기워질 때 삼십 배, 육십 배, 백배의 열매가 맺혀질 수 있도록 축복하여 주옵소서. 우리의 심령에 섬김의 열매도 맺게 하여 주셔서 주님의 섬김과 사랑이 저희를 통하여 온전히 이루어지기를 기도드립니다. 이 모든 말씀을 우리교회를 통하여 영광을 받으시기를 원하시는 예수님의 이름으로 기도드립니다. 아멘

희망 명언 기쁨은 하나님이 우리 안에 계시는 울림의 메아리다. - 매미온

4월 둘째 주
- 수요 예배 -

교회를 위하여 |

"하나님을 가까이 하라 그리하면 너희를 가까이 하시리라"(약4:8)

우리와 늘 동행하시며 함께 하시는 하나님 아버지, 오늘 거룩한 주일에 베푸신 은혜로 인하여 감사와 찬양을 드립니다. 오늘 저녁에도 때를 따라 돕는 은혜를 받기 위해 이 자리에 나왔사오니 크신 은총을 베풀어 주옵소서. 하나님, 구원은 받았지만 기쁨이 없고, 하나님의 자녀가 되었지만 자녀답게 살지 못했음을 고백합니다.

늘 염려와 근심으로 옛사람의 속성을 벗지 못하고 보이는 땅의 것을 추구하며 무엇을 먹을까, 무엇을 입을까에 매달려 살아온 불신을 용서하여 주옵소서.

이 시간 아버지께서 저희의 영안을 밝히셔서 우리를 부르신 하나님의 영광의 기업에 대해 알게 하시고 바라보게 하옵소서. 주께서 주시는 지혜로 살게 하시고, 이기적인 인간관계 속에서도 평화를 이루게 하옵소서. 지혜와 계시의 영을 저희에게 주셔서 마음을 강하게 붙드시고, 허락하신 약속의 분깃을 잡고 믿음으로 살게 하옵소서. 모든 위선과 비방하는 말을 버리고 갓난아이와 같이 순수하고 신령한 젖을 사모하게 하옵소서.

이 땅에 세우신 교회를 도와주옵소서. 한국교회가 주 안에서 일치되고 그리스도의 몸으로서 사명을 잘 감당할 수 있기를 원합니다. 세상의 어두움을 몰아내고 나라와 사회에 밝은 빛이 되는 교회로 쓰임 받게 하옵소서.

이 시간 찬양과 말씀의 순서를 통하여 영광을 받으시며, 각 사람에게 필요한 신령한 은혜와 복을 맛보게 하옵소서. 예수님의 이름으로 기도합니다. 아멘.

희망 명언 기쁨을 놓침은 모든 것의 놓침의 시작이다. - 스티븐슨

4월 둘째 주 - 유명기도문 -
기도하게 하소서

"너희를 부르시는 이는 미쁘시니 그가 또한 이루시리라" (살전 5:24)

오 하나님, 이른 아침 주님께 부르짖사오니
나로 기도하게 하시며
오직 주님만 생각하게 하소서.
저의 힘만으로 그렇게 할 수 없사옵니다.
내 안에 어둠 있으나
주님 함께 계시면 빛이 있으며
저는 홀로 있으나
주님께서는 저를 홀로 버려두지 않으시며
제 마음 연약하나
주님 함께 계시면 도움이 있고
제게는 쉼이 없으나
주님 함께 계시면 평안 있사오며
제 안에 고통 있으나
주님 함께 계시면 인내할 수 있고
저는 주님의 길 알 수 없으나
주님께서는 저의 길 아시오니
저를 살리시어 자유하게 하소서.
저로 지금 살아있게 하셔서
주님과 제 앞에서 대답하게 하소서.
주여, 오늘 어떤 일 몰아쳐 와도
주님 이름 찬양받기를 원하나이다.

― 본 회퍼

희망 명언 기쁨의 하루는 슬픔의 이틀보다 훨씬 낫다. - 서양 격언

4월 셋째 주
- 주일예배 1 -

부활의 노래

"할렐루야 내 영혼아 여호와를 찬양하라" (시146:1)

죽음과 사망의 권세를 이기고 승리의 깃발을 세우신 주님의 이름을 찬양합니다. 저희 죄인들을 위해 죽어 주셔서 참 생명과 소망을 허락하시고, 기쁨의 길로 나아가게 하시니 감사드립니다. 오늘 이 기쁜 부활의 아침에 진리의 예수 그리스도가 생명의 자리에 계심을 믿고 주님 전에 나아왔사오니, 저희들의 찬양과 경배를 받아 주시옵소서. 주님의 부활을 통해 참된 소망을 얻고, 교회가 굳게 세워졌음에도 불구하고 저희들은 주님을 널리 증거하지 못했고 때로는 의심도 하였습니다. 이 연약한 심령들이 부활의 신앙을 되찾고 주님께서 구속하신 사랑을 이웃에게 전할 수 있게 하여 주시옵소서. 지난 한 주간도 주님의 품 안에서 눈동자 같이 지켜주시고 보호하여 주신 은혜를 또한 감사드립니다. 순간순간마다 하나님의 보호하심과 사랑하심을 깨닫고 주님과 동행하는 삶을 살아가게 하옵소서. 이 시간도 기근과 전쟁으로 고통당하는 많은 이웃들을 위하여 기도합니다. 전쟁의 상처가 속히 치유되게 하시고, 그리스도의 사랑과 복음이 전파되게 하여 주시옵소서. 이 땅에 전쟁의 소문이 사라지게 하여 주옵시고, 평화의 왕이 되시는 우리 주님께서 이 민족을 치료하시고 건져주시옵소서. 무엇보다도 갈 길 몰라 방황하는 심령들이 부활의 주님을 만나게 하시고, 하나님 나라의 복된 소식을 듣게 하여 주시옵소서. 우리 교회가 복된 예수 그리스도의 이름을 온 세상에 전하는 전도의 사명을 감당하게 하여 주시옵소서. 한 영혼이라도 주님 앞으로 인도하여 하나님의 마음을 흡족하게 하는 저희들의 삶이 되게 하여 주시옵소서. 이 시간 담임목사님을 통하여 부활의 메시지가 선포될 때에 우리의 마음 문을 활짝 여시고 세상에서 승리할 수 있는 용기와 부활의 능력을 허락하여 주시옵소서. 이 모든 말씀을 부활의 첫 열매가 되시는 예수 그리스도의 이름으로 간절히 기도하옵나이다. 아멘.

희망 명언 기쁨이란 그리스도인의 엄청난 비밀이다. - 체스터튼

4월 셋째 주 - 주일예배 2 -
불의의 타파

"근신하라 깨어라 너희 대적 마귀가 우는 사자같이 두루 다니며 삼킬 자를 찾나니"(벧전5:8)

거룩하신 하나님 아버지, 복된 성일을 우리에게 허락하여 주시고 우리의 정성을 하나로 모아, 살아 계신 주님께 예배드릴 수 있는 은총에 감사를 드립니다. 하나님의 도우심 없이는 잠시도 생명을 유지할 수 없는 연약한 저희들을, 지난 한 주간도 여러 모양과 형편 속에서 보호해 주시고 인도해 주시고 가르쳐 주신 크신 은혜와 사랑하심에 감사를 드리옵니다. 하나님의 사랑과 은총 속에 살아가고 있는 저희들, 지난 한 주간의 삶을 이 시간 다시 한 번 되돌아 볼 때 주님 앞에 죄스럽고 잘못된 일들이 너무도 많았던 죄인들이었음을 고백합니다. 자비가 풍성하신 사랑의 하나님 아버지, 그리스도께서 저희들을 위해 흘려주신 십자가의 보혈을 의지하옵고 이 시간 주님 앞에 머리 숙였사오니 아버지여 저희들의 죄를 용서하여 주옵소서. 이제는 진실로 죄를 떠난 삶을 살도록 노력하며 하나님이 기뻐하시는 삶을 살아갈 수 있도록 인도하여 주옵소서. 하나님, 이 나라와 민족을 보호하여 주옵소서. 어둠의 이 사회를 정화시켜 주시고 밝은 빛으로 인도하여 주옵소서. 위정자들에게 하나님의 말씀을 깨달을 수 있는 가난한 마음을 주사 주 앞에 겸손하게 하시고 애타는 심령으로 이 나라를 이끌어 갈 수 있도록 도와주시옵소서. 모든 불의와 부조리를 버리고 주님의 거룩한 법을 따르게 하여 주옵소서. 자비로운 하나님, 이 시간 슬픔과 낙심 중에 좌절하고 있는 심령 위에 주님의 사랑으로 위로와 평안을 주시고 슬픔이 기쁨으로 낙심이 희망으로 바뀌는 역사가 나타나게 하여 주옵소서. 우리 모든 성도들의 삶이 하나님의 말씀에 따라 살아갈 수 있는 믿음과 용기와 희망을 주시기를 간절히 기도드리옵나이다. 이 시간 드려지는 예배가 하나님 보좌에 상달되어 하나님의 마음을 기쁘시게 하는 산제사가 되게 하여 주시기를 간구 드리며 거룩하신 예수님의 이름으로 기도드리옵니다. 아멘

희망 명언 기쁨이란 사물에 있는 것이 아니요. 우리 안에 있는 것이다. - 와그너

4월 셋째 주 - 수요 예배 -
소금의 삶

"이같이 너희 빛을 사람 앞에 비취게 하여 저희로 너희 착한 행실을 보고 하늘에 계신 너희 아버지께 영광을 돌리게 하라" (마5:16)

만물을 창조하시고 인간의 역사를 주관하시는 하나님 아버지, 주님의 이름을 찬양하며 높여 드립니다. 오늘 드리는 수요 예배가 하나님의 크신 사랑을 체험하는 제사가 되기를 원합니다.

저희의 입에서 감사 찬송이 끊이지 않게 하시고, 날마다 구름기둥과 불기둥으로 인도하시는 아버지를 의지하게 하옵소서. 하나님께서는 진노의 자식이었던 저희를 생명의 유업을 이을 하나님의 자녀로 삼아 주셨는데, 저희는 아버지께서 베푸신 그 자비와 사랑을 잊어버린 채 세상의 어두움 속에서 그 빛과 맛을 잃은 소금처럼 살았습니다.

주여, 저희의 믿음 없음과 무지를 용서해 주옵소서. 이 시간 예배를 통하여 소금의 맛을 찾게 하시고, 빛을 등경 위로 옮기에 하옵소서.

저희들을 성령의 역사로 일으켜 세우시고 기도하는 용사가 되게 하옵소서. 아브라함이 소돔과 고모라의 멸망을 안타까워하며 중보 기도한 것처럼 저희들도 어려운 이 나라의 정치와 경제와 사회를 위해 하나님께 간구하게 하옵소서.

미스바의 회개운동처럼 이 나라 방방곡곡에서 회개하는 기도의 물결이 넘치게 하시어 이 민족이 회복되고 희생하며 새로워지게 하옵소서. 이 땅의 백성들에게 진리와 생명의 말씀을 주시고, 주님의 사랑으로 얽매인 자와 상한 심령이 풀려나고 고침을 받게 하시며 자유와 평화가 강물처럼 흘러넘치게 하옵소서.

우리의 소망이시며 이 민족의 횃불이신 예수님의 이름으로 기도합니다. 아멘.

희망 명언 기쁨이란 세상 일을 통해 하나님을 목격하는 것이다. - 노르위치

4월 셋째 주
- 유명기도문 -

더 가까이 |

"너희 몸을 하나님이 기뻐하시는 거룩한 산 제사로 드리라 이는 너희의 드릴 영적 예배니라" (롬12:2)

저를 치유하시는 주님,
기쁨있을 때나 아픔있을 때나 어둠있을 때나 밝음있을 때나
우리를 온전히 주님께로 이끌어 주시옵소서.

주님의 진실된 영광 안에 있는 만족함으로 우리를 치료하여 주시옵소서. 행복하거나 슬프거나, 우리가 구하는 대로 내리시거나 거절하시거나 따르겠사오니 우리의 믿음대로 허락하시옵고, 주께 더욱 가까이 가게 하시옵소서.

주께서 원하실 때만 우리는 치유받을 수 있나이다.
이미 알고 있는 사실을 볼 수 있게 하시옵소서.
온전하신 주님으로 인해 모든 절망을 이겨내고 주께서 사랑하심을 굳건히 믿게 하시옵소서.

주님 우리와 함께 계시고 우리를 부르사 게으름에 머물지 않게 하시며 우리 택하신 주님을 힘입게 하시옵소서.
죽음도, 생명도 주시는 주님, 진정 죽음을 겪음으로 주님의 자녀되는 길이 있음을 믿사옵니다.

영원한 새 생명을 주시는 것을 믿사옵니다.
우리 구주 예수 그리스도 하나님의 아들이 새 생명 갖게 하심을 믿사옵나이다.

- 필립 부룩스

희망 명언 기쁨이란 슬픔을 뒤집어 놓은 것이며 고통을 완전히 개조시킨 것이다. - 허나드

4월 넷째 주
- 주일예배 1 -

헌신의 결심

"또한 너희 지체를 불의의 병기로 죄에게 드리지 말고…너희 지체를 의의 병기로 하나님께 드리라" (롬6:13)

어제나 오늘이나 변함없이 우리를 사랑하시고, 지금까지 은혜 가운데 보호하여 주신 사랑의 하나님, 감사를 드립니다. 오늘도 거룩한 주일을 허락하시고 저희들의 발걸음을 인도하셔서 하나님의 존귀하신 이름을 찬양하며 예배하게 하시니 또한 감사하옵나이다. 세상을 향하여 분주했던 우리의 마음을 하나로 모아 정성을 다해 드리는 예배가 되게 하여 주시옵소서. 저희들의 헌신과 봉사를 하나님 앞에 거룩한 산 제물로 드리는 이 시간이 되게 하여 주시옵소서. 지난 한 주간 저희들은 주님의 은혜를 잊어버리고 이리저리 요동하며 변화무쌍한 삶을 살았습니다. 오늘 이 자리에 나온 저희들을 긍휼히 여기사 믿음의 반석 위에 굳건히 세워 주시옵소서. 오직 부활의 주님만을 의지하는 성도가 되게 하여 주시옵소서. 사랑의 하나님, 이 나라와 민족을 기억하여 주시고 능력의 장중에 붙잡아 주시기를 간구합니다. 마지막 때 복음전파의 귀한 사명을 감당하는 민족으로 삼아주시고, 전국 방방곡곡에서 기도의 소리가 끊이지 아니하는 이 땅이 되게 하여 주시옵소서. 이 시간도 나라와 민족을 위하여 기도하는 성도들의 간구를 들으시고 응답하여 주시옵소서. 동서 간에, 남북 간에, 세대 간에 모든 계층이 대립과 분열을 극복하고 믿음으로 하나가 되는 이 나라가 되게 하여 주시옵소서. 이 시간 우리 교회를 사랑하시고 능력의 도구로 사용하여 주시니 감사합니다. 강단에서 선포되는 생명의 말씀을 통하여 죽어가는 많은 심령들이 살아나는 역사가 나타나게 하여 주시옵소서. 이 일들을 위하여 저희들에게 맡겨주신 전도의 사명을 잘 감당할 수 있도록 함께 하여 주시옵소서. 예배의 시종을 주님께서 홀로 주장하여 주실 줄 믿사오며 예수님의 이름으로 기도하옵나이다. 아멘.

희망 명언 꿈과 이상의 연료는 칭찬이다. - 지그 지글러

4월 넷째 주
― 주일예배 2 ―

성장하는 삶

"이 율법책을 네 입에서 떠나지 말게 하며 주야로 그것을 묵상하여 그 가운데 기록한대로 다 지켜 행하라 그리하면 네 길이 평탄하게 될 것이라 네가 형통하리라"(수1:8)

살아계셔서 변함없는 사랑으로 저희들을 돌보시는 하나님 아버지! 주님의 은혜로 한 주간을 살게 하시다가 거룩한 이 날을 맞이하여 주님 앞에 나와서 예배하게 하시니 감사드립니다. 고달픈 삶으로 인하여 육신이 곤고할 지라도 주님이 약속하신 축복과 은혜를 기다리며 예배자의 모습으로 주님 앞에 서게 되니 저희들의 영혼은 날로 새로워지는 것 같사옵니다. 이 시간, 저희들이 주님께 드리는 예배를 흠향하여 주시고, 저희들의 심령이 주님 품안에서 기뻐하는 심령들이 되게 하여 주시옵소서. 자비로우신 하나님 아버지! 주님의 은혜와 사랑을 마주하고 있으나 여전히 저희 심령이 정결하지 못함을 깨닫습니다. 이제껏 주님의 자녀답게 살지 못하고, 주님을 앞세우지 못한 삶을 살아감으로 세상의 온갖 더러운 것들로 더럽혀진 저희들을 긍휼히 여겨 주시옵고, 양심과 인격을 강건하게 하시어서 주님의 삶을 본받아 사는 삶이 되게 하시옵소서. 말씀과 진리로 날마다 새롭게 성장하게 하시며, 믿음의 과실을 풍성하게 맺는 생활이 되게 하여 주시옵소서. 사랑이 넘치는 하나님 아버지! 저희가 세상을 살 때 어떤 환경과 여건을 만난다 할지라도 믿음으로 살아가려고 힘쓰는 모습이 있게 하시고, 빛 되신 주님을 좇을 수 있게 하시어 어둠 속에서 서성이는 일이 없게 하시고, 성령의 인도함을 받는 복 있는 삶이 되게 하여 주시옵소서. 삶의 위기를 만났을 때 언제나 주님의 뜻 안에서 바른 결단이 있게 하시며, 주님의 나라와 그 의를 구하는 날들이 되게 하여 주시옵소서. 축복의 하나님 아버지! 주님의 복된 진리의 말씀을 들고 단 위에 선 담임목사님을 성령의 능력으로 붙드셔서 주님의 말씀을 듣고자 하는 모든 성도들에게 희망과 소망이 넘치는 말씀이 되게 하여 주시옵소서. 예배의 시종을 주님께 의탁하오며, 우리를 구원하신 예수 그리스도의 이름으로 기도드립니다. 아멘

희망 명언 꿈꾸기를 멈추는 순간 나이가 든다. - 덱스터 예거

4월 넷째 주
– 수요 예배 –

마음의 순종

"또 그리스도께서 너희 안에 계시면 몸은 죄로 인하여 죽은 것이나 영은 의를 인하여 산 것이니라"(롬8:10)

좋으신 하나님, 새벽부터 이 시간까지 성일의 기쁨을 누리게 하시고, 예배로 새로운 힘을 주셔서 찬양으로 영광 돌립니다. 우리의 힘이 되시는 여호와 하나님의 성호를 높여 찬양예배를 드리오니 신령한 복을 내려 주시옵소서.

주님 앞에 설 때마다 우리의 모습이 정직하게 하시고, 믿음의 갑옷을 입고 이 전을 나가게 하옵소서. 입으로만 "주여! 주여!" 하는 옛 사람의 습성을 버리게 하여 주옵소서. 주님의 성품을 닮아가며 하나님의 형상을 회복하게 하옵소서.

우리를 미워하고 핍박하는 자도 사랑하라고 하셨으니 순종하게 하시고, 하늘에 계신 아버지의 온전하심을 닮게 하옵소서.

모든 것을 참으며 모든 것을 믿으며 모든 것을 바라며 견디는 사랑의 힘을 주옵소서.

오늘 드리는 예배를 통하여 저희들에게 믿음의 전신갑주를 입혀 주옵소서. 우리의 삶 자체가 영적 싸움입니다.

불의와 대항하고 유혹과 미혹에 대적하며, 세상풍조를 거스르는 이 싸움에서 진리와 의와 믿음과 말씀을 가지고 깨어 기도함으로써 악한 자를 소멸하고 승리하게 하옵소서.

주님의 사자를 통해 살아 움직이는 하나님의 말씀을 들을 때에 우리의 심령과 골수를 쪼개는 역사가 있게 하옵소서.

찬양과 기도를 통하여 하나님의 은혜가 풍성히 넘치게 하시며, 마음의 선한 소원을 아뢰는 귀한 시간 되게 하옵소서.

예수님의 이름으로 기도합니다. 아멘.

희망 명언   꿈은 목표로 구체화되어야 한다. 그러기 위해서는 자신감 있는 결단력이 필요하다.
– 보도 새퍼

4월 넷째 주 - 유명기도문 -
마음의 개혁

"육신의 생각은 사망이요 영의 생각은 생명과 평안이니라" (롬8:6)

나의 주님, 온전하신 삼위일체 되신 주님,
성부와 성자와 성령으로 함께 계시는 주님이신 것을 아옵나이다
주의 말씀은 영원하시오며
그 영원하신 말씀이 동정녀 마리아에게로 하늘로부터 내려와
이 세상 안에 임하신 것을 믿사옵니다
그리고 슬퍼하는 죄인을 위해 보혈 흘리시며 십자가를 지시었고
하늘로 올라가신 사실을 기억하나이다
저는 바로보나이다 나의 주님
깨어 바라보나이다 나를 구원하소서
마음을 모아 바라보나이다 나를 위로하소서
허무함 속 깊이 있는 나를 이끄사 보배로운 피로써 구속하여 주소서
이 세대 안에 있는 모든 죄를 용서하시고
지금 세례의 물같이 맑게 하여 주소서
저는 주님 앞에 늘 있나이다 주님의 용서를 기다리나이다
저는 이 세대와 사람들에 대하여 저항함이 아니오라
불의와 죄악에 대하여 일어납니다
주여, 신령한 은혜로 함께 하시옵소서
그릇되이 알고 있는 것에 대해 더욱 각별히 은혜내리시옵소서

- 로라

희망 명언 꿈은 반드시 실현된다. - 존 업다이크

4월 다섯째 주 - 주일예배 1 - 본 보이는 삶

"육신을 좇지 않고 그 영을 좇아 행하는 우리에게 율법의 요구를 이루어지게 하려 하심이니라" (롬8:4)

저희를 창조하시고 구원을 베푸시며 권능으로 도우시는 살아계신 하나님, 지난 한 주간 함께 하시고 지켜주신 사랑과 은혜에 감사와 찬양을 드리옵나이다. 오늘 하루도 거룩하게 구별하신 주일을 허락하시고, 주의 전으로 인도하셔서 찬양하며 예배하게 하시니 또한 감사를 드리옵나이다. 이 시간 저희들이 드리는 예배가 신령과 진정으로 드리는 예배가 되게 하여 주시고, 우리의 몸과 마음을 하나님께서 기뻐하시는 거룩한 산 제물로 드리게 하여 주시옵소서. 지난 한 주간 저희들은 하나님의 말씀을 잊어버리고 우리의 생각과 뜻대로 살았습니다. 주님은 말씀과 삶이 하나 되기를 원하시고 친히 본을 보여주셨건만, 저희는 자신의 주장만을 내세우며 고집하는 삶을 살았습니다. 저희들을 긍휼히 여기사 죄사함의 은총을 베풀어 주시옵소서. 평화의 왕으로 오신 주님, 이 나라와 민족에게도 하나님의 크신 은총이 함께 하시기를 원합니다. 국가적으로 많은 어려움이 있는 이 때에 믿는 저희들이 먼저 깨어서 기도하게 하여 주시옵소서. 대통령을 비롯한 모든 위정자들에게 하나님을 두려워하며 백성들을 사랑하는 마음을 갖게 하여 주시옵소서. 남북으로 분단된 이 나라에 긍휼을 베푸시고 하루빨리 평화적인 통일이 이뤄지게 도와주시옵소서. 꽁꽁 얼어붙은 북한 땅에도 복음이 전파되어 따스한 봄바람이 불며 무너졌던 성전이 재건되는 역사가 나타나게 하여 주시옵소서. 우리 교회를 사랑하시고, 지금까지도 함께 하신 하나님 감사합니다. 계속 부흥되게 하시고, 맡겨주신 선교의 귀한 사명을 감당하기에 부족함이 없도록 지켜 주시기를 간구합니다. 이 시간 선포될 말씀이 큰 권능으로 임하게 하시고 저희들의 영혼을 일깨워 새롭게 결단하게 하여 주시옵소서. 빛도 이름도 없이 섬기는 선교사들의 건강을 지켜주시고, 능력으로 함께 하셔서 선교의 지경을 넓히게 하여 주시옵소서. 예수님의 이름으로 기도하옵나이다. 아멘.

희망 명언 꿈은 우리가 경험할 수 있는 가장 흥미진진한 모험이다. 현실이 어떻든 성공하고 말겠다는 결의를 다지고 최선을 다하라. - 덱스터 예거

4월 다섯째 주 - 주일예배 2 - 흠 없는 삶

"우리가 그 피를 인하여 의롭다 하심을 얻었은즉 더욱 그로 말미암아 진노하심에서 구원을 얻을 것이니"(롬5:9)

사랑이 많으신 하나님! 예수님의 십자가 보혈로 죄를 씻어주시고 빛과 소금의 자녀로 삼아주신 변함없으신 주님을 찬양합니다. 언제나 지나고 나면 모든 것이 주님의 오묘한 섭리에 감사거리가 되건만 한치 앞을 보지 못해 눈앞에 보이는 것만으로 주님과 잡고 있는 손을 의심하는 나약한 저희들의 손을 놓지 않으시고 빛으로 이끌어 이 자리에 인도해 주시니 감사합니다.

저희가 한 해의 희망과 소망을 주님 앞에 아뢰며 많은 것을 구하며, 또 결단하며 주님이 새로이 주시는 복을 받아 누리기에 흠 없는 자의 삶을 살기로 약속한 것이 벌써 몇 달이 되었지만 무엇 하나 주님 앞에 내어 놓을 것이 없는 부족한 삶을 살았음을 고백합니다.

주님! 잎만 무성한 저희들의 회개를 받아 주시고 용서하여 주시옵소서. 우리의 기도를 들으시고, 죄를 사하여 주시며, 우리 영혼의 쉼터인 이 교회가 주님께서 부어주시는 더 큰 사랑을 감당할 수 있도록 하여 주옵소서. 언제나 청년과 같은 열정과 젊음으로 주님을 신뢰하며 살아갈 수 있게 하여 주옵소서.

오늘도 선포되는 말씀 위에 성령의 능력으로 권세를 주셔서 말씀이 우리의 삶에 등대 되어주시고, 위로가 되어 주시며, 후원자 되어 주시어 삶에 희망을 소유하게 하시고, 모이고 흩어질 때마다 주님나라가 확장되는 놀라운 역사가 일어나게 하여 주옵소서.

열심을 다하여 정성껏 드리는 찬양을 받으시고 영광 받으시옵소서. 예수님 이름으로 기도드립니다. 아멘

희망 명언 꿈은 우리에게 힘을 준다. 꿈은 세계를 확장한다. - 존 먹스웰

4월 다섯째 주
- 수요 예배 -

주의 사명

"말씀하시되, 나를 따라 오너라 내가 너희로 사람을 낚는 어부가 되게 하리라 하시니"(마4:19)

　전능하신 하나님께 찬송과 감사를 드리며 영광을 돌립니다.
　주의 몸 된 교회에서 오전예배에 이어 지금은 또 찬양예배로 모이게 하시니 감사드립니다. 진정으로 우리 마음이 여호와 하나님을 찬양하게 하옵소서. 주께서 주신 입술로 찬양하게 하시고, 마음으로 찬양하게 하시고, 영으로 찬양하게 하옵소서. 우리의 찬양을 통해 아버지께서 영광을 받으시며, 우리에게는 진정한 감사와 기쁨이 넘치게 하옵소서. 하나님, 우리 교회를 위해 기도드립니다.
　이 교회를 하나님께서 세우실 때는 마땅히 해야 할 사명을 주신 줄 믿습니다. 신령과 진정으로 예배할 뿐만 아니라 주님의 말씀을 세계 만방에 널리 전할 증인의 사명도 주신 줄 믿습니다. 여러 모로 봉사할 것도 말씀하셨고, 서로 사랑하며 특별히 약한 지체들을 향해 참된 사랑을 베풀라고 하셨습니다.
　주께서 맡기신 여러 가지 일들을 우리로 하여금 잘 감당하게 하옵소서. 그리하여 주님의 놀라운 말씀을 실행하는 교회가 되어 세상에 빛처럼 드러나게 하시고, 소금처럼 녹아지게 하소서.
　하나님 아버지, 수요예배를 드리는 이 시간에도 생명의 말씀을 들려주셔서 우리의 심령이 회복되고, 상처가 치유되며, 새 힘을 얻는 놀라운 시간이 되게 하옵소서.
　위험이 많고 혼돈된 이 세상의 한 복판에서 순례자의 길을 가는 이 교회가 참으로 온 인류를 구원하는 방주가 되게 하시며 참된 피난처가 되게 하실 줄 믿습니다. 성삼위일체께서 주의 몸 된 교회와 예배를 거룩하게 해 주실 줄 믿사옵고, 예수님의 이름으로 기도드립니다. 아멘

희망 명언 꿈을 계속 가지고 있으면 언젠가는 반드시 그것을 실현할 때가 온다. - 괴테

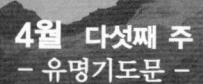

자비로우신 주

"인자의 온 것은 섬김을 받으려 함이 아니라 도리어 섬기려 하고 자기 목숨을 많은 사람의 대속물로 주려 함이니라" (막10:45)

지극히 자비로우신 주님

주님 은혜를 제게 허락하사
그 은혜가 나와 함께 있게 하시며 일하게 하시며
죽기까지 나를 사로잡게 하소서

주께서 넉넉히 받으실 수 있고 사랑하실만한 것을
언제나 갈망하고 소원하게 하시며
주님의 뜻이 저의 뜻 되게 하소서

제 뜻이 늘 주님의 뜻 좇게 하시고
제 뜻과 주님의 뜻 하나되게 하소서

제가 간절히 바라는 모든 것보다
주안에서 쉬며 주안에서 평화로운 마음 갖게 하소서

주님의 마음 참 평화시오며 주님의 평화만이 쉼이 되오며
주님을 벗어난 모든 것은 고통이며 괴로움입니다

지고의 영원한 선이신 주 안에 모든 것 있사오니
내가 그 안에서 잠들며 쉬기를 원하나이다. 아멘.

— 토마스 아 켐피스

희망 명언 꿈을 꿀 수 있다면 꿈을 실현할 수도 있다. - 월트 디즈니

5월 첫째 주 - 주일예배 1 -
어린이의 마음

"천지의 주재이신 아버지여 이것을 지혜롭고 슬기 있는 자들에게는 숨기시고 어린 아이들에게는 나타내심을 감사하나이다" (마11:25)

변함없는 사랑으로 우리를 인도하시고, 날마다 선한 길을 예비하시는 좋으신 하나님, 지금까지 보호하여 주신 은혜를 감사드립니다. 세상 사람들은 이렇게 좋은 계절에 들로 산으로 달려가고 있지만 하나님께서는 저희들에게 거룩한 주일을 기억하게 하시고, 주의 전으로 발걸음을 인도하여 주시니 감사하옵나이다. 이 시간 주님의 존귀하신 이름을 찬양하며 예배드릴 때에 우리의 마음과 정성을 하나로 모아 드리는 거룩한 산 제사가 되게 하여 주시옵소서. 지난 한 주간 저희들은 세상에서 하나님의 사랑과 관심을 잊어버린 채 분주한 삶을 살았습니다. 저희들의 부족하고 연약한 모습을 긍휼히 여기사 반석 위에 굳건히 설 수 있는 믿음을 허락하여 주시옵소서. 사랑의 하나님, 이 나라와 민족을 기억하여 주시고 능력의 장중에 붙잡아 주시기를 간구합니다. 모든 대립과 분열을 극복하고 믿음으로 하나가 되는 이 나라가 되게 하여 주시옵소서. 능력의 하나님, 오늘은 어린이주일입니다. 원하옵기는, 저희들도 주님의 나라를 어린이처럼 받들게 하시고, 순수하고 겸손한 성품으로 하늘의 영광을 바라보게 하옵소서. 어린아이들을 사랑하시는 주님, 이 땅에 사는 모든 어린이들을 축복하여 주시옵소서. 어린 심령들이 믿음을 간직하고 하나님을 경외하는 법을 배우며 자라게 하시고, 세상의 잘못된 일들로 물들지 아니하도록 능력의 손으로 지켜 주시옵소서. 자녀들이 경건한 분위기에서 자랄 수 있도록 신앙의 모범을 보이는 부모들이 되게 하여 주시옵소서. 자녀들이 믿음으로 성장하여, 사회와 교회에서 귀하게 쓰임받는 일꾼들이 되기에 부족함이 없도록 부모들에게 지혜를 허락하여 주시옵소서. 찬양으로 영광 돌리는 성가대 위에 함께 하시사 대원들 모두 하나님의 이름을 영화롭게 하는 일에 귀하게 쓰임받게 하여 주시옵소서. 예수 그리스도의 이름으로 기도하옵나이다. 아멘.

희망 명언 꿈을 날짜와 함께 적어 놓으면 목표가 되고, 목표를 잘게 나누면 계획이 되며 그 계획을 실행에 옮기면 꿈은 실현되는 것이다. - 그레그

5월 첫째 주
- 주일예배 2 -

꿈과 희망

"내가 천국 열쇠를 네게 주리니 네가 땅에서 무엇이든지 매면 하늘에서도 매일 것이요 네가 땅에서 무엇이든지 풀면 하늘에서도 풀리리라 하시고"(마16:19)

언제나 변함없는 사랑으로 인도하시는 전능하신 하나님, 찬양과 존귀와 영광을 돌려 드립니다. 지난 한 주간도 하나님의 은혜 가운데 지켜주셨다가 오늘 이 거룩한 주일 주님의 전에 나와 예배하게 하심을 감사드립니다. 한 주간 동안 삶의 목적과 희망을 가지고 열심히 살려고 애썼지만 말씀을 좇아 행하였는지 돌아보게 하사 우리의 연약한 모습들을 바로 고치고 회개하는 시간이 되게 하시옵소서. 우리 제단을 이곳에 세우신 하나님, 우리 교회가 많은 영혼들을 위해 축복의 통로가 되게 하시옵소서. 예배가 회복되어 하나님의 복을 받는 우리 공동체가 되게 하시고, 총력 전도운동으로 전교인이 전도자가 되게 하시옵소서. 우리 교회가 한국의 미래와 세계 모든 나라에 영향력을 끼치는 영적 지도자를 육성하기 위해 여러 가지 사업을 하려고 합니다. 이 일이 잘 진행될 수 있도록 복을 내려 주시옵소서. 우리 모든 성도들이 꿈과 희망의 씨앗을 심게 하시고, 더욱 원대한 소망을 품게 하소서. 앞으로 이루어질 주님의 역사를 기다리며 또한 기대하며 온 성도들이 날마다 기도하면서 시간과 물질로 헌신하는 우리 공동체가 되도록 복을 내려 주시옵소서. 또한 가정의 달 5월을 맞아 하나님께서 세우신 가정들마다 사랑과 행복이 가득하게 축복하여 주시옵소서. 믿음이 충만한 가정, 영적으로 건강한 가정이 되게 하시옵소서. 오늘 말씀이 선포될 때 한 말씀도 땅에 떨어지지 않고 우리의 심령 가운데 떨어져서 30배, 60배, 100배의 풍성한 영적 열매를 맺게 하여 주시옵소서. 찬양으로 예배를 도우며, 하나님께 영광을 돌리는 찬양대를 축복하시고, 그 외에도 예배를 돕기 위해 수고하는 모든 종들을 기억하시고 복을 내려 주시옵소서. 지금은 예배 첫 시간이오니 마치는 시간까지 하나님 홀로 영광 받아 주시옵소서. 이 모든 말씀 우리를 죄에서 구원하여 주신 예수 그리스도의 이름으로 간절히 기도드립니다. 아멘.

희망 명언 꿈을 멈추면 문제가 불어난다. 우리에게는 우리의 소중한 자신인 꿈에 물과 비료를 주고 키워 우리 자신을 성장시킬 책임이 있다. - 덱스터 예거

5월 첫째 주 - 수요 예배 -
다윗의 지혜

"친히 말씀하시기를 내가 과연 너희를 버리지 아니하고 과연 너희를 떠나지 아니하리라 하셨느니라" (히13:5)

거룩하신 하나님, 죄 많은 저희들을 구속하여 주셔서 감사드립니다. 그러나 지금도 구원 받은 주의 백성으로 합당하게 살지 못하고, 육신의 약함과 믿음 없음으로 인하여 여러 가지 잘못과 허물을 저지르곤 하는 우리들을 용서해 주옵소서. 거룩하신 하나님, 이 시간 우리 나라의 모든 지도자들을 위하여 기도드립니다. 정치, 경제, 사회, 문화 등 모든 영역의 지도자들을 주께서 지켜 주시고 올바른 길로 인도해 주옵소서. 하나님, 그들에게 옛날 여호수아와 다윗에게 주셨던 지혜와 능력을 주셔서 이 나라를 주의 뜻 가운데 인도할 수 있게 하옵소서. 산업이 번영하고 부요해져도 가난한 백성들과 이웃나라를 돌아보며 인도주의를 실천할 수 있는 나라가 되게 하시고, 과학기술이 창조질서를 거스르지 않는 주의 영역 안에서 잘 발전되게 하옵소서. 하나님 아버지, 특별히 한국교회의 지도자들을 붙들어 주옵소서. 목사님들이 주의 말씀으로 굳게 서서 하나님의 영감과 진리로 무장하여서 생명의 말씀을 전하기에 부족함이 없게 하여 주옵소서. 선한 목자이신 예수님의 삶을 본받아 주의 백성들을 쉴 만한 물가, 푸른 초장으로 이끄는데 부족함이 없게 하옵소서. 당회와 제직회의 모든 직분자들은 주의 말씀에 순종하고 주의 은총에 감사하며, 교회의 지체로서 잘 협력하게 하옵소서. 무엇보다 모든 교우들이 기도함으로써 하나님께서 약속하신 풍성한 복을 받고 모든 문제들을 해결 받는 역사가 나타나게 하옵소서. 이 나라와 교회와 우리의 가정에 진정한 평화를 주옵소서. 예수 그리스도의 이름으로 기도 드립니다. 아멘.

희망 명언 꿈을 밀고 나가는 힘은 이성이 아니라 희망이며, 두뇌가 아니라 심장이다. - 도스토예프스키

5월 첫째 주
- 유명기도문 -

마지막 시간

"무릇 네 손이 일을 당하는대로 힘을 다하여 할찌어다 네가 장차 들어갈 음부에는
일도 없고 계획도 없고 지식도 없고 지혜도 없음이니라" (전9:10)

주여, 내가 처음 죄를 지은 날로부터 이제까지
주님앞에서 행한 허물과 죄를 모두 주께 보여드리오니
주께서 이 모든 죄를 단번에 사랑의 불로 태우사 소멸되게 하시고
내 죄의 얼룩이 사라지게 하시며
모든 허물로부터 우리의 양심을 정결하게 씻어주소서.

주의 은혜로 제가 회복되게 하시며 모든 것 완전히 용서하시되
자비로 제가 평화와 입맞추게 하소서.

지극히 작고 온전하지 못하오나
제 안에 있는 선 주께 드리오니
주님께서 이를 바로잡으시고 성별하시며
크게 하시고 받으실 만한 것 되게 하시며
늘 더욱 더 완전함을 얻게 하소서.

게으르고 무익하며 미약한 피조물인 제게
선하고 복된 임종 맞게 하소서. 아멘.

- 토마스 아 켐피스

희망 명언 꿈을 실현하는 비결을 알고 있는 사람이 정복할 수 없는 것은 없다. 이 비법은 호기심, 자신감, 일관성, 용기로 요약할 수 있다. - 월트 디즈니

5월 둘째 주
- 주일예배 1 -
쓰임 받는 자

"너는 마음을 다하고 성품을 다하고 힘을 다하여 네 하나님 여호와를 사랑하라" (신6:4,5)

우리 삶의 근원으로써 험한 세상 가운데서 우리를 지켜 주시는 전능하신 하나님, 오늘 하루도 거룩한 주일을 허락하셔서 감사드립니다. 이 시간 저희들이 드리는 예배가 기쁨과 감사로 충만하게 하시고, 하나님께서 홀로 영광 받아 주시옵소서. 지난 한 주간 저희들은 하나님의 말씀대로 살지 못했음을 고백합니다. 지극히 주관적인 잣대로 판단하며 형제와 이웃을 정죄하였습니다. 자비하신 하나님, 이 시간 죄를 고백하고 진심으로 회개하오니, 저희들을 긍휼히 여기셔서 죄 사함의 은총을 베풀어 주시옵소서. 이 나라와 민족에게도 하나님의 크신 은총이 함께 하시기를 위하여 기도합니다. 마지막 때 귀하게 쓰임받는 민족으로 삼아 주시옵소서. 정치·경제 지도자들에게 지혜를 더하시며 맡은 사명을 주께 하듯 신실한 마음으로 최선을 다해 충성하게 하옵소서. 모든 위정자들에게 하나님을 두려워하는 마음을 허락하여 주시사, 다니엘과 요셉 같이 주님을 의지하는 지도자들이 되게 하여 주시옵소서. 우리 교회의 각 기관들을 기억하여 주옵소서. 교회학교 희망터로부터 시작하여 장년부에 이르기까지 각 선교회와 성가대, 그리고 보이지 않는 곳에서 이름도 없이 빛도 없이 섬기는 모든 이들에게 한량없는 은혜를 베풀어 주시옵소서. 오늘은 특별히 어버이주일입니다. "네 부모를 공경하라. 그리하면 너의 하나님 나 여호와가 네게 준 땅에서 네 생명이 길리라." 하신 주님의 말씀을 기억하게 하여 주시옵소서. 부모님의 사랑과 은혜를 돌아보게 하시고, 주님께서 명령하셨듯이 육신의 부모들에게도 효도하는 삶을 살게 하여 주시옵소서. 혹 부모를 잘 섬기지 못한 성도가 있다면 다시금 뉘우치고 하나님께서 주신 계명대로 준행하며 효도할 수 있게 하여 주시옵소서. 성가대가 찬양으로 영광 돌릴 때 기뻐 받아주시고, 우리의 마음문도 활짝 열려지게 하옵소서. 예수 그리스도의 이름으로 기도하옵나이다. 아멘.

희망 명언 꿈을 실현하려면 먼저 꿈이 있어야 한다. - 덱스터 예거

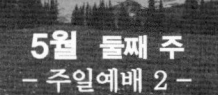

새로운 꿈

"볼찌어다 내가 세상 끝날까지 너희와 항상 함께 있으리라 하시니라"(마28:20)

인생을 행복으로 인도하시는 주님께 존귀와 영광과 찬양을 올립니다. 오늘 희망찬 주일을 맞아 하나님 앞에 나와 예배드리게 하시니 감사하옵나이다. 예배를 통해 새 힘을 주옵소서. 우리들은 지난 한 주간 하나님의 말씀에 의지하지 않고 세상적인 이론과 계산을 앞세우며 죄악된 삶을 살았습니다. 불쌍하고 어리석은 우리들을 긍휼히 여기시고, 용서하여 주시옵소서. 능력의 하나님! 주님께서 지극히 사랑하시는 자녀들 가운데는 육신이 병들거나 마음이 아파서, 혹은 경제적으로 너무나 어려워서 남몰래 눈물 흘리고 있는 사람들이 있습니다. 힘없는 우리들을 어루만지시며, 치유하시고 회복시켜 주시옵소서. 새로운 꿈을 위해 위하여 모든 성도들이 몸과 물질의 헌신을 작정하였습니다. 헌신의 100배 복을 허락하시옵소서! 그리고 우리 교회가 세계 적인 교회로 부흥, 성장하도록 우리들을 큰 일꾼으로 사용하여 주시옵소서. 담임목사님이 전하는 말씀을 통해 듣고 그대로 믿고 행함으로써 우리들의 영혼과 범사가 잘 되고, 또한 강건하게 되기를 원합니다. 이곳저곳에서 죽어가는 영혼들이 많이 있사오니 전 교인들이 한 사람씩 교회로 초대하게 하옵소서. 전도하는 자에게나 억지로 이끌려오는 자에게나 복을 내려 주시옵소서. 이 땅의 위정자들이 하나님 나라를 위해 합당하게 쓰임 받을 수 있는 일꾼들로 세워지기를 원합니다. 그래서 이 나라가 주님 보시기에 합당하고 온 세계에 복음을 전파하는 자랑스런 사역을 감당케 하옵소서. 찬양대의 찬양을 받으시고, 예배의 시작부터 마치는 시간까지 홀로 영광 받으시기를 원합니다. 예수 그리스도의 이름으로 기도드립니다. 아멘.

희망 명언 꿈을 이루겠다는 결의가 무엇보다도 중요하다는 것을 항상 명심하라. - 링컨

5월 둘째 주
― 수요 예배 ―

진리의 사람

"내가 아버지께로서 너희에게 보낼 보혜사 곧 아버지께로서 나오시는 진리의 성령이 오실 때에 그가 나를 증거하실 것이요" (요15:26)

하나님 아버지, 우리가 진정으로 주님께 헌신하는 삶을 살기 위해 또 다시 수요예배로 모였습니다. 이 시간 성령께서 역사하셔서 부족한 저희들을 온전케 하옵소서. 하나님 아버지, 지금 우리가 사는 세상은 마치 폭풍을 만난 배 같이 이리저리 요동치며 휩쓸리고 있습니다. 배 안에서 공포에 떨며 아우성치는 승객처럼 우리도 지금 절규하며 죽음과 무가치와 혼동의 세력 속에서 떨고 있습니다. 악한 물질을 좇아 허덕이며 허망한 권력을 향해 질주하고, 하나님의 뜻에 어긋난 명예를 차지하기 위하여 온통 야단법석을 떨기도 합니다. 생명의 주여, 먼저 이러한 우리의 모습을 용서하여 주옵소서. 주님께서 철저히 간섭하심으로써 이제 우리의 삶이 새롭게 변화되게 하옵소서. 사도 바울이 타고 가던 배가 유라굴로라는 광풍을 만났을 때 그 배에 탄 사람들이 모두 죽음 앞에 떨며 아우성쳤지만 조금도 흔들림이 없었던 바울의 모습을 기억합니다. 우리로 하여금 그 바울의 모습을 닮아 가게 하옵소서. 바울처럼 하나님 안에서, 진리 안에서 사는 사람이 되게 하옵소서. 그리하여 이 어려운 세대 속에서도 주의 구원의 손길이 있다는 놀라운 하나님의 계시의 메시지를 전하게 하옵소서. 이 태풍이 몰아치는 세상에서도 우리가 섬기는 하나님이 우리를 능히 구원해 주실 것이라는 확신을 갖게 하옵소서. 의미 없이 돌아가는 세상을 좇아 영원한 사망의 구렁텅이 속에 빠져드는 신세가 되지 말게 하시고, 주의 놀라운 은혜로 구원 받고, 새 생명을 얻는 역사가 일어나게 하옵소서. 이 예배가 하나님이 받으시기에 합당한 진정한 산 제사가 될 줄로 믿습니다. 이 모든 말씀을 주 예수 그리스도의 이름으로 기도 드립니다. 아멘.

희망 명언 꿈을 이루기 위해서 현명하게 준비하고 꾸준히 노력하면 꿈은 이루어진다. - 빌 로텔라

5월 둘째 주 - 유명기도문 -
자비를 위하여

"여호와의 자비와 긍휼이 무궁하시므로 우리가 진멸되지 아니함이니이다 이것이 아침마다 새로우니 주의 성실이 크도소이다"(애3:22-23)

주여, 오시옵소서

풍성한 자비 내 영혼속에 내리시고 사로잡으사
함께 계시옵소서

아시는 것처럼,
내 영혼의 집은 영화로우신 왕께서 거하시기는 초라하오나
주께서 감싸시어 거룩하게 하시고
뜨거운 소망으로 채우사
주님 맞아들이기에 합당하게 하소서

그 안에 오셔서 꾸미어 주시고
주 거룩한 손의 역사로
주께서 거하시기 어울리도록 만들어 주옵소서

주님께서 이미 제게 주신 많은 은혜가 있사온대
아직 만족하지 못한 나의 소원 들어주시기보다
주님 자신을 제게 주시옵소서

나의 영혼으로 주님 구하게 하시되
주님 찾을 때까지 그치지 않고 구하게 하시며
내가 주님의 온전한 소유 되게 하소서 아멘.

— 성 어거스틴

희망 명언 꿈을 좇는 데 집중하면 어떠한 요구도 그다지 어렵게 느껴지지 않는다. - 지미나 크리켓

5월 셋째 주 - 주일예배 1 -
사역을 위하여

"모든 기도와 간구로 하되 무시로 성령 안에서 기도하고 이를 위하여
깨어 구하기를 항상 힘쓰며"(엡6:18)

우리의 삶의 주인으로서 갈 바를 알지 못하는 죄인들을 가장 선한 길로 인도하시며 기뻐하시는 좋으신 하나님, 지난 한 주간 함께 하시고, 눈동자 같이 지켜주셔서 감사를 드립니다. 연약하고 부족한 저희들이 무엇이관대 하나님은 험한 세상 속에서 강한 팔로 붙잡아 주시고 지켜주시는지 그 크신 은혜를 생각하면 감사할 것 밖에 없습니다. 오늘 이 예배가 주님께 드리는 진정한 감사의 제사가 되게 하여 주시옵소서. 만물이 소생하는 이 아름다운 계절에 저희들의 영혼도 새로운 힘을 얻게 하여 주시옵소서. 지난 한 주간 저희들은 말과 행실로 죄를 지으며 많은 사람들에게 상처도 주었습니다. 우리의 생각으로 형제들을 정죄하고 판단하였던 죄악을 회개합니다. 너무나 험한 풍파와 고난 가운데서 지치고 상한 심령과 육신을 이끌고 주님 앞에 나아왔사오니 치유하여 주시옵소서. 오늘도 거룩하게 구별된 날을 맞아 주의 전으로 나아온 성도들에게 이 시간 신령과 진정으로 예배드리게 하여 주시옵소서. 지금 우리나라가 몹시 어려운 가운데 있습니다. 믿는 자들이 먼저 깨어서 기도하게 하여 주시옵소서. 동서간의 갈등, 그리고 남북간, 계층간의 모든 대립이 속히 사라지게 하여 주시옵소서. 우리 교회를 사랑하시고, 지금도 함께 하시는 하나님, 계획하는 모든 사역들이 선한 역사로 이루어지게 하시고, 선교의 지경을 더욱 넓혀 나가게 하여 주시옵소서. 담임목사님을 날마다 강건케 하시고 교회가 계속 부흥하며 선교의 큰 꿈을 이뤄나가기에 부족함이 없도록 지켜 주시옵소서. 말씀을 전할 때에 성령께서 함께 하시고, 듣는 저희들의 삶과 생각이 변화되게 하옵소서. 찬양대가 찬양으로 영광 돌릴 때 열납하여 주시옵소서. 예수 그리스도의 이름으로 기도하옵나이다. 아멘.

희망 명언 꿈을 품어라. 꿈이 없는 사람은 아무런 생명력도 없는 인형과 같다. - 그라시안

5월 셋째 주
- 주일예배 2 -

거룩한 성전

"너희가 회개하여 각각 예수 그리스도의 이름으로 세례를 받고 죄 사함을 얻으라 그리하면 성령을 선물로 받으리니" (행2:38)

우주 만물을 창조하시고 섭리하시는 하나님 하나님의 은혜 가운데 구분된 당신의 자녀로 여호와께 경배하러 나온 저희들, 진정과 신령으로 여호와의 이름을 높이고 그 이름을 찬양하는 영광의 예배를 드리게 하옵소서. 한 주간도 주님의 임재 가운데 생명을 허락하시고 삶을 지켜주신 은혜 감사합니다.

받은 은혜 많사오나 하나님의 자녀로 구별된 삶을 살지 못하고 세상의 유혹 속에 빠질 때도 많았음을 고백합니다. 용서하여 주시고 긍휼히 여겨 주옵소서. 사랑이 무한하신 주님! 모든 성도들이 성령 충만하여 심령이 새로워지고 하나님의 능력으로 강건하고 담대하여져서 권세 있는 복음의 증인들이 되게 하옵소서.

기도와 사랑, 감사와 헌신으로 아름다운 주님의 몸 된 성전을 이룩하게 하옵소서. 담임목사님, 영육 간 강건케 하시고 선포하는 말씀 위에 영력을 더하여 주셔서 뜨거운 은혜의 말씀, 성령 충만한 말씀으로 저희들의 심령이 감사와 기쁨으로 주님을 만나게 하옵소서.

찬양대! 저들의 찬양이 구원의 기쁜 소리가 되게 하시고 천군 천사를 만나는 시간 되게 하옵소서.

여러 곳에서 예배를 도와 수고하는 손길들 성령으로 붙들어 주시고 헌신하며 충성할 때 기쁨 충만케 하옵소서. 예배의 시종을 주님께 의탁하옵고 사랑이 무한하신 우리 주 예수 그리스도의 이름으로 기도드립니다. 아멘

희망 명언 꿈을 향해 자신 있게 나아가면서 꿈대로 살기 위해 진지하게 노력한다면 어느덧 성공은 눈앞에 와있다. - 헨리 D 소로

5월 셋째 주 - 수요 예배 -

합당한 삶

"그러므로 너희가 회개하고 돌이켜 너희 죄 없이 함을 받으라" (행3:19)

창조주로서 지금도 역사를 주관하시는 여호와 하나님, 그 크고 놀라우신 은혜와 사랑을 감사드립니다. 아버지께서는 우리를 때로는 품어 주시고, 때로는 격려해 주시며, 때로는 위로해 주시고, 때로는 업어 주시며, 때로는 꾸짖어 주시고, 때로는 실패하게 하셔서 우리가 딴 길로 나가지 않고 진리 안에서 아버지의 자녀로 살아가게 해주셨습니다. 지금 이 은혜의 자리에 있게 하신 주님의 놀라우신 은총에 참 감사를 드립니다. 사랑하시는 아버지, 이제 아버지의 은혜를 깨달은 자녀로서 아버지께서 원하시는 합당한 삶을 살기 원합니다. 진리 안에서 성숙한 삶을 통하여 거룩하신 아버지께 우리의 삶을 예물로 드릴 수 있는 진실된 자녀가 되게 하옵소서. 우리로 하여금 빛 되신 아버지의 능력이 이 땅 위에 선포되고 확산되는 데 훌륭한 도구가 되게 하옵소서. 아버지의 가르침을 받은 자녀로서 부족함이 없는 삶을 영위함으로써 우리가 섬기는 주의 교회도 진실로 밝고 따뜻한 공동체가 줄 믿습니다. 소금처럼 녹아지고 밀알처럼 썩어짐으로써 교회가 살고, 주님이 만드신 세상이 살아나는 새 역사가 일어날 줄 믿습니다. 하나님 아버지, 오늘 우리가 드리는 이 예배가 진실로 삶의 기쁨이 충만한 제사가 되기를 원합니다. 이 기쁨이 우리 교회 안에만 한정되지 않고 우리의 가정과 이웃과 직장과 사회에 확산되게 하옵소서. 하늘로서도 바다로서도 다 헤아릴 수 없는 아버지의 그 넓은 사랑이 우리의 가슴으로부터 흘러넘쳐 진실로 아버지를 찬양하는 찬양예배가 되게 하옵소서. 예수님의 이름으로 기도 드립니다. 아멘.

희망 명언 꿈의 스토리에는 독특한 매력이 있다. 그것은 우리를 매혹시키고, 우리에게 영감을 불어넣어 주는 한 폭의 그림과도 같다. - 비트겐슈타인

5월 셋째 주 - 유명기도문 -
교사의 기도

"내 양은 내 음성을 들으며 나는 저희를 알며 저희는 나를 따르느니라" (요10:27)

주의 자녀이고 이스라엘의 용사이며 교사인 저희에게 은혜 내리소서
주의 교훈 성실히 따르게 하사
겉모습도 닮아가게 하시고
모든 힘 다해
선하사 가혹한 심판 거두시는
하나님 알게 하옵소서
주의 평안 중 사귀는 사람들 되도록 친히 역사하시고
주님 나라 오르는 자 되게 하시며
죄의 물결위에 있을 때 침착히 다니게 하시고
그 물결에 닿지 않도록 주님의 성령과 말로 다 못할
지혜로 늘 붙드소서
찬송 어린 감사를
유일하신 아버지와 아들이시며 스승이시고
성령으로 그 안에 모든 것 있으며
모든 것 다스리시고 그 영광 한없는
하나님과 주 예수께 드리게 하소서
주는 온전한 선함,
완전한 사랑,
모든 지혜시며
절대 의이시니
지금부터 영원토록 영화로우소서

- 클레멘트

희망 명언 꿈이 그만한 가치가 있다고 믿는다면 꿈만 좇는 바보처럼 보여도 좋을 것이다.
 - 라이트 형제

5월 넷째 주 - 주일예배 1 -

영적 각성

"음행과 온갖 더러운 것과 탐욕은 너희 중에서 그 이름이라도 부르지 말라 이는 성도의 마땅한 바니라"(엡5:3)

생명의 근원이신 전능하신 하나님, 거룩한 주일을 허락하시고, 즐겁고 기쁜 마음으로 나아와 예배하게 하시니 감사하옵나이다. 하나님께서 만드신 자연이 날로 푸르러 가고 있는데, 얼마나 오묘하고 아름다운지 주님의 솜씨를 찬양하며 그저 감격하고 감사할 뿐입니다. 놀라우신 주님의 은혜와 사랑을 항상 찬양하는 저희들이 되게 하여 주시옵소서. 지난 한 주간 되돌아보니 저희들은 하나님의 크신 사랑과 은혜를 잊어버린 채 세상 사람들과 다를 바 없는 삶을 살았습니다. 용서하여 주시고 어두워진 저희들의 마음에 주님께서 임하셔서 환히 비춰 주시옵소서. 영적으로 혼미한 이 나라를 주님께서 기억하여 주시고, 이 땅에 영적인 부흥의 역사가 일어나게 하여 주시옵소서. 모든 우상이 사라지고 하나님의 영광만이 가득한 이 나라가 되게 하여 주시옵소서. 우리 교회를 사랑하시고 늘 능력의 손으로 붙잡아 주시니 감사드립니다. 저희들에게 죽어가는 영혼을 긍휼히 여기고 생명 되시는 주님의 이름을 증거하는 삶을 허락하여 주시옵소서. 오늘 성도들이 드리는 모든 예배가 기쁨과 감사의 제사가 되게 하시고, 하나님께만 영광 돌리게 하여 주시옵소서. 말씀을 전할 담임목사님에게 갑절의 영감을 허락하여 주시고, 예배에 참석한 모든 이들이 하나님의 음성을 듣게 하여 주시옵소서. 교회의 각 부서에서 이름도 없이 빛도 없이 섬기는 모든 사역자들을 기억하시고 하나님께서 풍성한 은혜와 사랑으로 채워 주시옵소서. 십자가의 죽음에서 부활하시고 승리하신 주 예수 그리스도의 이름으로 기도하옵나이다. 아멘.

희망 명언 끈기가 곧 결심이다. 그리고 결심은 기회를 만든다. - 덱스터 예거

5월 넷째 주 - 주일예배 2 -
주의 일 감당

"나는 너를 애굽땅에서 인도하여 낸 여호와 네 하나님이니 네 입을 넓게 열라 내가 채우리라" (시81:10)

하나님 감사합니다. 오늘 기쁜 안식일 주시고 하나님의 집에 모이게 하시니 감사합니다. 우리의 삶이 고달프고 어려움도 많지만 오늘 기쁨과 즐거움과 희망을 찾아 이 자리에 오게 하시니 감사합니다. 지난 한 주간 동안 바르게 살려고 했지만 그릇된 생각과 바르지 못한 행함이 많으며, 그리스도의 사랑을 나누지 못한 것도 많았습니다. 하나님! 거듭되는 우리의 잘못을 또 용서하시고, 다시 한 번 새로운 다짐과 새로운 힘을 주시어 악순환이 반복되지 않게 하시고 이 세상을 이겨나가는 승리의 용사들이 되게 하여 주시옵소서. 우리에게 허락하신 주의 큰 일 감사합니다. 그러나 우리의 힘은 너무 미약해서 우리 힘만으로는 감당할 수 없습니다. 하나님 우리에게 힘을 주시옵소서. 우리 모두 최선을 다하게 하시옵소서. 우리 교회가 새롭게 도약하는 이 큰 일에 성도들이 한 사람도 빠짐없이 동참하게 하시고 성도들이 기도와 헌신으로 하나 되어 거침없이 진행케 하시옵소서. 이제까지 주셨던 역사보다 더 큰 역사가 일어나게 하시어 온 세계에 복음을 전하는 기지가 되게 하시옵소서. 오늘 이 예배를 받아주시옵소서. 저희가 신령과 진정으로 예배하게 하시고 정성으로 드리는 예물을 열납하시며 모든 성도들의 간구에 응답하시옵소서. 찬양대가 준비하여 올려드리는 아름다운 찬양을 주님께서 받아주시고 찬양을 듣는 성도들에게도 감동이 되게 하시옵소서. 주께서 정말 사랑하시는 종을 통하여 주시는 말씀이 새 생명의 양식이 되게 하시어 이 예배에 같이 한 모든 이들에게 용기와 희망이 넘치게 하시고 기쁨이 넘치는 안식일이 되게 하시옵소서. 예수님의 이름으로 기도 드렸습니다. 아멘

희망 명언 끈기가 있으면 세상의 모든 일이 가능해진다. - 덱스터 예거

5월 넷째 주 - 수요 예배 -

기도의 영

"내가 여호와를 기다리고 기다렸더니 귀를 기울이사 나의 부르짖음을 들으셨도다" (시40:1)

거룩하신 하나님, 이 시간 또 우리로 하여금 예배하게 하심을 감사드립니다. 저희들의 모든 허물과 죄악은 주의 십자가 뒤로 감추시고, 오직 하나님이 원하시는 참된 기도를 드릴 수 있도록 성령께서 인도해 주옵소서. 주여, 이 시간 우리 교회의 모든 연약한 지체들을 위하여 먼저 기도드립니다.

마음이 가난한 자들을 불쌍히 여기시고 일으키시며 주께서 천국의 주인이 된다고 약속하신 소망을 주옵소서. 물질의 부족과 육신의 병으로 사람들과 단절한 가운데 애통해 하는 성도들이 있으면 주께서 그 모든 문제를 해결하여 주옵소서.

무엇보다도 우리가 이런 것들로 슬퍼하며 애통해 하기 보다는 하나님 앞에서 지은 죄악들을 슬퍼하고 고백하게 하옵소서. 그리하여 주께서 주시는 하늘의 위로가 나타나 참된 해방과 자유의 기쁨을 맛보게 하옵소서.

사랑의 주님, 이 시간 우리에게 기도의 영을 내려 주시길 원합니다. 우리 교회의 모든 성도가 깨어 기도함으로써 신뢰관계가 회복되게 하옵소서. 비록 연약한 저희들이지만 성령이 함께 하심으로써 한 손으로는 하나님 보좌를 붙들고, 다른 한 손으로는 이 몸 된 교회와 약한 지체들을 붙잡고 땀 흘려 기도하게 하옵소서.

그 간구가 하늘에서 이룬 것 같이 땅에서도 이루어짐으로써 하나님이 우리를 기뻐하시고, 우리 또한 그 놀라운 은총에 감사하며 일평생 주를 찬송하게 하옵소서. 이 시간도 성령의 역사하심을 믿사옵고, 예수 그리스도의 이름으로 기도드립니다. 아멘.

희망 명언 끈기란 인내를 한 곳에 집중하는 것이다. - 칼라일

5월 넷째 주
- 유명기도문 -

순교의 기도

"그가 찔림은 우리의 허물을 인함이요 그가 상함은 우리의 죄악을 인함이라" (사53:5)

친히 복되게 하시고 귀히 보시는 아들 예수 그리스도 덕택에
우리가 알게 된 하나님 아버지시여 천사들과 권세와
살아있는 온 만물의 하나님이시며
높으신 주님 보좌 앞에 살아가는 모든 족속과 의인의 하나님이시여
주께서 오늘 이 시간 은혜로 순교자들 가운데
한 자리를 제게 내리시고
몸과 영혼이 성령의 도우심으로 부패하지 않은 채
그리스도의 백성으로 영생의 부활 갖게 하시니 감사드리옵나이다

오늘 온전히 신실하신 주님께서 계시하시고 이루신 대로
받으시기 합당한 제물로
주 앞에 이 몸 드리게 하심을 감사드리옵나이다

하나님과 성령님과 더불어 영광이시며
영영히 주께서 사랑하시는 영원한 대제사장
예수 그리스도를 힘입어 모든 일에 주께
찬송하며 영광 돌리나이다 아멘.

- 폴리캅

희망 명언 끈기에는 에너지가 있다. 불굴의 의지를 지닌 사람의 열정을 당할 것이 없다. - 덱스터 예거

나라의 기도

"너희는 먼저 그의 나라와 그의 의를 구하라 그리하면 이 모든 것을
너희에게 더하시리라" (마6:33)

죄인들에게 한없는 사랑과 긍휼을 베푸시는 하나님, 그 은혜를 감사하옵나이다. 날씨가 날로 무더워지는데 육신적으로 지치지 않게 하시고 한결같은 믿음으로 날마다 새로운 힘과 용기를 얻게 하여 주시옵소서. 먼저 지난 한 주간 저희들의 삶을 돌아봅니다. 하나님의 크신 사랑을 잊어버리고 세상 가운데 거하며 그릇된 말과 행실로 주님의 마음을 아프게 했습니다. 자비로우신 하나님, 이 시간 회개할 때에 긍휼히 여기사 죄사함의 은총을 베풀어 주시고, 주님 안에서 참된 평안과 자유를 얻게 하여 주시옵소서. 6월은 국가적으로 호국의 달인데, 이 시간 많은 국가 유공자들을 기억합니다. 특별히 이번 주간에 조국을 지키기 위해 앞장섰던 순국선열들의 고귀한 희생을 생각하는 현충일을 지내게 됩니다. 가족을 잃고 슬픔에 잠긴 유족들을 위로하시고, 다시는 이 땅 위에 그 같은 비극이 일어나지 않게 하여 주시옵소서. 마지막 때 이 민족을 귀하게 들어 쓰시고, 이 시간 모든 성도들이 나라와 민족을 위하여 기도드릴 때 듣고 응답하여 주시옵소서. 이 땅의 모든 위정자들이 사리사욕을 버리고, 하나님을 두려워하며 무릎을 꿇게 하여 주시옵소서. 또 국민을 진정으로 사랑하는 지도자들이 되게 하옵소서. 우리 교회가 계속 부흥하여 하나님께서 명령하신 선교의 사명을 더 크게 감당하는 제단이 되게 하여 주시옵소서. 담임목사님에게 말씀의 능력과 영권을 갑절로 하락하셔서, 피곤치 않게 하시고, 목회를 돕는 손길이 더욱 많아지게 하여 주시옵소서. 교회학교가 올해는 갑절로 부흥되게 하시고, 어린 영혼들을 섬기는 교역자들과 교사들에게 특별한 은총을 내려 주시기를 원합니다. 교회의 여러 기관들에게도 하나님의 크신 은혜가 넘치며, 날마다 창대케 하여 주시옵소서. 예수 그리스도의 이름으로 기도하옵나이다. 아멘.

희망 명언 끈질김은 성공의 큰 요소이다. 오랫동안 요란하게 문을 두드린다면 결국 누군가를 깨우게 될 것이다. - 롱펠로우

희망과 위로

"하나님이 능히 모든 은혜를 너희에게 넘치게 하시나니" (고후 9:8)

지금도 살아 계셔서 온 인류의 모든 역사를 주관하시며 감찰하시는 거룩하신 하나님 아버지. 당신의 전능하신 섭리를 찬송하오며 주님께 영광 드리나이다. 주여, 저희들은 지난 한 주일 동안에도 세상에 살면서 당신을 기쁘시게 하지 못하고 저희들의 육신을 위하여 이기적인 욕망과 많은 죄악에서 살아왔습니다. 이 시간 저희들의 회개를 들어주시고 용서하여 주시옵소서. 또한 주님의 말씀의 거울로 저희를 비추시고 영혼을 가르치사 저희들의 삶 전체가 하나님 아버지를 향한 삶이 되게 하시고 주님을 저희의 희망과 위로로 삼게 하시옵소서. 하나님 아버지, 이 제단에 꿇어 엎드린 사랑하는 성도들을 위하여 간구하오니 주께서 들어주시고 응답해 주시옵소서. 먼저 하나님 말씀대로 살아가는 믿음을 허락하시고 생활 속에서, 삶 전체를 통하여 주님의 영광을 드러내는 살아있는 믿음을 허락하시옵소서. 저희들이 걱정하고 근심하며 괴로워하는 그 모든 것들은 약한 믿음 때문이며, 용기 없는 신앙 때문이니 주께서 저희들을 온전히 이끄시어 더 굳센 믿음을 허락하여 주시옵기를 간절히 간구하옵니다. 하나님 아버지, 아직도 주님을 알지 못하고 죄 속에서 신음하는 저희들의 이웃과 형제들을 위하여 기도하오니 주님께서 복음의 빛을 비추사 당신의 밝은 빛 속에서 살아가게 하시고 예수를 믿어 영생을 누리는 복을 허락하옵소서. 헐벗고 굶주리는 우리의 이웃들 있사오니 그들을 주께서 지켜 주시고 저희가 그들과 함께 할 수 있는 귀한 믿음을 허락하옵소서. 이 시간 오직 주님만이 임재하셔서 빈손들고 나온 모든 성도들에게 한량없는 축복 내려 주시옵소서. 예수님 이름으로 기도합니다. 아멘

희망 명언 끊임없이 어두운 미래를 예언하는 사람은 결국 그렇게 어두운 미래에 살게 된다.
— 보도 섀퍼

6월 첫째 주 - 수요 예배 -

닮게하소서

"그러므로 내 사랑하는 형제들아 견고하며 흔들리지 말며 항상 주의 일에 더욱 힘쓰는 자들이 되라 이는 너희 수고가 주 안에서 헛되지 않은 줄을 앎이니라" (고전15:58)

길이요, 진리요, 생명이신 예수님을 이 땅에 보내신 하나님 아버지의 크신 은혜와 사랑을 감사드립니다. 하나 밖에 없는 아들을 십자가에 못 박으시기까지 한 하나님의 그 크고 놀라우신 사랑을 우리는 알고 있습니다. 또한 우리는 하나님을 사랑하고 이웃을 사랑한다고 고백하기도 하지만 이 시간 진정으로 우리 자신을 돌아볼 때 실천하지 못하고 있는 죄인일 뿐입니다. 사랑의 하나님, 그리고 의로우신 하나님, 용서하여 주옵소서. 이제 우리가 아버지의 말씀 안에 거함으로써 우리의 믿음과 행동이, 그리고 우리의 모든 삶이 날마다 변화되게 하옵소서. 우리의 모습이 예수님을 닮아가기를 원합니다. 의로우신 사랑의 하나님을 세상에 보여줄 수 있는 성도가 되게 하옵소서. 우리 교우들이 하나님의 진정한 자녀로서 진실하게 살아갈 수 있게 하옵소서. 불의하게 잘 사는 것보다 의로운 가난을 택하게 하시고, 죄인의 갈등과 번민 속에서 지내기보다는 하나님의 의로우신 사랑과 평강 속에 거하는 성도가 되게 하옵소서. 하나님께서 의롭다고 칭찬하시는 삶이 훨씬 더 고귀하다는 것을 깨닫게 하옵소서. 세상에 보물을 쌓아두는 것으로 만족하지 말고 하늘나라에 우리의 보물을 쌓음으로써 참된 배부름, 진실한 만족감이 넘쳐흐르게 하옵소서. 그리고 그것이 가장 큰 우리의 재산인 것을 아는 지혜를 허락하옵소서. 오늘도 사랑과 의로 우리를 보호하시며 단련하시는 하나님 아버지 앞에 예수님의 이름으로 기도드립니다. 아멘.

희망 명언 나는 계속 배우면서 나는 갖추어 간다. 언젠가는 나에게도 기회가 올 것이다. - 링컨

6월 첫째 주 - 유명기도문

부모의 기도

"믿음으로 말미암아 그리스도께서 너희 마음에 계시게 하옵시고" (엡 3:17)

초라한 저의 모습을 감추시고 저의 혀를 지킬 수 있도록 도와주소서.
그 나이 때면 누구나 행하는 아이들의 사소한 잘못을 보게 되었을 때
이를 너그럽게 봐줄 수 있는 아량을 베풀게 하소서.

아이들이 스스로 생각하고 판단하고 결정하고
스스로 실행할 수 있도록 충분한 기회를 허락하게 하소서.
부모로서의 권위를 세우기 위하여 아이들을 책망하지 않게 하소서.

아이들이 바라는 것이 옳은 것이라면 모두 다 허락하면서도
만약 그것이 그들에게 해가 되는 것이라면
끝까지 거절할 수 있는 용기를 주소서.

어느 한편으로 치우치지 않고 항상 공정하고
생각이 깊고 사랑이 넘치는 부모가 되게 하시어
아이들로부터 진심으로 존경 받는 부모가 되게 하소서.

아이들로부터 사랑받고 아이들이 진정으로 닮기 원하는
부모다운 부모가 될 수 있도록 깨우쳐 주소서.

안정과 균형을 잃지 않고 스스로를
다스릴 수 있는 부모가 되게 하소서.

- 반뷰렌

희망 명언 나는 과거를 연구하며, 미래를 산다. - 터너

비전의 성취

"오직 여호와를 앙망하는 자는 새 힘을 얻으리니 독수리의 날개치며 올라감 같을 것이요"(사40:31)

부족하고 연약한 죄인들이 무엇이관대 이처럼 사랑하시는지, 그 크신 은혜를 감사드립니다. 사랑의 하나님, 오늘 하루도 거룩한 주일을 허락하시고 불러 주셨사오니, 이 시간 우리의 마음과 정성을 다하여 예배드리게 하여 주시옵소서. 지난 한 주간 하나님의 사랑과 은혜를 잊어버린 채 죄악된 세상에서 불의와 타협하며 살았던 저희들입니다. 진심으로 회개하오니 저희들을 긍휼히 여기사 죄사함의 은혜를 베풀어 주시옵소서. 이 나라와 민족이 변화되며, 교회가 계속 부흥하여 우리의 가정이 하나님의 크신 축복을 체험하게 하여 주시옵소서. 담임목사님을 세워주시고 지금까지 귀하게 사용하여 주셔서 감사드립니다. 영육간에 강건하게 하시고, 날마다 선교의 지경을 넓혀갈 수 있도록 능력을 주시옵소서. 하나님께서 허락하신 목회의 비전들이 다 이루어지게 하시고, 이 시간 말씀을 선포할 때에 성령께서 함께 하셔서 듣는 모든 이들의 영혼을 깨우며 새롭게 결단할 수 있게 하옵소서. 교회학교가 올해는 크게 부흥되며 어린 영혼들을 섬기는 교역자들과 교사들에게 특별한 은총을 내려 주시기를 원합니다. 하는 일마다 형통케 하시고 맡은 바 직분과 직책을 믿음과 기쁨으로 잘 감당하게 하여 주시옵소서. 여름성경학교와 수련회를 준비하고 있사오니, 계획하는 순간부터 마칠 때까지 하나님께서 주관하시고, 은혜가 충만한 행사들이 되게 하여 주시옵소서. 이 시간 찬양으로 영광 돌리는 성가대 위에 함께 하시사, 하나님께서 열납하여 주시고, 저희들의 마음문도 활짝 열어 주시옵소서. 예수 그리스도의 이름으로 기도하옵나이다. 아멘.

희망 명언 나는 꿈과 소망이 없는 자들 사이에서 군주가 되기보다는 실현시킬 포부를 지닌 가장 미천한 자들 사이에서 꿈을 꾸는 사람이 되는 쪽을 선택하리라. - 칼릴 지브란

6월 둘째 주 - 주일예배 2 - 돌아보는 마음

"각각 자기 일을 돌아볼 뿐더러 또한 각각 다른 사람들의 일을 돌아보아 나의 기쁨을 충만케 하라" (빌2:4)

저희를 지으시고 당신의 선하신 뜻대로 다스려 주시는 살아계신 하나님 아버지, 영광과 존귀와 찬송을 드리나이다. 감사 부족한 저희들을 주님께서 사랑해 주시니 거룩한 성일을 허락 하셔서 예배를 드릴 수 있게 하시니 감사드리나이다. 이 시간 저희들이 하나님과 신령한 교제를 갖게 하시고, 거짓 없는 진실된 마음을 즈시사 신령과 진정으로 예배하게 하시옵소서. 하나님 아버지, 주님의 몸된 교회를 위하여 기도합니다. 주님의 크신 뜻이 계셔서 이곳에 교회를 세우시고 오늘날까지 부흥케 하시니 감사합니다. 이 교회가 지역사회의 구원방주가 되게 하시며 크신 능력과 축복을 허락하셔서 죽어 가는 많은 심령들에게 복음의 기쁜 소식을 전할 수 있게 도와주시기를 간절히 바라옵나이다. 또한 역할과 사명에 따라 기관을 세우셨사오니 각 기관을 지켜주시고 늘 새로운 힘을 주셔서 맡은바 사명을 감당하게 하시고 날로 발전하게 하시옵소서. 전능하신 하나님 아버지. 이 나라와 민족을 불쌍히 여기사 축복해 주시고 지켜 주시옵소서. 먼저 이 나라와 백성이 하나님을 경외하며 당신의 말씀을 두려워하게 하시고 당신 안에서 기초를 든든히 하게 하시옵소서. 성령으로 함께 하시는 하나님. 오늘 선포될 말씀을 통하여 주의 영광이 드러나게 하시고 육신의 병으로 고통 받는 성도에게 건강과 힘을 주시고 믿음이 부족한 성도에게는 굳세고 담대한 믿음을 주옵소서. 여러 가지 문제를 안고 나온 성도들이 있사오니 이 시간 다 해결 받고 은혜 받는 시간이 되게 하시옵소서. 찬양으로 영광 돌리는 성가대의 찬양을 받아 흠향하시고, 오늘 이 예배를 온전히 주님께서 주장하셔서 마치는 시간까지 주께서 인도해 주시옵소서. 예배의 시종을 맡기오며 빛되신 예수 그리스도 이름으로 기도드립니다. 아멘.

희망 명언 나는 내 미래, 내 운명을 지배한다. 내가 생각하는 일들은 훗날 실제로 일어난다. 그러므로 종이에 기록함으로써 내가 가장 되고 싶은 모습으로 성장한다. - 마크 한센

진정한 기쁨

"노래하며 시온에 이르러 그 머리 위에 영영한 희락을 띠고 기쁨과 즐거움을 얻으리니" (사35:10)

만왕의 왕이시며 진정한 우리의 왕이신 하나님, 우리가 하나님을 알기 전에 먼저 우리를 찾으시고, 부르셔서, 품에 안으시고, 보호하시며, 지금까지 길러주셨습니다. 그 놀라우신 은혜를 감사드립니다. 전능하신 주여, 우리가 어떤 상황에 처하더라도 먼저 하나님을 생각하는 사람이 되기를 원합니다. 하나님께서 사랑하시는 사람들을 우리도 사랑하며 기도하게 하옵소서. 그들의 삶이 변화되고 그들의 가족이 구원받는 모습을 보면서 진정한 기쁨을 느끼게 하옵소서. 우리 교회가 주님의 심정이 되어 길 잃은 한 마리 양을 찾아 기뻐하며 돌아오는 목자의 모습을 사모하게 하옵소서. 집 떠난 아들이 돌아올 때 환영하며 입맞추던 아버지처럼 잃어버린 자에 대한 사랑을 결코 잊지 말게 하옵소서. 우리에게 어떠한 상황이 주어지더라도 하나님의 말씀과 그 사랑을 잊지 않게 하시고, 어려운 상황일수록 하나님의 영광을 바라볼 수 있는 자들이 되게 하옵소서. 악에게 지지 말고 선으로 악을 이기라고 가르쳐 주신 주님, 그 가르침을 받고도 우리는 우매하여 종종 죄악 속에 거합니다. 그러나 이제부터라도 악에게 지지 않는 놀라운 믿음을 우리에게 더하여 주옵소서. 혹시 우리가 교우들이나 이웃의 허물을 보았을지라도 실족하지 않게 하시고, 오직 주의 사랑과 교훈으로 바르게 하며 덮을 수 있는 은총을 더하소서. 무엇보다도 주의 크신 영광과 은총을 바라보며 오늘을 주께서 주신 지혜로 총명하게 살아가게 하옵소서. 영광과 찬양을 받으시기에 합당하신 하나님 아버지께 예수 그리스도의 이름으로 기도드립니다. 아멘.

희망 명언 나는 내 일에서 끊임없이 가장 큰 기쁨을 찾고 보상을 받는다. 그러다 보면 세상이 성공이라고 부르는 상태에 도달하게 된다. - 에디슨

직장인의 기도

"네가 너를 위하여 대사를 경영하느냐 그것을 경영하지 말라"(렘45:5)

매일 아침 기대와 설레임을 안고 시작하게 하여 주옵소서. 항상 미소를 잃지 않고 나로 인하여 남들이 얼굴 찡그리지 않게 하여 주옵소서. 상사와 선배를 존경하고 아울러 동료와 후배를 사랑할 수 있게 하시고 아부와 질시를 교만과 비굴함을 멀리하게 하여 주옵소서. 하루에 한번쯤은 하늘을 쳐다보고 넓은 바다를 상상할 수 있는 마음의 여유를 주시고 일주일에 몇 시간은 한 권의 책과 친구와 가족과 더불어 보낼 수 있는 오붓한 시간을 갖게 하여 주옵소서. 한 가지 이상의 취미를 갖게 하시어 한 달에 하루쯤은 지나온 나날들을 반성하고 미래와 인생을 설계할 수 있는 시인인 동시에 철학자가 되게 하여 주옵소서. 작은 일에도 감동할 수 있는 순수함과 큰일에도 두려워하지 않는 대범함을 지니게 하시고 적극적이고 치밀하면서도 다정다감한 사람이 되게 하여 주옵소서. 자기의 실수를 솔직히 시인할 수 있는 용기와 남의 허물을 따뜻이 감싸줄 수 있는 포용력과 고난을 끈기 있게 참을 수 있는 인내를 더욱 길러 주옵소서. 직장인 홍역의 날들을 무사히 넘기게 해주시고 남보다 한발 앞서감이 영원한 앞서감이 아님을 인식하게 하시고 또한, 한걸음 뒤처짐이 영원한 뒤처짐이 아님을 알게 하여 주옵소서. 자기반성을 위한 노력을 게을리 하지 않게 하시고 늘 창의력과 상상력이 풍부한 사람이 되게 하시고 매사에 충실하여 무사안일에 빠지지 않게 해주시고 매일 보람과 즐거움으로 충만한 하루를 마감할 수 있게 하여 주옵소서. 그리하여 이 직장을 그만 두는 날 또한, 생을 마감하는 날에 과거는 전부 아름다웠던 것처럼 내가 거기서 만나고 헤어지고 혹은 다투고 이야기 나눈 모든 사람들이 살며시 미소 짓게 하여 주옵소서.

- 미상

희망 명언 나는 매일 한쪽 눈을 미래에 고정해 두고 기업을 운영하고 있다. - 더그 코넌트

변화 주소서

"맡은 자들에게 구할 것은 충성이니라" (고전 4:2)

　살아계신 하나님 아버지, 저희들의 인생길에 늘 동행하시니 그 크신 은혜와 사랑을 감사드립니다. 오늘도 함께 하시는 주님, 거룩한 주일을 허락하시고 기쁜 마음으로 예배하게 하시니 부족한 죄인으로서는 그저 감사하며 감격할 뿐입니다. 다시 한 번 하나님의 마음에 합한 자로 칭찬받는 삶을 살아가게 하여 주시옵소서. 지난 한 주간 저희들은 하나님을 잊어버린 채 죄악된 세상에서 불의와 타협하며 살았음을 고백합니다. 하나님의 크신 은혜로 깨끗케 하여 주시옵소서. 이 시간 상한 심령으로 애통하는 성도가 있다면 주님께서 사랑의 손길로 만져 주시사 새로운 용기와 소망으로 치유되게 하여 주시옵소서. 저희들의 기도를 들으시사 나라와 민족이 변화되며, 교회가 계속 부흥하고, 가정과 개인의 모든 기도제목들이 응답되게 하여 주시옵소서. 육신의 질병으로 고통당하는 교우들을 긍휼히 여기시고 주님께서 능력의 손으로 안수하여 주시옵소서. 치유의 광선을 발하시면 깨끗하게 치유될 줄 믿습니다. 사랑의 하나님, 이 나라와 민족을 위하여 기도합니다. 마지막 때 귀하게 들어 쓰시는 민족으로 삼아 주시옵소서. 이 땅의 모든 위정자들을 위하여 기도하오니, 성실하게 맡겨진 본분을 감당하게 하시고, 하나님 앞에 무릎 꿇는 자들이 되게 하옵소서. 이 땅위에 동족상잔의 전쟁이 일어난 지 반 세기가 지났습니다. 이 나라에 다시는 전쟁이 일어나지 않게 하시고, 평화적으로 통일될 수 있도록 역사하여 주시옵소서. 북녘땅에도 복음이 전파되어 주님의 이름으로 이 민족이 하나 되게 하여 주시옵소서. 담임목사님에게 말씀의 능력과 영권을 갑절로 하락하셔서, 피곤치 않게 하시고, 아론과 훌과 같이 돕는 손길들을 많이 붙여 주시옵소서. 늘 찬양으로 영광 돌리는 성가대 위에 함께 하시사, 기쁘게 받아 주시고, 저희들의 마음문도 활짝 열리게 하여 주시옵소서. 예수 그리스도의 이름으로 기도하옵나이다. 아멘.

희망 명언　나는 반드시 프로야구 선수가 되겠다고 마음먹었다. 왜냐하면 나만큼 연습을 많이 하는 사람은 없었기 때문이다. -스즈키 이치로

일하는 교회

"나를 능하게 하신 그리스도 예수 우리 주께 감사함은 나를 충성되이 여겨 내게 직분을 맡기심이니" (딤전 1:12)

우리를 당신의 형상대로 지으시고 지혜와 능력과 자비가 가득하신 거룩하시며 위대하신 하나님 아버지. 찬양과 감사와 영광을 드리나이다. 오늘 저희들에게 거룩한 주일을 허락하셔서 주님의 거룩하신 보좌 앞에 나오게 하시니 감사하옵니다. 감히 주 앞에 설 수 없는 죄인들이오나 그리스도의 사죄의 은총을 힘입고 나왔사오니 크신 축복과 사랑으로 함께 하여 주시옵소서. 그러나 저희들은 주님의 사랑과 은혜를 깨닫지 못하고 불충하였으며 저희들에게 명하신 명령에 순종치 못하였습니다. 주의 영광을 드러내기보다는 자신의 욕심을 내세웠고 말씀대로 살기보다는 인간의 보잘것없는 생각대로 살아온 죄를 고백하오니 주께서 불쌍히 여기시고 용서하시며 깨끗이 씻어 주옵소서. 주여. 이 거룩한 주일 아침에 주의 사랑과 은혜를 사모하는 간절한 마음으로 당신을 찾아온 성도들에게 한량없는 자비를 베풀어주옵소서. 병마와 싸우며 고통 중에 있는 자들을 도와주시며 사탄과 아귀의 유혹을 당한 자들에게 새 힘과 용기를 주옵소서. 특별히 저희 교회를 위하여 기도하옵니다. 일찍이 주님의 크신 뜻과 섭리가 계셔서 이곳에 저희 교회를 세워 주시고 이끌어 주시며 부흥케 하시니 감사하옵니다. 주께서 우리 교회에 임하셔서 성령의 뜨거운 역사가 늘 살아 움직이며 생명이 넘치는 교회가 되게 하시옵소서. 그리하여 이 사회와 국가와 온 세계에까지 뜨겁게 주의 말씀을 증거하며 복음화에 앞장서는 교회가 되게 축복하시옵소서. 또 우리나라를 축복하시고 나라를 이끌어가는 위정자들을 인도하여 주옵소서. 그들에게 의와 진리를 깨닫게 하시며 지혜와 분별력을 주셔서 정사를 바로잡게 하시옵소서. 이 예배의 시작과 끝을 온전히 주님께서 주장하시고 사탄 마귀가 틈타지 않게 도와주시옵소서. 이 모든 말씀을 주님 이름 받들어 기도하옵나이다. 아멘.

희망 명언 나는 어떠한 근심거리가 있다 해도 그것에 관련되는 모든 일을 잊어버리고 당면한 일에 몰두하기로 하고 있다. - 헨리 워드 비처

경건의 다짐

"모든 더러운 것과 넘치는 악을 내어 버리고 능히 너희 영혼을 구원할 바 마음에 심긴 도를 온유함으로 받으라"(약 1:21)

영광 받으시기에 합당한 존귀하신 하나님 아버지, 저희들의 마음과 입술로 드리는 찬양의 제사를 받아 주옵소서. 하나님께서 저희 가운데 행하신 놀라운 일들을 생각하면 매일 매순간 찬양을 드려도 부족한데 분주한 세상에 살면서 잊고 지냈습니다. 저희들의 허물을 용서하여 주옵소서. 이 시간 예배할 때 식지 않는 감격을 체험하게 하셔서, 다시 남은 주간을 살아갈 때 우리의 마음이 늘 주님을 찬양하는 날들로 이어지게 하여 주옵소서. 찬양을 즐거워하시는 하나님, 저희의 마음 속에 있는 악한 생각과 불의하고 불경건한 생각들을 제하여 주시고 의와 경건으로 채워 주셔서 정결한 심령으로 찬양하게 하옵소서. 날마다 기도로 주님과 교제함으로써 하나님으로부터 오는 신령한 복을 받기에 부족함이 없게 하옵소서. 또한 말씀을 가까이 하면서 날마다 새 힘을 공급받고 은혜와 사랑을 세상에 나눠줄 수 있게 하옵소서. 주님을 모르는 사람들을 하나님을 찬양하는 자리로 이끌 수 있는 능력도 허락하여 주옵소서. 이 자리에 함께 나와 예배하며 하나님을 찬양해야 할 형제들이 다 나오지 못했습니다. 그들에게 모이기를 힘쓸 수 있도록 믿음을 주셔서 예배 시간 시간마다 나와서 주님께 예배하며 영광 돌리게 하여 주옵소서. 하나님 아버지, 예배를 통하여 다시 한 번 은혜 받게 하시고 온 교회가 성령으로 하나 되게 하여 주옵소서. 주의 사자를 통하여 하나님의 말씀을 듣게 하여 주옵소서. 우리 주 예수 그리스도의 이름으로 기도드립니다. 아멘.

희망 명언 나는 운명의 목을 졸라 주고 싶다. 어떤 일이 있더라도 운명에 저서는 안 된다. - 베토벤

6월 셋째 주
- 유명기도문 -

용서를 위하여

"새 계명을 너희에게 주노니 서로 사랑하라 내가 너희를 사랑한것 같이
너희도 서로 사랑하라"(요13:34)

아무리 작은 잘못이라도
하루 해 지기 전에
진심으로 뉘우치고
먼저 용서를 청할 수 있는
겸손한 믿음과 용기를 주십시오
잔잔한 마음에 거센 풍랑이 일고
때로는 감당 못할 부끄러움에
눈물을 많이 흘리게 될지라도
끝까지 용서하고 용서받으며
사랑을 넓혀가는 삶의 길로
저를 이끌어주십시오 주님
너무 엄청나서 차라리 피하고 싶던
당신의 그 사랑을 조금씩 닮고자
저도 이제 가파른 비탈길을 오르렵니다
피 흘리는 십자가의 사랑으로
모든 이를 끌어안은 당신과 함께
끝까지 용서함으로써만 가능한
희망의 길을 끝까지 가렵니다
오늘도 십자가 위에서 묵묵히
용서와 화해의 삶으로 저를 재촉하시며
가시에 찔리시는 주님
용서하고 용서받은 평화를
이웃과 나누라고 오늘도 저를 재촉하시는
자비로우신 주님

- 이해인

희망 명언 나는 천천히 걸어가는 사람이다. 그러나 뒤로는 가지 않는다. - 링컨

점검의 기도

"육신을 좇는 자는 육신의 일을, 영을 좇는 자는 영의 일을 생각하나니" (롬8:5)

부족한 죄인들에게 한없는 사랑과 은혜를 베푸시는 하나님, 감사를 드립니다. 거룩하게 구별하신 주일을 허락하시고 주의 전으로 발걸음을 인도하셨사오니 저희들의 헌신을 기쁘게 받아 주시옵소서. 지난 한 주간 육신이 연약해서 지었던 모든 죄악을 사하여 주옵소서. 하나님, 불안한 세상에서 저희들은 먹고 사는 문제로 늘 걱정하고 염려합니다. 하지만 공중의 새도 먹이시는 우리 주님께서 그런 문제로 염려하지 말라고 하셨는데, 모든 피조물보다 존귀하게 지음받은 존재로서 평안한 삶을 누리게 하여 주시옵소서. 무더운 여름 날씨에 우리의 육신이 지치지 않게 하시고 한결같은 신앙으로 날마다 힘과 능력을 얻게 하여 주시옵소서. 이 나라와 이 민족을 기억하여 주셔서 위정자들에게 하나님을 두려워하며 백성들을 사랑하는 마음을 허락하여 주시옵소서. 먼저 겸손한 마음으로 맡겨진 일들을 성실히 감당하게 하여 주시옵소서. 이 시간 북한 땅에도 하나님의 은혜가 함께 하시기를 원합니다. 복음이 전파되게 하시고, 무너졌던 성전이 재건되며, 하루빨리 평화적인 통일이 이뤄지게 하여 주시옵소서. 더 이상 동족간에 피 흘리는 전쟁이 일어나지 않게 하여 주시옵소서. 북한의 위정자들을 변화시켜 주셔서 침략을 포기하고 대화의 장으로 나오게 하여 주시옵소서. 우리 교회를 지켜 주시고, 계속 부흥하게 하시니 감사합니다. 새로운 세기에 선교의 큰 사명을 감당하게 하시고 하나님의 능력이 나타나는 제단으로 삼아 주시기를 원합니다. 이 시간 담임목사님을 통하여 우리들의 삶을 변화시키는 하나님의 음성을 듣게 하여 주시옵소서. 곧 있을 여름성경학교와 수련회가 계획하는 순간부터 마칠 때까지 하나님께서 주관하여 주시고, 은혜가 충만한 행사들이 되게 하여 주시옵소서. 예수 그리스도의 이름으로 기도하옵나이다. 아멘.

희망 명언 나는 하루 98%는 내가 하는 일에 긍정적이다. 그리고 나머지 2%는 어떻게 하면 매사에 긍정적일 수 있을까 궁리한다. – 릭 피티노도

위정자를 위하여

"만물보다 거짓되고 심히 부패한 것은 마음이라" (렘17:9)

살아계신 주님 감사합니다. 여호와께서는 높이 계셔도 낮은 자를 하감하시며 우리가 환난 중에 다닐지라도 우리를 조성하신 하나님 지금까지 인도해 주심을 감사합니다. 비옵고 원하옵기는 우리의 죄와 허물을 주님 앞에 아뢰올 때마다 용서하여 주시고 성령의 도우심 속에서 진리의 말씀에 따라 예배드리게 하시며 사소한 움직임 때문에 신령한 예배가 방해받지 않게 하옵소서. 그리하여 우리 안에서 역사하시는 성령의 능력으로 사람의 생각과 삶의 애착에서 떠나 위대하고 축복된 하나님의 생각으로 가득하게 하시고 복음의 핵심은 바로 주님이신 것을 나타냄으로서 우리가 다시 겸손으로 거듭나게 하옵소서. 말씀을 증거하실 목사님 성령의 능력으로 충만케하사 사모하는 영혼마다 충만케 하시며 그 말씀이 꿀보다 송이꿀보다 더 달게 하시고 우리 영혼이 기쁨으로 충만하게 하소서. 살아계신 주님 이 시간에도 자녀의 문제, 질병의 고통, 생활의 염려로 애통하며 기도하는 성도들에게 응답하여 주옵소서. 대저 사람의 길은 여호와의 눈앞에 있는 줄 압니다. 오직 하나님 앞에 서 있게 하시고 우리 어리석음을 버릴 수 있도록 도와주소서. 그래서 약한 자 같으나 강한 자요, 무능한 자 같으나 유능한 자요, 없는 자 같으나 믿음에 부요한 자가 될 수 있기를 간절히 원합니다. 우리 교회를 사랑하시는 주님, 담임목사님과 교역자들이 양무리를 인도하기에 피곤치 않게 하시고 강건함을 주옵소서. 국내외에 파송된 선교사님들에게 영육 간의 건강을 허락하시어 많은 어려움 잘 극복하고 가는 곳마다 주의 이름으로 승리하게 하옵소서. 살아계신 하나님 이 나라를 불쌍히 여기사 정치가들이 새로운 비전을 갖게 하시고 정직성과 도덕성을 회복해 나가는데 크리스천 정치인들이 솔선할 수 있도록 인도하여 주옵소서. 우리를 죄에서 자유케 하시는 예수님의 이름으로 기도드리옵나이다. 아멘

희망 명언 나는 한 마디의 칭찬으로 두 달을 기쁘게 살 수 있다. - 마크 트웨인

문화를 위하여 |

"육신에 있는 자들은 하나님을 기쁘시게 할 수 없느니라"(롬8:8)

은혜로우신 하나님 아버지, 새벽 미명부터 지금까지 시간 시간마다 하나님을 예배하며 구원받은 주의 백성 된 기쁨을 누리게 하시니 참 감사합니다. 주의 사랑을 입은 백성들이 존귀하신 하나님의 성호를 높여 드리기 위하여 수요 예배로 모였습니다. 이 시간 저희들의 마음이 주님께 있기를 원합니다. 저희의 눈이 온전히 주님만 바라보기 원합니다. 신령과 진정으로 예배하는 시간이 되기를 원합니다. 저희 가운데 성령께서 임재하셔서 영광 받아 주옵소서.

이 세상을 바라보면 온통 하나님 없는 사탄의 문화로 가득 차 이 세대를 망하는 길로 끌고 가고 있습니다. 그러나 어리석은 사람들은 이것을 깨닫지 못하고 죄와 더불어 먹고 즐기며 살아가고 있습니다. 하나님 아버지, 용서하여 주시고 저들에게도 하나님을 아는 은총을 허락하여 주옵소서. 그래서 그 어리석은 길에서 떠나게 하시고 하나님을 두려워하는 삶을 살 수 있도록 인도하여 주시기 원합니다.

이 일을 위해서 저희들을 먼저 부르시고 주의 증인으로 삼아 주셨는데, 저희들조차 이 세상의 풍조에 휩쓸려 살았던 죄인임을 고백합니다. 저희의 신앙과 삶을 돌아보게 하시고, 저희에게 맡겨진 사명을 다하기에 부족함이 없도록 믿음과 지혜와 능력을 회복하게 하옵소서. 이 시간도 사랑하는 목사님을 통해 말씀이 선포될 때 저희의 귀를 열어 주셔서 하늘의 은혜를 깨닫고, 그대로 순종할 수 있게 하여 주옵소서. 한 주간도 세상에 흩어져 살 동안 그 말씀이 저희를 다스리게 하옵소서. 예수님의 이름으로 기도 드립니다. 아멘.

희망 명언 나는 항상 최고가 되기를 꿈꾸었다. 만약 성공할 거라고 꿈꾸지 않았다면 그 근처에도 가지 못했을 것이다. - 헨리 카이저

봉헌 기도

"이것이 곧 적게 심는 자는 적게 거두고 많이 심는 자는 많이 거둔다 하는 말이로다 각각 그 마음에 정한 대로 할 것이요" (고후9:6)

받으소서

오 주여,
나의 모든 자유를
나의 기억
나의 마음
그리고 나의 의지
모든 것을 받으소서

내가 가지고 있는 것은 무엇이나
당신으로부터 받은 것입니다
당신의 의지에 의해
완전히 지배받기 위해서
당신에게 그 모든 것을 돌려드립니다

당신의 사랑과 은혜를 주십시오
그러면 나는 그것으로 충분합니다
그외 나는 아무 것도 원치 않습니다

— 성 로욜라

희망 명언 나를 키운 건 8할이 바람이다. – 어부들의 명언

7월 첫째 주
- 주일예배 1 -
함께하소서

"내가 다시는 내 얼굴을 그들에게 가리우지 아니하리니 이는 내가 내 신을 이스라엘 족속에게 쏟았음이니라 나 주 여호와의 말이니라"(겔39:29)

오늘도 복된 날을 허락하시고 하나님 앞에 삶을 온전히 드리게 하시니 감사합니다. 저희들의 발걸음을 주의 전으로 인도하셨사오니 마음과 정성을 모아 예배드리게 하여 주시옵소서. 하나님께서 기뻐하시는 의로운 길로, 복된 길로 나아갈 수 있도록 회복시켜 주시옵소서. 지난 한 주간 저희들은 하나님의 말씀에 불순종하며 살았습니다. 연약한 죄인들을 긍휼히 여기사 죄사함의 은총을 베풀어 주시옵소서. 국가적으로 어려운 이때에 우리 믿는 사람들이 먼저 무릎 꿇고 나라와 민족의 죄악을 회개하게 하옵소서. 정치적인 혼란과 경제적인 위기에서 벗어나게 하여 주시옵소서. 다시금 이 나라를 회복시켜 주시옵소서. 성도들의 가정과 사업장이 번성케 하시고, 풍요하게 하여 주시옵소서. 평화의 왕으로 오신 주님께서 이 땅 위에 참된 평안을 허락하여 주시옵소서. 이 땅이 하나님의 말씀으로 충만하게 하시고, 모든 우상과 사술이 사라지게 하여 주시옵소서. 우리 교회를 사용하셔서 새로운 세기에 선교의 큰 사명을 감당하는 능력의 제단으로 삼아 주시옵소서. 교회학교를 기억하여 주시어서, 이 나라와 민족을 책임질 수 있는 일꾼들이 양육되게 하여 주시옵소서.

교사들에게 함께 하셔서 맡은 사명을 믿음과 기쁨으로 잘 감당하게 하여 주시옵소서. 이 시간 찬양으로 영광 돌리는 성가대 위에 함께 하시사, 큰 은혜가 임하게 하시고, 저희들의 마음문도 활짝 열리게 하여 주시옵소서. 존귀하신 예수님의 이름으로 기도하옵나이다. 아멘.

희망 명언 나에 대한 사람들의 평가는 내가 스스로를 어떻게 평가하느냐에 좌우된다. - 헤밍웨이

7월 첫째 주 - 주일예배 2 -

생명의 면류관

"네가 죽도록 충성하라 그리하면 내가 생명의 면류관을 네게 주리라" (계2:10)

사랑과 은혜가 풍성하신 우리 아버지 하나님. 저희들을 사랑하시사 십자가 보혈로 대속하시고 자녀삼아 주시며 이 아침 주님 앞에 나와 머리 숙여 예배하게 하시오니 진심으로 감사드립니다. 아버지 하나님, 이 시간 저희들 세상살이로 찢겨지고 더럽혀진 심령으로 주님 앞에 나왔습니다. 하나님 앞에 새로워지기 원하는 저희들의 마음을 받아주시고 약속하신 은혜를 체험하는 귀한 시간이 되게 하여 주시옵소서. 행여나 예배드리기에 준비되지 못한 심령이 있으면 붙들어 주시고 위로하시사 이 성전에 들어온 모든 성도들이 몸과 마음을 하나로 묶어 한마음으로 예배할 수 있도록 도와주시옵소서. 이 시간 저희들 주님 앞에 나올 때 저마다 가지고 나온 짐이 있습니다. 온몸을 짓누르는 감당하기 힘든 짐이 있는가하면 인간의 힘으로는 도저히 해결할 수 없는 무거운 짐도 있습니다. 이 시간 개인의 짐, 가정의 짐, 직장의 짐. 사업의 짐을 주님 앞에 내려놓사오니 주님께서 대신 져 주시옵소서. 아버지 하나님, 경제적 어려움 속에서도 신앙을 지키며 "내가 너를 도와주리라, 나의 의로운 손으로 너를 붙들리라."는 말씀을 의지하고 도우심을 간구하는 성도들을 도우시사 모든 문제들이 해결되는 가운데 여호와께서 슬픔과 곤고와 고역에서 놓으셨음을 감사하게 하시며 또한 병중에서 눈물 쏟아 기도하는 성도들의 기도를 들으시사 "내가 너를 고쳐주며 네 손을 잡아 보호하며 모든 얼굴에서 눈물을 씻기시리라"는 말씀이 이루어지는 가운데 우리의 심령과 육체가 새롭게 변화되고 사냥꾼의 올무에서 벗어난 새와 같이 주님 주시는 참 평안을 마음껏 누리는 우리들이 되게 하여 주옵소서. 그리하여 이 세상 어떠한 고난과 역경이 닥쳐와도 능히 이기고 나갈 수 있는 믿음의 용사들이 되게 하여 주시옵소서. 모든 말씀을 예수님의 이름으로 기도 드립니다. 아멘

희망 명언 나에게 있어 오늘의 5분간은 미래 1천 년간에 있어서 매일의 5분간과 같은 가치가 있다.
- 에머슨

7월 첫째 주
- 수요 예배 -

주님과 교통

"볼찌어다 내가 문밖에 서서 두드리노니 누구든지 내 음성을 듣고 문을 열면 내가 그에게로 들어가 그로 더불어 먹고 그는 나로 더불어 먹으리라" (계3:20)

찬양 가운데 거하시는 하나님, 우리의 경배를 받아 주옵소서. 세상에 살면서 우리의 입술과 마음이 온갖 불의와 거짓으로 더럽혀져 있나이다. 이 시간 예수 그리스도의 정결한 피로 다시 한 번 깨끗하게 씻어 주셔서 하나님을 찬양하기에 합당한 종들로 삼아 주옵소서. 주의 백성들이 믿음으로 주님을 바라보며 신령하고 진정한 마음으로 온전한 예배를 드리게 하여 주옵소서. 그리하여 하나님의 거룩하신 영광이 드러나며 저희들에게는 예배하는 즐거움으로 충만하게 하옵소서. 하나님의 말씀이 우리의 생명이요, 우리 길의 등불이요, 우리 삶의 능력임을 믿습니다. 우리들의 삶이 언제나 말씀의 지배를 받기 원합니다. 말씀을 사모하고 가까이하는 것이 우리의 습관이 되게 하여 주옵소서. 말씀을 읽고 배우고 들을 때마다 순종으로 결론짓고 헌신과 결단을 할 수 있게 하옵소서. 말씀을 통해 주님과 동행하게 하여 주옵소서. 이 시간도 주께서 사랑하시는 목사님이 하나님의 말씀을 선포하기 위해 단에 섰습니다. 목사님에게 은혜와 권능을 더하셔서 말씀을 선포할 때 듣는 저희들 가운데 회개하는 역사가 일어날 수 있게 하시기를 원합니다. 여기 모인 모든 성도들의 마음이 뜨거워지며 새로워지는 복된 경험의 시간이 되게 하여 주옵소서. 사탄이 예배를 방해하지 못하도록 결박하여 주시고 오직 성령께서 이 시간을 주장하여 주옵소서. 모이기를 폐하는 자들의 습관을 좇지 않게 하시고 늘 모이기에 힘쓰며 주님을 가까이 함으로 복 받는 저희들이 되게 하옵소서. 거룩하신 예수님의 이름으로 기도 드립니다. 아멘.

희망 명언 나에게는 목표가 있는 것이 아니고 나에게는 꿈이 있다. - 마틴 루터 킹

7월 첫째 주 - 유명기도문 -
주님 |

"신령한 자는 모든 것을 판단하나 자기는 아무에게도 판단을 받지 아니하느니라" (고전 2:15)

주님
내가 말할 때
그리스도로 말하게 하소서
모든 언어가 주께 집중되게 하소서

주님
내가 행동할 때
그리스도로 행동하게 하소서
모든 행함이 주로 행동되게 하소서

주님
내가 사랑할 때
그리스도를 사랑하게 하소서
모든 사랑이 주께 모아지게 하소서

- 송명희

희망 명언 나와 같이 늙으라. 최상의 것은 여전히 미래에 있다. - 브라우닝

7월 둘째 주
- 주일예배 1 -

십자가의 도

"십자가의 도가 멸망하는 자들에게는 미련한 것이요 구원을 얻는 우리에게는
하나님의 능력이라" (고전1:18)

살아계신 하나님, 거룩한 주일을 구별하시고 저희들의 발걸음을 주의 전으로 인도하시니 감사합니다. 이 시간 우리의 몸과 마음을 하나님께서 기뻐하시는 거룩한 산 제물로 드리게 하여 주시옵소서. 지난 한 주간 저희들은 하나님의 뜻대로 살지 못하였음을 고백합니다. 하나님과 사람들 앞에서 정직하지 못했던 죄를 회개하오니 용서하여 주시옵소서. 진심으로 회개하는 자들에게 약속하신 죄사함의 은총을 저희들에게 허락하여 주시옵소서. 모세가 호렙산에서 하나님을 만나고 귀하게 쓰임받았던 것처럼 저희들도 새벽마다 하나님의 성전에 올라와 기도의 응답을 체험하게 하여 주시옵소서. 이 민족을 사랑하시고 지금까지 지켜주신 하나님, 이 땅 위에 참된 평화를 허락하시옵소서. 모든 지도자들이 먼저 하나님을 두려워하며 무릎을 꿇게 하여 주시옵소서. 정치적인 혼란과 경제적인 위기가 사라지게 하여 주시옵소서. 하나님의 복된 말씀이 충만한 이 땅이 되게 하여 주시옵소서. 또한 50년이 넘도록 지속되고 있는 분단의 역사가 이 땅에서 하루빨리 끝나게 하시고 이 민족이 복음으로 하나가 되게 하여 주시옵소서. 담임목사님을 능력의 오른손으로 붙잡아 주시고, 갑절의 영감을 더하여 주셔서, 하나님께서 맡겨주신 더 큰 사명을 감당할 수 있게 하여 주시옵소서. 이 시간 담임목사님을 통하여 하나님의 말씀이 선포될 때, 성령께서 함께 하사 듣는 이들의 마음이 변화되게 하여 주시옵소서. 예배하는 모든 성도들이 하나님의 음성을 듣게 하여 주시옵소서. 예수 그리스도의 이름으로 기도하옵나이다. 아멘.

희망 명언 나의 가장 강한 특질은 자기 극복이다. 하지만 나는 또한 그것을 무엇보다도 필요로 하고 있다. - 니체

7월 둘째 주
- 주일예배 2 -

주의 도우심

"사람이 감당할 시험 밖에는 너희에게 당한 것이 없나니…시험 당할 즈음에 또한 피할 길을 내사 너희로 능히 감당하게 하시느니라" (고전10:13)

만군의 여호와 하나님 영광과 찬양을 드립니다. 거룩한 주일을 허락해 주시고 주님 앞에 나와 예배하게 하시오니 감사를 드립니다. 이 시간 우리들 주님을 사모하는 마음으로 거룩하신 하나님을 믿음의 눈으로 바라보면서 나왔사오니 저희들의 나아옴을 용납하시고 받아주시옵소서. 세상에서 찢기고 상처받은 심령으로 나왔사오나 돌아갈 때는 십자가의 보혈로 정결하게 씻음 받고 치료받게 하시며 구속의 기쁨이 넘치게 하여 주시옵소서.

아직도 정치권에서는 공동체적 책임을 공감하기 보다는 특정인에게 책임을 전가하는 추한 모습을 보이고 있어 실망을 금할 수 없습니다. 이제 대통령으로부터 국민 모두가 잘못을 뉘우치는 가운데 스스로의 행위를 조사하고 마음과 손을 하늘에 계신 아버지께 들게 하시옵소서. 여호와는 전심으로 자기에게 향하는 자에게 능력을 베푸실 것을 약속하신 역대하의 말씀과 곤고한 자는 그 곤고한 즈음에 구원하신다는 욥기서의 말씀을 의지합니다.

의인 열사람을 찾으셨던 아버지 하나님, 저녁에는 울음이 가득할지라도 아침에는 기쁨이 오리라는 희망의 말씀을 붙잡고 전국 방방곡곡에서 눈물로 간구하는 성도들의 기도를 응답하시사 하나님의 손은 기적의 손이요, 권능의 손이요, 응답의 손임을 다시 한 번 경험하게 하시옵소서.

예배에 참여한 우리 모두가 하나님을 만나 뵙는 귀한 시간이 되게 하여 주실 줄 믿사옵고 예수님의 이름으로 기도 드립니다. 아멘

희망 명언 나의 힘은 나의 끈기 하나에 달려 있다. - 루이 파스퇴르

7월 둘째 주 - 수요 예배 -
사명 감당

"직임은 여러 가지나 주는 같으며" (고전12:5)

거룩하신 만군의 주 여호와 하나님, 세상에 많고 많은 사람들 중에 부족한 저희들을 택하셔서 하나님을 아바 아버지라 부르며 주님 앞에 나아갈 수 있는 은총을 베풀어 주셔서 진심으로 감사드립니다. 저희들 마음 속에 주의 백성 된 감격과 기쁨을 세상에 빼앗기지 않도록 항상 저희들의 생각과 삶을 지켜 주옵소서. 세상 사람들은 제각기 제 소견에 옳은 대로 행하면서 하나님 없이도 행복할 수 있을 것으로 착각하며 살아가고 있습니다. 저들의 어리석은 마음을 변화시켜 주시고, 저들도 인생의 참 주인이신 하나님을 알고 섬길 수 있도록 은총을 베풀어 주옵소서. 저희 교회를 여기 세우신 것은 이 지역을 위한 구원의 방주로, 또한 이 지역의 어두움을 밝히는 등불로 삼으시고자 하는 하나님의 계획이 있기 때문인 줄 믿습니다. 우리 모두가 이 사명을 깊이 깨닫고, 감당할 수 있도록 믿음과 열심을 허락하여 주옵소서. 그래서 이 지역을 덮고 있는 어둠의 세력들을 물리치고 그리스도의 구원의 빛을 드러내는 아름다운 교회가 되게 하여 주옵소서. 이 시간도 주께서 귀히 쓰시는 목사님을 말씀의 대언자로 세워 주셔서 감사합니다. 늘 성령과 지혜로 충만케 하셔서 생명의 말씀을 증거할 때 저희들은 하나님의 말씀으로 받아서 순종하게 하여 주시기를 원합니다. 저희들이 다시 한 주간 세상으로 나아갈 때에 세상 풍조에 휩쓸리지 않고 세상을 변화시키는 삶을 살 수 있도록 도와주옵소서. 이 예배를 주님께 의탁하오며, 존귀하신 예수님의 이름으로 기도드립니다. 아멘.

희망 명언 낙천주의자는 꿈의 현실화를 믿고 비관주의자는 악몽의 현실화를 믿는다. - 로렌스 피터

7월 둘째 주
- 유명기도문 -

저를 지키소서

"두려워 말라 내가 너와 함께 함이니라 놀라지 말라 나는 네 하나님이 됨이니라
내가 너를 굳세게 하리라 참으로 너를 도와 주리라" (사41:10)

주님,
정신적으로 영적으로 둔감하고
어리석어지는 것으로부터 저를 지키소서.

날마다 자기를 부인하고 십자가를 지고 당신을 따르는 사람,
즉 그렇게 훈련된 경주자에게 필요한 정신적,
영적, 체력적인 특성을 지닐 수 있도록 저를 도우소서.

저의 일에 성공을 주시되 교만하지 않도록 도우소서.
너무도 자주 성공과 번영 뒤에 수반되는
자기 만족으로부터 저를 구하소서.

육체적인 무기력함과 쇠잔함이 밀려올 때라도
영적인 나태와 방관함에서 저를 건지소서.

- 20세기초 구세군의 전도자였던 사무엘 로간 브랭글의 기도

희망 명언 날마다 놀라움이 있다. 그러나 우리가 기대하고 있을 때에만 그 놀라움이 우리에게 닥쳐왔을 때 그것을 볼 수 있거나 들을 수 있거나 또는 느낄 수 있다. - 헨리 나우웬

7월 셋째 주
- 주일예배 1 -
경성을 위해

"그러므로 형제들아 우리가 빚진 자로되 육신에게 져서 육신대로 살 것이 아니니라" (롬8:12)

살아계신 하나님, 지난 한 주간 저희들을 눈동자 같이 지켜주시니 감사합니다. 날마다 우리의 삶을 간섭하여 주셔서 하나님의 뜻에 합당하게 살아가게 하여 주시옵소서. 무더운 날씨가 계속 되고 있는데, 지치지 않도록 새 힘을 허락하여 주시옵소서. 주님 주신 소망과 용기로 악을 이기게 하옵소서. 매일매일 주님 앞에 결단하고 헌신하는 삶이 되게 하여 주시옵소서. 이 민족을 사랑하시는 하나님, 이 땅 위에 참된 평화를 주시고 안전하게 지켜 주시기를 기도합니다. 세우신 모든 위정자들에게 하나님을 두려워하며 먼저 주님 앞에 무릎 꿇는 믿음의 사람들이 되게 하여 주시옵소서. 사리사욕을 버리고 하나님의 뜻을 먼저 구하게 하여 주시옵소서. 우리 교회를 지켜 주시고 계속 부흥하게 하신 하나님의 은혜를 감사드립니다. 새로운 세기에 이 민족의 영혼을 구원하는 방주로서 큰 사명을 감당하게 하여 주시옵소서. 담임목사님이 하는 모든 사역을 주장하셔서 선교의 지경이 넓어지며, 하는 일마다 하나님의 능력이 나타나게 하시옵소서. 아론과 훌과 같이 돕는 손길들을 많이 붙여 주시고, 모든 성도들을 푸른 초장과 쉴만한 물가로 인도하는데 부족함이 없는 목자가 되게 하옵소서. 교회학교가 여름성경학교를 열고 있사오니 은혜스럽게 진행되도록 모든 과정을 하나님께서 주관하여 주시옵소서. 많은 학생들이 참여하게 하시고 좋은 일기를 허락하여 주시옵소서. 찬양으로 영광 돌리는 성가대 위에 함께 하시사, 하나님께서 열납하여 주시옵소서. 예수 그리스도의 이름으로 기도하옵나이다. 아멘.

희망 명언 남과 같이해서는 남 이상 될 수 없다. - 김인득 벽산그룹 CEO

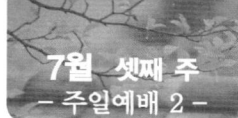

진정한 삶

7월 셋째 주 - 주일예배 2 -

"너희가 육신대로 살면 반드시 죽을 것이로되 영으로써 몸의 행실을 죽이면 살리니"(롬8:13)

사랑이 많으신 하나님! 만세 전에 우리를 택하시고 은혜 중에 다스리시며 때를 따라 필요한 복을 내려주시는 한량없는 은혜에 감사와 경배를 드립니다. 비록 죄악에 물들며 때로는 합당치 못한 생활에 빠지더라도 하나님의 자녀 됨을 결코 잊은 적이 없사오니 우리의 연약함을 용서하시고 보혈로 깨끗하게 하여주시기를 간절히 원합니다. 하나님! 이제 우리에게 새로운 은혜를 내려주시며 살아계신 하나님의 분명한 임재를 느끼게 하여 주옵소서. 우리는 주님의 은혜가 아니고는 절대 소망의 그늘에 거할 수 없습니다. 아버지께서 저희 속에 사시며 사슬로 묶으사 은혜의 보좌 앞으로 인도하여 주시기를 원합니다. 사랑이 많으신 하나님! 슬픔을 당할 땐 환난을 통한 은혜에 이르는 길을 알게 하시며 수모와 멸시를 당할 땐 하나님이 더욱 가까이에서 사랑하고 계심을 알게 하셔서, 참을 수 없고 견딜 수 없는 세상의 어떤 어려움일지라도 더 큰 하늘의 은혜로 이기게 하옵소서. 또한 우리가 기도하는 사람들을 축복하여 주심으로 우리도 그 축복의 그늘에 들어가게 하시고, 우리가 용서를 비는 사람들로 인하여 우리 또한 용서받게 하옵소서. 이 시간도 사랑하시는 목사님께 능력과 권능을 더하셔서 주님의 이름이 영광을 거두도록 역사하여 주옵시며, 이 교회의 지체 모두에게 기름 부으셔서 모일 때마다 주의 능력과 기적이 일어나게 하옵소서. 진실로 지금 드리는 이 예배가 아버지의 뜻을 좇아 이루어지기를 원하며 능력을 주시는 예수님의 이름으로 기도드렸나이다. 아멘

희망 명언 남보다 더욱 하나님께 가까이하고 하나님의 영광을 인류 세계에 널리 알려주는 일 이외에 더 고귀한 사명은 없다. - 베토벤

7월 셋째 주 - 수요 예배 -

자녀의 삶

"무릇 하나님의 영으로 인도함을 받는 그들은 곧 하나님의 아들이라"(롬8:14)

만물을 창조하시고 선하신 뜻대로 다스리시는 창조주 하나님, 영광과 존귀와 찬양을 세세무궁토록 받으옵소서. 인간의 존재 목적이 하나님을 찬양하는 것이라 하셨는데, 우리는 순간순간 이것을 잊어버리고 우리 자신들의 영화와 번영이 인생의 목적인 양 착각하며 살아가고 있습니다. 저희들의 어리석음을 용서하여 주옵소서. 우리의 삶의 참된 목적을 잊지 않고 살아갈 수 있도록 성령께서 우리의 생각을 주장하시고 걸음을 인도하여 주시기를 원합니다. 그래서 세상에 사는 동안 우리의 삶이 항상 하나님을 영화롭게 할 수 있게 하옵소서. 하나님, 거룩한 주일을 주님 전에서 예배하며 지내게 하셔서 감사합니다. 구원받는 주의 자녀답게 서야 할 자리에 서게 하시고, 앉아야 할 자리에 앉게 하시며, 좇아야 할 길을 분별하여 좇아갈 수 있도록 지혜와 믿음을 더하여 주옵소서. 이 시간 예배를 통하여 다시금 주님을 만나며 하늘로부터 내려오는 신령한 은혜를 체험하는 복을 누릴 수 있게 하여 주옵소서. 목사님을 더욱 강건하게 하셔서 교회를 섬기며 주의 백성들을 주께로 인도하는데 부족함이 없게 하옵소서. 하나님의 말씀을 선포할 때마다 주님의 온전하신 뜻이 드러나게 하여 주옵소서. 저희들에게 말씀을 사모하는 심령과 순종하는 자세를 허락하옵소서. 하나님의 말씀을 듣는 것으로 그치지 않고 그대로 실천함으로써 우리의 삶 속에 주의 뜻이 이루어지게 하여 주옵소서. 세계 만방에 흩어져 있는 선교사들에게 복을 더하여 주시기를 원합니다. 날마다 성령충만하게 하시고 건강과 안전을 지켜 주셔서 각기 아름다운 열매를 맺게 하여 주옵소서. 예수님의 이름으로 기도드립니다. 아멘.

희망 명언 남에게 불가능한 일이란 내게 시간이 좀 걸리는 일 일뿐이다. - 조지 산타나

7월 셋째 주 - 유명기도문 -
주여 내 마음에 |

"너희는 다시 무서워하는 종의 영을 받지 아니하였고 양자의 영을 받았으므로
아바 아버지라 부르짖느니라" (롬8:15)

주여 내 마음에 파도가 일 때 나를 잡아 주옵소서
주여 내가 빠져갈 때에 나를 건져 주옵소서

주여 깨달았습니다 주께만 평안이 있다는 것을
두려워하는 나의 영혼을 쉬게 하는 것은
주님의 말씀뿐이라는 것을
주님의 입술에 참된 진리가 있으며
주님의 눈에 사랑이 흐름을 나는 보았습니다
주여 그 사랑의 샘물로 나를 잠금으로 그 사랑에 이르게 하소서
주님의 숨결에는 아름다운 향기가 있음을 나는 기억합니다
그 생명의 콧김으로 내게 불어주셔서 나를 생령이 되게 하소서
주님의 품에만 기쁨이 있다는 것을 나는 체험하였습니다
주여 나를 다시금 품어서 뜨겁게 하소서
주님께 구원이 있고 주님께만 생명이 있음을
나는 느꼈습니다

주여 햇빛보다 밝은 주님의 얼굴빛으로
날마다 나를 비추어 주소서
주님의 강하심으로 나를 붙들어
반석 위에 굳게 서게 하소서

- 송명희

희망 명언 남을 기쁘게 하고, 그 자체를 기뻐할 수 있는 사람은 행복하다. - 괴테

7월 넷째 주
- 주일예배 1 -

믿음의 확신

" 이는 그리스도 예수 안에 있는 생명의 성령의 법이 죄와 사망의 법에서
너를 해방하였음이라"(롬8:2)

저희들에게 삶의 이유가 되시는 전능하신 하나님, 늘 동행하여 주시니 감사합니다. 오늘 이 거룩한 주일에 마음과 정성을 다하여 하나님 앞에 예배드리게 하시고 은혜가 충만하게 하옵소서. 지난 한 주간 저희들은 하나님의 사랑과 은혜를 잊어버리고 죄악 가운데 거하는 삶을 살았습니다. 이 시간 돌이켜 회개하오니 용서하여 주시옵소서. 주님의 날개 아래 참된 안식을 얻기 원합니다. 이 나라가 정치적인 분열과 대립, 그리고 경제적인 불황으로 백성들이 몹시 어려운 가운데 있사오니 속히 회복되는 역사를 허락하여 주시옵소서. 하나님의 은혜가 충만한 나라가 되게 하여 주시옵소서. 우리 교회를 사랑하시고 지금까지 지켜 주셨사오니 앞으로도 하나님께서 더 큰 은혜를 허락하여 주시옵소서. 이 시간 담임목사님을 통하여 말씀이 선포될 때, 삶의 목적과 의미를 깨닫게 하시며 하나님의 음성을 듣게 하여 주시옵소서. 담임목사님을 통하여 허락하신 하나님의 비전들이 다 이루어지게 하여 주시옵소서. 교회학교를 기억하여 주시사 큰 부흥의 역사가 일어나게 하여 주시옵소서. 어린 영혼들을 섬기는 교역자들과 교사들에게 특별한 은총으로 함께 하셔서 늘 건강하며, 기쁨이 넘치는 삶을 살아가게 하옵소서. 모든 여름 행사가 좋은 일기 속에 진행되게 하시고 참여한 어린이들과 청소년들이 모두 큰 은혜를 받을 수 있게 하여 주시옵소서. 이 시간 성가대의 찬양을 열납하여 주시고 저희들의 마음문도 열리게 하여 주시옵소서. 예수 그리스도의 이름으로 기도하옵나이다. 아멘.

희망 명언 내 비장의 무기는 아직 손안에 있다. 그것은 희망이다. - 나폴레옹

7월 넷째 주 - 주일예배 2 -

성령의 간구

"오직 성령이 말할 수 없는 탄식으로 우리를 위하여 친히 간구하시느니라" (롬8:26)

은혜가 풍성하신 하나님 아버지! 이 세상에 내려오셔서 주리고 목 마르셨고 고통당하시고 슬퍼하면서도 십자가에 달려 우리를 구원하신 주님! 그 지극하신 사랑과 은혜에 감사를 드립니다. 세상에 오염되어 강퍅해진 마음들을 녹이시고 진정한 간구의 영으로 가득케 하사 잃어 버린 소망과 기쁨을 되찾고 흘려버린 은혜와 능력을 회복하는 귀한 시 간 되게 하여 주시옵소서. 하나님 아버지! 우리에게 아픔도 감당할 수 있는 은혜를 주시며, 참된 삶을 살아갈 수 있는 용기를 허락하여 주시 옵소서. 무엇을 하든지 순결과 진실과 공평과 선한 편에 서게 하시고 예수 그리스도의 은혜와 지식 속에서 날로 새로워지게 하옵소서. 언젠 가 나의 잘못으로 상처받고 슬프게 내 곁을 떠나간 형제가 있다면 그 들이 지금 어디에 있든지 그 상처를 싸매 위로해 주시며 우리가 주안 에서 기쁘고 평안한 것처럼 그들에게도 그 기쁨과 평안이 늘 가득하게 하여 주시옵소서. 이제는 어떠한 역경에 처해도 홀로 슬퍼말게 하시 고, 오히려 나의 도움을 필요로 하는 더 불쌍한 사람들을 위하여 바쁘 게 봉사할 수 있는 마음을 주셔서 그들을 통하여 내게로 오는 그리스 도의 빛을 반갑게 맞이하게 하여 주시옵소서. 이제부터는 우리들 가정 의 소망을 이루어 주시고, 교회의 모든 사업과 계획도 풍성히 열매 맺 게 하옵시며 불쌍한 이 나라 이 민족의 여망도 끅 실현될 수 있도록 도 와주시옵소서. 아버지여! 뜨거운 여름 우리가 나태해 지지 않고 오히 려 주님의 열정으로 더욱 뜨겁게 세상을 살게 하시고 주의 이름을 선 포하는 일에 앞장서게 하옵소서. 우리의 전도와 찬양이 있는 곳마다 비둘기 같은 성령이 하늘로부터 고요히 내려 덮이며 주님의 잃어버린 영혼이 은혜에 감격하여 돌아올 수 있도록 도와주시옵소서. 이 시간 주님의 능력과 권능의 역사가 크게 나타나게 하여 주시옵소서. 예수 그리스도의 이름으로 기도하옵나이다. 아멘

희망 명언 내가 강함을 선택할 수는 없지만 기쁨을 선택할 수 있고 그렇게 될 때 강함이 흐르게 된다.
- 핸실

7월 넷째 주
- 수요 예배 -
성령의 뜻대로

"마음을 감찰하시는 이가 성령의 생각을 아시나니 이는 성령이 하나님의 뜻대로 성도를 위하여 간구하심이니라" (롬8:27)

존귀하신 주님 앞에 경배와 찬양을 드립니다. 성령께서 이 시간 우리 가운데 임재하셔서 다시 한번 주께서 베푸신 놀라운 사랑과 은혜를 체험하게 하시고, 구원 받은 주의 백성된 감격을 새롭게 맛보게 하여 주시기를 원합니다. 그래서 그 감격으로 찬양하게 하시고 그 기쁨으로 예배하게 하옵소서. 우리의 찬양과 예배가 하나님께 온전하게 드려지게 하옵소서. 주님은 순종이 제사보다 낫다고 하셨지만 우리의 믿음생활을 되돌아 보면 내 뜻과 세상을 따라 불순종과 외식으로 가득 찼던 삶이었습니다. 용서하여 주옵소서. 우리 입술의 모든 말과 행위가 주님 말씀과 일치되게 하옵소서.

그리스도를 닮기 원합니다. 그리스도의 향기가 되기를 원합니다. 주님의 교회가 세우신 목적대로 아름답게 그 사명을 다 할 수 있도록 저희들에게 지혜와 능력을 더하여 주시옵소서.

성령 안에서 교회가 하나 되게 하시고 각자 받은 사명과 맡은 직분을 따라 합력하여 그리스도의 몸된 교회를 온전히 세우게 하여 주옵소서. 우리 교회가 이웃에게 소망의 빛이 되게 하시고, 세계 열방 가운데 선교하게 하옵소서.

교회에 나와 예배하는 모든 성도들이 주님을 만나 은혜 받고 새 힘을 공급 받게 하여 주옵소서. 목사님에게 능력을 더하셔서 말씀을 선포할 때 놀라운 역사가 일어나게 하여 주옵소서.

예수님의 이름으로 기도 드립니다. 아멘.

희망 명언 내가 대통령이 된 것은 나의 어머니가 준 성경때문이었다. - 링컨

7월 넷째 주
- 유명기도문 -
밀알되게 하소서

"모든 입으로 예수 그리스도를 주라 시인하여 하나님 아버지께 영광을 돌리게 하셨느니라" (빌2:11)

메마른 이 땅 위에 복음의 씨가 심겨져
삼십배와 육십배와 백배의 결실 얻었으니
이제는 우리가 다른 곳에서 밀알이 되게 하소서

어두운 흑암속에 빛이 들어와서
환하게 비추는 등불이 되었으니
이제 우리는 캄캄한 곳에 가서
작은 빛이 되게 하소서

사랑을 몰랐던 곳에 주 예수의 사랑이 전해져
사랑의 아름다운 나무가 보기좋게 자랐으니
지금 우리는 사랑의 열매가 되게 하소서

농부의 땀과 수고가 이곳에 있음으로
묵은 땅이 갈리고 새로운 땅 되었으니
우리 지금은 여러 곳에서
땀흘리는 농부 되게 하소서

희생의 피가 곳곳마다 넘쳐서
그리스도의 생명을 풍족하게 받았으니
우리 이제는 다른 사람 위하여 희생하게 하소서

- 송명희

희망 명언 내일에 아무런 도움이 되지 않는다면, 당신의 과거는 쫓아버려라. - 오슬러

7월 다섯째 주
- 주일예배 1 -
은혜를 채움

"오직 나는 여호와의 신으로 말미암아 권능과 공의와 재능으로 채움을 얻고"(미3:8)

날마다 새로운 날을 허락하시는 하나님의 은혜와 사랑을 감사드립니다. 오늘 하루를 거룩한 날로 온전히 드리기 위해 주의 전으로 향하는 성도들의 발걸음을 축복하여 주시고, 마음과 정성을 모아 예배드리게 하여 주시옵소서. 지난 한 주간 저희들은 진리의 길을 걷지 못하였습니다. 육신이 연약하여 주님께서 원하시는 선을 행하지 못하고 원치 않으시는 악을 행하였던 저희들의 죄를 회개하오니 용서하여 주시옵소서. 무더운 날씨가 계속 되고 있는데, 신앙마저 나태하지 아니하도록 지켜 주시옵소서. 하나님, 이 나라와 민족에게 은총을 내려 주시고 인도하여 주시옵소서. 특별히 하나님께서 세우신 위정자들에게 지혜를 허락하시고, 겸손한 마음으로 맡겨진 일들을 성실히 감당할 수 있게 하여 주시옵소서. 이 땅위에 참된 평안을 허락하여 주시고 모든 전쟁의 소문이 사라지게 하여 주시옵소서. 담임목사님에게 말씀의 능력과 영권을 갑절로 하락하셔서, 피곤치 않게 하시고, 하나님께서 허락하신 비전들을 모두 이룰 수 있도록 목회를 인도하여 주시옵소서. 말씀을 전할 때마다 듣는 이들의 심령골수를 쪼개는 능력이 나타나게 하여 주시옵소서. 교회학교를 기억하여 주시사 이 나라와 민족을 책임지는 일꾼들이 많이 배출되게 하여 주시옵소서. 모든 교회학교 여름 행사들이 은혜가 충만한 가운데 진행되게 하시고 아무런 안전사고가 일어나지 않게 하여 주시옵소서. 이 시간 찬양으로 영광 돌리는 성가대 위에 함께 하시사, 하나님께서 열납하여 주시고, 저희들의 마음문도 활짝 열리게 하옵소서. 예수 그리스도의 이름으로 기도하옵나이다. 아멘.

희망 명언 너는 너의 이마의 땀으로 너의 빵을 얻지 않으면 안된다. - 톨스토이

7월 다섯째 주
- 주일예배 2 -

동일하신 주

"또 역사는 여러 가지나 모든 것을 모든 사람 가운데서 역사하시는 하나님은 같으니" (고전12:6)

　불꽃같은 눈으로 우리를 감찰하시며 모든 필요를 때를 허락하시는 자비로우신 하나님! 그 크신 사랑과 은혜에 감사를 드립니다. 죽어 없어질 육체의 눈을 통하지 않고 아버지께서 주신 새로운 영의 눈을 통하여 세상과 하나님을 바라보게 하옵소서. 이 땅의 행복과 영원한 행복을 구분하며 주님 앞에 과연 내가 어떤 존재인지를 볼 수 있는 귀한 시간되게 하여 주시옵소서. 사랑의 하나님! 이 시간도 귀한 말씀을 통하여 빛과 생명의 길로 인도하여 주시고 죄악된 마음을 완전히 불살라 맑은 생수가 솟아나게 하여 주시옵소서. 우리의 기도와 정성으로 준비하여 시작되는 이 예배에 놀라우신 성령의 바람으로 화답하여 주실 줄 믿습니다. 예수 그리스도의 복음을 통하여 하나님이 계신 곳으로 향할 수 있는 새로운 길을 활짝 여시고 한 심령도 빠짐없이 불같은 성령을 체험하며 새롭고 정결하게 변화되어서 새롭게 얻은 능력과 기쁨으로 날이 갈수록 우리를 그리스도의 의와 일치하게 하시며 장엄한 성전의 역사에까지 그 불길이 이어져서 거룩하신 주님의 영광 드러내는 사명에 모두가 온 정열을 쏟게 하여 주시옵소서. 하나님 아버지! 단 위에 세우신 목사님에게 더 큰 능력을 허락하시고 지혜와 명철로 채워주심으로 이 땅에 주님의 뜻을 이룩하며, 방황하는 많은 양떼들을 하나의 낙오도 없이 하늘 높은 곳으로 인도하여 기름진 초장과 맑은 샘물을 먹이는데 어려움 없게 하시고, 그가 양떼들을 위하여 주야로 기도하는 것처럼 수많은 양떼들의 기도가 늘 그를 향하게 하여 주시옵소서. 이 시간 시온의 대로를 활짝 열고 안수하시며 교회의 각 기관 기관들을 축복하시고 선교 사업도 더욱 풍성케 하여 주시옵소서. 오늘도 그리스도의 이름을 위하여 수고하는 모든 손길들을 잡아주시고 그 이름들을 낱낱이 기억하여 주시옵소서.

　예수님의 이름으로 기도드렸나이다. 아멘

희망 명언 　노예가 스스로 그 이상 노예가 되지 않겠다고 결심하는 순간, 그의 속박은 사라진다. - 간디

7월 다섯째 주 - 수요 예배 -
성도의 헌신

"각 사람에게 성령의 나타남을 주심은 유익하게 하려 하심이라" (고전12:7)

거룩하신 하나님 아버지, 주의 사랑하는 백성들이 하나님의 거룩하신 이름을 높이고 예배하기 위해 이 자리에 나아왔습니다. 예배하는 우리의 마음과 생각이 온전히 주님께로 향하여 믿음으로 주님을 바라보며 즐거워하게 하옵소서. 예배의 모든 순서를 통해 하나님께 영광이 되게 하시고 저희들에게는 주님의 거룩하신 임재를 체험하게 하옵소서. 사람의 제일 되는 목적이 하나님을 찬양하며 그를 영원히 즐거워하는 것이라 하셨는데, 세상에 많은 사람들은 인간의 근본을 알지 못한 채 자신을 영화롭게 하는 일에 매달려 하나님 없는 삶을 살아가고 있습니다. 하나님 아버지, 저들의 어리석음을 용서하여 주시고 저들도 주님을 알고 주께 나아와 창조주 하나님을 찬양하는 복된 삶을 살 수 있도록 인도하여 주옵소서. 교회가 세상에 늘 관심을 갖고 저들 가운데 그리스도의 구원의 복음을 전하는 일에 힘쓸 수 있도록 인도하여 주옵소서. 저희들 각자의 심령 속에 저들의 영혼을 사랑하게 하셔서 주께로 인도할 수 있도록 믿음과 열심을 더하여 주옵소서. 하나님 아버지, 우리의 예배가 예배당에서만 끝나지 않게 되기를 원합니다. 우리의 삶이 찬양이 되고 예배가 되어서 세상 속에서도 하나님을 예배하는 시간이 계속 이어지게 하옵소서. 우리의 삶을 붙들어 주옵소서. 사랑하는 주의 사자를 통해 하나님 말씀을 들을 때에 우리 속에 능력으로 임하게 하옵소서. 그래서 말씀을 의지해서 한 주간 승리하는 삶을 살 수 있도록 역사하여 주옵소서. 우리 주 예수 그리스도의 이름으로 기도드립니다. 아멘.

희망 명언 높은 기대감이 모든 것의 열쇠다. - 샘 월튼

7월 다섯째 주
- 유명기도문 -

변명치 않게

"육신의 생각은 하나님과 원수가 되나니 이는 하나님의 법에 굴복치 아니할뿐 아니라 할 수도 없음이라" (롬8:7)

나의 잘못으로 인하여
내 삶이 구부러졌을 때
내 입으로 변명만 늘어놓지 않게 하소서

일시적인 매력을 주는 죄악에 빠져
잘못을 가리고 숨기려고만 하면
죄악으로 인하여 얼굴도 굳어지오니
나의 죄악을 고백하게 하소서

위선적인 마음이 되어
마음의 벽을 쌓거나
움추려 들지 않게 하소서

실오라기 같은 죄악으로부터
모든 죄악은 시작되오니
내 마음이 죄로 인해 지치기 전에
주님 앞에 내 마음이 투명하게 하소서

- 미상

희망 명언 눈물 속에서는 갈 길을 못 본다. - 윌리엄 베넘

8월 첫째 주 - 주일예배 1 -

진리의 길

"우리가 알거니와 하나님을 사랑하는 자 곧 그 뜻대로 부르심을 입은 자들에게는 모든 것이 합력하여 선을 이루느니라" (롬8:28)

뜨거운 날씨에 저희들에게 믿음을 주시고 건강하게 지켜주시는 사랑의 하나님, 거룩한 주의 날을 허락하시고 예배하게 하시니 감사합니다. 전심을 다해 하나님을 기쁘시게 하는 예배를 드리게 하여 주시옵소서. 지난 한 주간 저희들은 진리의 길을 벗어나 불의와 타협하며 살았습니다. 육신이 연약하여 선을 행하는 대신 악을 행하였던 저희들의 죄를 용서하여 주시옵소서. 하나님의 은혜와 사랑으로 이 나라와 이 민족을 긍휼히 여겨 주시옵소서. 세우신 위정자들에게 지혜를 허락하시고, 겸손한 마음으로 하나님을 의지하게 하여 주시옵소서. 평화의 왕으로 오신 주님께서 이 땅위에 참된 평안을 허락하여 주시고 모든 전쟁의 소문이 사라지게 하여 주시옵소서. 우리 교회를 지켜주시고 늘 풍성한 은혜를 부어주시니 감사합니다. 새로운 시대에 선교의 큰 사명을 감당할 수 있도록 능력을 주시옵소서. 이 시간 담임목사님을 통하여 생명의 말씀이 선포될 때, 세상에서 지치고 상한 성도들의 마음을 위로하시고 하나님의 음성을 들을 수 있게 하여 주시옵소서. 교회학교 여름성경학교가 계속되고 있는데, 모든 순서를 지켜주시고 참여한 모든 어린이들이 장차 나라와 민족을 책임지는 귀한 일꾼들이 되게 하여 주시옵소서. 찬양으로 영광 돌리는 성가대 위에 함께 하시사, 성도들에게 천상의 노래 소리로 들려지게 하시고 하나님께서는 기쁘게 받아주시옵소서. 예수 그리스도의 이름으로 기도하옵나이다. 아멘.

희망 명언 눈물을 거둬들이고 싶은 자는 사랑의 씨를 뿌려야 한다. - 베토벤

8월 첫째 주
- 주일예배 2 -
아들을 주신 이

"자기 아들을 아끼지 아니하시고 우리 모든 사람을 위하여 내어주신 이가 어찌 그 아들과 함께 모든 것을 우리에게 은사로 주지 아니하시겠느뇨" (롬8:32)

상한 갈대를 꺾지 않으시고 꺼져가는 심지도 끄지 않으시는 사랑의 하나님! 성령으로 말미암아 가까이 하기를 간절히 소망합니다. 오늘도 그리스도를 의지하며 보좌 앞에 담대히 나아옵니다. 입술로 감히 표현할 수 없는 감사함으로 주님께 나아옵니다. 택함을 받았기에 보혈로 속죄를 받았습니다. 주님을 영접하기 전에 가졌던 많은 허물과 죄악들을 생각할 때 받을 자격도 없는 우리들에게 보이신 넘치는 은혜에 감격하지 않을 수 없습니다. 우리가 죄를 고백하여 주님의 은혜로 새로워지긴 하였으나 완전히 깨끗하다고 할 수 없으므로 얼굴과 발을 가린 모습으로 나아와 경배를 드립니다. 이 시간 주님 앞에 그리스도의 의를 믿음으로 깊은 지혜와 높은 명철을 얻기를 간구합니다. 우리가 갖가지 어려움을 이겨내고 영적으로 깨끗하게 되면 될수록 많은 기쁨과 넘치는 은혜를 받을 수 있음을 압니다. 언제 어디에 있든지 유익한 것을 얻기 위하여 노력하며, 선하고 좋은 것들만을 본받기 위해 애쓰게 하여 주시옵소서. 주님을 섬기기 위해 세상으로 부름을 받은 것을 아오니 바쁘게 사는 동안도 우리를 인도하시고 주님 명령하시는 작은 부분이라도 어려움 없이 잘 지켜나가도록 도와주시옵소서. 아버지! 이제는 영원히 아버지 곁을 떠나지 않기를 원합니다. 우리들의 이정표가 되어주시고 등불이 되셔서 언제나 옳은 길로만 인도하여 주시옵소서. 험난한 인생길 위험스런 골목마다 표식과 경고등을 세우셔서 죄의 벼랑으로 떨어지지 않도록 보호하여 주시옵소서. 높은 데서 피곤하여 불안케 마시며 많은 것보다 바른 것을 소유하게 하시고 다른 사람보다 다름 사람의 뜻을 위하여 기도하게 하셔서 아버지의 뜻이 무리를 통하여 성취되는 것을 바라보게 하옵소서. 이 시간 드리는 예배에 함께 하셔서 우리 마음에 주님의 평강을 허락하소서. 예수님의 이름으로 기도드립니다. 아멘.

희망 명언 다른 것은 없다. 축구공이다! 오직 축구공을 위해 몸을 희생한다. - 비에리(축구선수)

8월 첫째 주
- 수요 예배 -

욕심의 포기

"만일 너희 속에 하나님의 영이 거하시면 너희가 육신에 있지 아니하고 영에 있나니 누구든지 그리스도의 영이 없으면 그리스도의 사람이 아니라" (롬8:9)

삼위일체 하나님께 영광을 돌립니다. 창조와 구속과 역사로 저희들과 함께 하시는 주님! 지난 3일 동안도 저희들을 은혜의 빛으로 인도하시다가 주님의 전으로 다시 불러주시니 감사드립니다. 주님과 대면하면서 기도로 교제하는 시간이 되게 하옵소서.

하지만 온 성도들이 한 자리에 모이지 못했습니다. 주님을 만나야 할 시간에 세상일로 눈이 어두워 요란하게 바빠 돌아다니는 성도들이 없게 하시옵고, 주님이 맡겨주신 사명을 깨닫고 충성을 다하는 증인들이 될 수 있도록 붙들어 주시옵기를 원합니다.

오늘 저희들이 주님의 십자가 공로를 힘입어 이 전에 나왔지만, 저희 속에는 심히 아름답지 못한 것들로 가득 차 있습니다. 늘 마음에 죄와 욕심을 담고 제 주장만 앞세우며 살아가고 있는 저희들입니다. 주님을 대하기에 너무나 부끄럽사오니, 저희를 긍휼히 여기사 용서하여 주시기를 원합니다.

다시금 저희들을 성령으로 강력하게 붙들어 주시옵소서. 기쁘게 주님께서 바라시는 길을 걸어가게 하옵소서. 세속적인 욕심과 정욕을 버리고, 생명을 위하여 자신을 내어주신 주님의 십자가 희생의 사랑을 본받기 원하나이다. 주님의 영광을 드러내고 주님의 뜻을 좇아 살아가는 저희들이 되게 하여 주시옵소서.

오늘 예배에 함께 하시어 성도 모두 하나님의 말씀에 순종하고 헌신하기로 작정하는 시간이 되게 하여 주옵소서. 예배의 처음과 끝을 주께 의지하며 예수 그리스도의 이름으로 기도하였습니다. 아멘.

희망 명언 다른 사람을 기쁘게 해주는 사람도 그와 똑같은 기쁨을 누리는 법이다. - 벤담

8월 첫째 주
- 유명기도문 -

외로울 때

"여호와의 신이 그들로 골짜기로 내려가는 가축 같이 편히 쉬게 하셨도다" (사63:14)

하나님 아버지, 아버지의 뜻과는 다르게
저는 제 생각에 의하여
자신이 슬프고 피곤하며 놀라움으로 당신께 가옵니다.
제 영혼 속의 격렬하고 끊임없는 투쟁으로 충만한
저의 외로움에서 저를 구하여 주옵시고,
제가 어리석게 쌓은 장벽을 아버지께서 부수어 열어 주사
저로 하여금
친구와 가족의 안락함과 평안과 기쁨을 알도록 하옵소서.
또한 제가 분노와 실패로
당신을 등지고 세운 장벽을 함께 무너뜨려 주옵소서.
하나님 아버지,
저는 언제나 실망과 우유부단함과 투쟁하고
의심하는 생각으로 인하여 괴로워하고 있습니다.
오로지 아버지 하나님의 사랑과 보호하심을 통하여서만
제가 새로운 생활을 찾을 수 있음을 아오니
저를 사랑과 보호하심으로 구원해 주소서.
아버지 하나님께서 저와 함께 계심으로서만
저는 참으로 외롭지 않을 것을 아옵니다.
진정, 참다운 평화는 주님의 계심에서만 옵니다.
저는 제 몸을 당신께 드리며
당신의 발 앞에 엎드려 경배드립니다.

- 루이스 더햄

희망 명언 닥쳐올 미래의 모습을 상상할 수 있어야 한다. - 빌 스타브로폴로스

8월 둘째 주
- 주일예배 1 -
전도의 문

"여호와께로 돌아오라 그리하면 그가 긍휼히 여기시리라 우리 하나님께로 나아오라 그가 널리 용서하시리라"(사55:7)

어려울 때 힘이 되시고 우리의 삶의 이유가 되시는 하나님, 저희들을 위해 가장 선한 계획을 가지고 날마다 인도하여 주시는 은혜를 감사드립니다. 이 시간 저희들이 신령과 진정으로 예배드리게 하시고, 하나님께서 받으시기에 합당한 거룩한 산제사가 되게 하여 주시옵소서. 지난 한 주간 돌아볼 때, 세상의 죄 가운데 거하였음을 회개합니다. 우리의 생각과 판단으로 다른 사람을 정죄하였고, 말씀대로 살지 못하였습니다. 이 시간 죄를 뉘우치고 진심으로 회개하오니 용서하여 주시옵소서. 다시는 죄악 속에 거하지 않게 하시고 하나님의 말씀을 기억하며 유혹을 물리치게 하여 주시옵소서. 이번 주간에는 60여 년 전 일본의 압제로 신음하던 이 민족을 긍휼히 여기시고 자유의 빛을 허락하신 광복절을 지내게 됩니다. 이 민족이 다시는 이러한 어려움을 당하지 않게 하시고 하나님께서 주시는 자유를 감사하며 누리게 하여 주시옵소서. 전쟁의 소문이 가득한 이 세계에 평화의 왕이신 주님의 이름이 땅끝까지 전파되게 하여 주시옵소서. 우리 교회를 사랑하셔서 날마다 선한 일에 도구가 되게 하시니 감사합니다. 늘 하나님의 큰 뜻을 이루어가며 주님의 영광을 드러내는 교회가 되게 하여 주시옵소서. 이 시간 담임목사님을 통하여 선포되는 말씀이 모든 성도들의 삶을 변화시키기를 원합니다. 특별히 실의에 빠진 이들에게 소망을 주시옵소서. 교회학교 여름성경학교와 여름수련회를 은혜 가운데 마치게 하시니 감사합니다. 보이지 않는 곳에서 헌신한 많은 교사들에게 주님께서 위로하시고 더 큰 일을 할 수 있도록 능력을 주시옵소서. 예수님의 이름으로 기도하옵나이다. 아멘.

희망 명언 당신의 미래는 과거와 달라야 한다고 생각하라. 지금 중요한 것은 오직 현재 나아가고 있는 방향이다. - 마이클린 버그

8월 둘째 주
- 주일예배 2 -

복된 전도

> "이는 우리 복음이 말로만 너희에게 이른 것이 아니라 오직 능력과 성령과 큰 확신으로 된 것이니" (살전1:5)

살아서 역사하시는 하나님! 비천한 저희들을 사랑하셔서 슬플 때나, 괴로울 때, 어둠의 늪을 헤맬 때마다 다가와 주시는 인자하신 아버지! 이 시간도 주님 찾아 머리 숙인 자녀를 자비와 긍휼로 감싸셔서 모든 사악한 것들로부터 보호하여 주실 것을 믿습니다.

이제 우리가 예배드릴 때에 하나님과 거룩한 교제를 나누는데 방해가 되는 어떤 슬픔 걱정이나 세상의 잡념들을 물리쳐 주시고 신령한 마음으로 은혜의 보좌에 나아갈 수 있게 하여 주시옵소서.

세상의 헛된 욕망과 영혼의 고통 속에서 사소한 이익만 위해 수고하고 다투다가 심령의 굶주림을 미처 깨닫지 못했던 어리석은 우리들에게 기도 속에서 경책하시는 하나님의 음성을 듣게 하시고 주님의 뜻과 언약을 깨달아 하늘 끝까지 그 은총에 감사하며 찬양케 하옵소서. 능력의 하나님, 주님의 형상으로 저희들을 빚어 주시기를 간절히 원합니다. 주님 안에서만 살며 주님의 품성을 갖고 주님 같이 살게 하여 주시옵소서. 주님의 말씀으로 곁길을 갈 때마다 우리를 바로 잡고, 어두움으로 끌려갈 때 빛이 되게 하시며, 어떤 환난과 고통 중에도 거룩하신 하나님을 거역하지 않는 것을 기뻐할 수 있도록 도와주시옵소서.

오늘도 우리의 어두움이 밝은 환상으로 이어지며, 우리의 희망이 충만한 기쁨으로 이어지며, 우리의 모든 선한 동기가 사랑으로 이어지며 사랑은 모든 영원으로 이어지는 그 곳에 우리를 이끄시옵소서. 이 예배에 함께 하셔서 영광 받으시길 바라옵고 예수님의 이름으로 기도드렸나이다. 아멘.

희망 명언 당신이 갖고 있는것이 당신에게 불만스럽게 생각된다면 시계를 소유하더라도 당신은 불행할 것이다. - 세네카

8월 둘째 주
- 수요 예배 -

세상을 이기라

"자녀들아 너희는 하나님께 속하였고 또 저희를 이기었나니 이는 너희 안에 계신 이가 세상에 있는 이보다 크심이라" (요일4:4)

거룩하신 주여, 오늘 수요 예배에 다시 불러주시고 주님을 기억하고 은혜를 되새기는 시간을 허락하심을 감사드립니다. 세상 사람들은 평안을 상실한 채 불안과 초조로 방황하며 살아가는 이 때에 주님의 십자가 사랑을 넘치도록 받은 저희들이 더욱 힘써 기도해야 될 줄로 압니다.

살아 있으나 모든 것이 죽어 있는 이 사회가 예수의 숨결, 생명의 숨결을 체험할 때까지 눈물로 기도할 수 있는 저희들이 되게 하시옵소서. 또한 주님이 허락하신 참된 평화가 이 땅 곳곳에 가득 넘칠 때까지 무릎 꿇고 애타게 부르짖는 저희들 되게 하여 주시옵소서.

특별히 분열된 사회를 하나 되게 하시는 성령의 역사가 교회를 통해 일어나게 하시옵소서.

교회가 미움과 다툼이 쉼 없이 일어나는 곳에 주님의 사랑으로 화해와 일치를 이룰 수 있는 역할을 하게 하시옵소서. 오늘 저희들이 주님을 간절히 사모하는 마음으로 예배드리게 하옵소서.

말씀을 전하는 목사님에게 성령의 능력이 임하시기를 원합니다. 특별히 상처 받은 심령들이 이 자리에 많이 나왔사오니 주님의 말씀으로 치유하고 싸맬 수 있도록 갑절의 능력을 주시옵소서.

예배의 시종을 주님께 의탁하오며, 상한 심령을 위로하시는 우리 주 예수 그리스도의 이름으로 기도드립니다. 아멘.

희망 명언 당신이 안고 있는 문제를 풀기 위해 그것들을 응용할 때 그것은 이미 당신의 독창적인 아이디어가 되는 것이다. - 에디슨

8월 둘째 주
- 유명기도문 -

용기를 위하여

"그를 향하여 우리의 가진바 담대한 것이 이것이니 그의 뜻대로 무엇을 구하면 들으심이라" (요일5:14)

하나님, 저에게 용기를 주실 것을 위하여 기도합니다.
저는 진리와 성실을 위하여 용감하지 못했습니다.

저에게 생명보다 더 큰 대의의 경우에는 생명을 걸 수 있는 용기
저 자신에게 어떠한 대가가 올지라도
저의 확신을 주장할 수 있는 용기

투쟁이 진리를 반대해 올지라도 진리를 믿는 용기
제가 옳지 못하였을 때 그것을 알 수 있는 용기
제가 실망하였을때 다시금 새롭게 출발할 수 있는 용기를 주옵소서.

그리고 저의 최선을 다하고 그 결과는 하나님께 맡길 수 있는 용기
어떠한 외로운 길을 갈 때에도 그리스도와 함께 걸을 수 있는 용기

참된 신자가 될 수 있는 용기를 주옵소서.

-오웬 기어

희망 명언 동시대 사람이나 선조들보다 나아지려 스스로를 괴롭히지 마라. 오직 스스로보다 나은 사람이 되기 위해 노력하라. - 포그너

8월 셋째 주
- 주일예배 1 -
들으시는 주

"우리가 무엇이든지 구하는 바를 들으시는 줄을 안즉 우리가 그에게 구한 그것을 얻은 줄을 또한 아느니라" (요일5:15)

은혜가 풍성하신 하나님, 저희들의 삶 가운데 늘 함께 하시고, 날마다 감사의 제목들을 허락하시니 감사합니다. 험한 세상에서 안전하고 건강하게 지켜주셨으니 하나님의 영광을 위해 살아갈 수 있도록 인도하여 주시옵소서. 오늘 하루도 저희들이 거룩한 주일을 하나님 앞에 온전히 드리는 삶을 허락하여 주시옵소서. 지난 한 주간 육신이 연약하여 범하였던 저희들의 모든 죄를 긍휼히 여기사 용서하여 주시옵소서. 사랑의 하나님, 이 나라와 민족을 기억하여 주시고 은총을 내려 주시옵소서. 주님께서 인도하시고 지키시는 가운데 남북관계가 화해와 일치를 이뤄 하나님의 말씀으로 충만한 이 나라가 되게 하여 주시옵소서. 얼어붙은 북녘 땅에 평화의 복음이 전파되게 하시고 무너졌던 성전들이 다시 세워지게 하여 주시옵소서. 특별히 이번 주간에 수해로 고통당하고 있는 우리의 많은 이웃들을 기억합니다. 그들의 아픔을 하나님께서 위로하시고 절망과 어려움을 이길 수 있는 힘을 주시옵소서. 우리 교회의 각 기관들을 기억하여 주시옵소서. 이름도 없이 빛도 없이 섬기는 귀한 손길들을 축복하시고 그들의 헌신이 하나님 나라의 확장을 위하여 귀하게 쓰임받게 하여 주시옵소서. 이 시간 선포되는 하나님의 말씀이 저희들의 삶을 다시금 돌아보고 빛의 길로 나아가는 생명의 복음이 되어 우리의 영혼을 일깨우게 하여 주시옵소서. 성가대의 아름다운 찬양을 통하여 먼저 저희들의 마음문을 활짝 열어 주시고 하나님께서 홀로 영광 받아 주시옵소서. 예수 그리스도의 이름으로 기도드리옵나이다. 아멘.

희망 명언 두려워하는 일을 하면 그것을 극복할 힘을 갖게 될 것이다. - 에머슨

8월 셋째 주
- 주일예배 2 -
사랑의 빛

"우리 가운데서 역사하시는 능력대로 우리의 온갖 구하는 것이나 생각하는 것에 더 넘치도록 능히 하실 이에게"(엡3:20)

죄인을 부르러 오신 아버지여! 저희는 죄인입니다. 나면서부터 저주받은 자요 살아가면서 멸망 받을 자들인데, 주님이 택하시고 구속하여 자녀 삼아주신 그 지극하신 사랑과 오늘도 지키고 보살펴 주시는 그 변함없는 사랑에 끝없는 감사를 드립니다. 그러나 주님이시여! 또 다시 저희는 성도의 자격을 잃어버리고 죄인의 모습으로 나아왔습니다. 세상 권세에 짓눌리어 지난 한 주간 동안 저희 영혼에 생긴 상처와 허물을 치료해 주시고 고요함 속에 저희 마음에 둥지를 틀고 들어와 주시기를 원합니다. 주님의 모든 은혜 중에 가장 적은 것조차 받기에 합당치 못한 저희들이 이 시간도 주님의 자비와 사랑을 간절히 구하오니 험악한 세상에서 강퍅해진 심령들을 사랑의 빛으로 녹이시며 용서해 주시고 예로부터 지금까지 저희가 주님께 맹세하고 약속한 말들을 낱낱이 기억하게 하셔서 그것들이 입술로만 끝났다면 이제라도 탄식하며 그 약속을 이행하는 저희들이 될 수 있도록 은총 내려주시기를 바랍니다. 사랑의 하나님! 우리를 불쌍히 여기시고 주님의 피와 의로우심으로 전신갑주를 입게 하셔서 살벌한 세상 한 복판에서 죄와 두려움과 부끄러움에서 보호하여 주시고 주님의 평화와 사랑으로 분깃을 삼고 담대하게 살아가게 하옵소서. 항상 바르고 옳고 순수한 생활 속에서 주님의 신성한 깨우침으로 무엇을 위해 살 바를 알려주시며, 하나님의 자녀들이 누리는 영광스러운 자유를 마음껏 누리게 하여 주시옵소서. 또한 지혜와 용기를 주시고, 위로와 기쁨과 건강을 주시고, 은혜로 채워주시고 치료해주시옵소서. "아무 것도 염려하지 말고 오직 모든 일에 기도와 간구로 하나님께 아뢰라"하신 주님! 우리들의 간구와 부르짖음에 권능의 오른손 흔들고 화답하여 주시옵소서. 이 시간 주님을 예배하는 시간입니다. 꼭 주님을 만나게 하시고 평안과 기쁨 충만하게 도와주시옵소서. 예수님 이름으로 기도드립니다. 아멘.

희망 명언 땀에 젖은 유니폼! 그것이 내가 보여줄 수 있는 전부이다 - 스콜스(잉글랜드 축구선수)

8월 셋째 주 - 수요 예배 -
즐거운 일

"나의 하나님이여 내가 주의 뜻 행하기를 즐기오니 주의 법이 나의 심중에 있나이다 하였나이다" (시40:8)

사랑과 은혜의 하나님! 주님을 찬양하게 하시니 감사드립니다. 이 시간 성령을 보내셔서 주님이 기뻐 받으시는 향기로운 기도회가 될 수 있도록 인도하시옵소서. 주의 은혜와 사랑으로 저희 심령이 풍성하고 충만하게 하옵소서. 기도회를 갖는 한 시간 동안 세상적인 걱정이나 근심은 모두 사라지게 하시고, 한나와 같이 기도에 취할 수 있는 복된 시간이 되게 하시옵소서. 자비로우신 하나님! 저희들은 선택 받은 주님의 자녀이면서도 주님의 이름을 제대로 부르지 못했던 적이 너무나 많았음을 고백하지 않을 수 없나이다. 저희들의 연약함을 긍휼히 여기시고 용서하여 주시옵소서. 어느 때 어느 장소에서나 주님의 이름을 담대히 부르게 하옵소서. 주님, 이 민족은 숱한 고난이 있었던 민족입니다. 오랜 세월이 지났음에도 불구하고 아직도 고난의 흔적이 사라지지 않고 있습니다. 어서 속히 이 아픈 흔적을 깨끗이 지우고 남북이 하나 되어 주체할 수 없는 통일의 감격을 맛볼 수 있게 하시옵소서. 지금 남한 교회들은 복음을 수출하고 있으나 북한 동포들은 주님께 자유롭게 예배를 드릴 수 없는 현실입니다. 마음껏 찬양할 수 없는 내 동포 내 형제를 가슴에 끌어안고 주님께 울며 부르짖을 수 있는 교회가 되게 하시옵소서. 이 시간 주님의 전에 나온 성도들 중에 육신이 연약하여 질병의 무거운 짐을 지고 있는 자가 있습니까? 주님께 간절한 마음으로 부르짖을 때 신음과 고통이 사라지고, 깨끗이 회복되는 이적을 체험할 수 있게 하시옵소서. 찢어지고 상처 입은 성도들이 있습니까? 기도하는 가운데 주님의 위로와 격려로 새로워지고 온전케 되는 역사가 일어나게 하시옵소서. 이 시간 참석한 저희 모두에게 주님께서 임마누엘이 되어주실 줄 믿사옵고 예수 그리스도의 이름으로 기도드립니다. 아멘.

희망 명언 땅이 크고 사람이 많은 나라가 큰 나라가 아니다. 땅이 작고 인구가 적어도 위대한 인물이 많은 나라가 위대한 나라다. - 이준 열사

8월 셋째 주
- 유명기도문 -
해방하소서

"나의 하나님이 그리스도 예수 안에서 영광 가운데 그 풍성한대로 너희 모든 쓸 것을 채우시리라"(빌4:19)

존경받으려는 욕망으로부터
사랑받으려는 욕망으로부터
칭찬받으려는 욕망으로부터
명예로워지려는 욕망으로부터
찬양받으려는 욕망으로부터
선택받으려는 욕망으로부터
조언받으려는 욕망으로부터
인정받으려는 욕망으로부터
인기를 끌려는 욕망으로부터

모멸받는 두려움으로부터
경멸받는 두려움으로부터
질책당하는 고통의 두려움으로부터
비방당하는 두려움으로부터
잊혀지는 두려움으로부터
오류를 범하는 두려움으로부터
우스꽝스러워지는 두려움으로부터
의심받는 두려움으로부터

나를 해방시켜주옵소서, 오 주여.

- 마더 테레사

희망 명언 뜻이 있어야 일을 이룰 수 있다. 일을 시작하기 전에 뜻을 먼저 세워라. - 권근

8월 넷째 주 - 주일예배 1 - 뜨거운 마음

"내가 저희에게 영생을 주노니 영원히 멸망치 아니할 터이요 또 저희를 내 손에서 빼앗을 자가 없느니라" (요 10:28)

살아계신 하나님, 믿는 자들에게 주님의 자녀가 되는 권세를 허락하셔서 감사하옵나이다. 오늘도 주님의 이름을 기쁘게 부르며 예배드리려고 하오니 받아주시옵소서. 저희들은 부정한 죄인으로서 감히 하나님 앞에 설 수 없사오나 죄를 사하여 주시고 다시는 기억하지 아니하시겠다는 주님의 말씀을 믿고 이 자리에 나아왔습니다. 위로부터 충만한 은혜를 내려 주시옵소서. 이 시간 나라와 민족을 위하여 기도드립니다. 지금까지 지켜주신 은혜를 감사하오며, 앞으로도 하나님께서 이 나라와 민족을 친히 다스려 주시옵소서. 위정자들에게 지혜와 겸손한 마음을 허락하시고 하나님의 뜻을 먼저 구하게 하여 주시옵소서. 수해로 삶의 터전을 모두 잃고 고통당하는 이웃들을 위하여 기도하오니, 그들을 위로하여 주시고, 절망과 어려움을 이길 수 있는 힘과 용기를 허락하여 주시옵소서. 우리 교회를 지켜주시고 하나님의 선한 역사를 이루어 나갈 수 있도록 인도하시니 감사합니다. 어려움과 고통 가운데 있는 우리의 이웃들에게 그리스도의 소망과 구원의 은혜를 전하는 교회가 되게 하여 주시옵소서. 이 시간 담임목사님을 통하여 말씀이 증거될 때, 듣는 저희들의 마음 속에 큰 은혜가 임하게 하시고 감사의 고백이 넘쳐나게 하여 주시옵소서. 지난 여름성경학교와 수련회를 통하여 큰 은혜를 허락하여 주시니 감사합니다. 우리 교회학교 학생들 가운데서 이 나라와 민족을 책임지는 일꾼들이 많이 배출되게 하여 주시옵소서. 이 시간 찬양으로 영광 돌리는 성가대 위에 함께 하시사, 하나님께서 기쁘게 받아 주시옵소서. 예수 그리스도의 이름으로 기도하옵나이다. 아멘.

희망 명언 리더십이란 모범을 보이는 것이다. - 아이아코카

8월 넷째 주 - 주일예배 2 -

하감하소서

"자기가 시험을 받아 고난을 당하셨은즉 시험 받는 자들을 능히 도우시느니라" (히2:18)

영광의 하나님 아버지! 존귀와 영광과 찬양을 드립니다. 스스로 인간보다 낮아지셔서 그 발을 씻어 주시고 죄인과 함께 음식을 나누며 친구가 되셨던 그 겸손하시고 거룩하신 사랑에 끝없는 존경과 감사와 찬양을 드립니다. 이 시간도 우리 영혼 깊은 곳으로 내려와 좌정하시어서 백향목 같은 그리스도의 향기를 흠뻑 주시며, 구름 사이로 햇빛이 비치듯 우리를 부르시는 주님의 음성을 들려주시고 사랑으로 우리의 심령을 잡아 우리가 그 사랑에 녹아지고 끝없이 빠져버리는 뜨거운 감동으로 화답하여 주시옵소서. 찌들고 곤비한 영혼들과 어리석은 마음이 세상으로만 빨라서, 하나님과 이웃을 노엽게 했던 지난 한 주간의 모든 일들도 낱낱이 기억하게 하셔서 다시 그 죄를 고백하며 용서받게 하시고, 또한 우리도 서로가 서로를 용서하게 하여 주시옵소서. 이제 하나님 법대로 사는 우리 되게 하시고 다시는 헛된 것들을 위하여 땀 흘리며 멸시 천대 받고 속고 속이는 서러움을 당하지 않도록 자비로운 은총으로 지켜 주시옵소서. 그리하여 거룩한 하나님의 부르심을 받고 교회 안에서, 그리스도 안에서 한 형제로 우리를 묶어 주셔서, 영원한 본향 예루살렘에 이르기까지 순례의 길을 동행하면서 서로 의지하고 염려해 주고 사랑하며 기도해 주게 하옵소서. 오늘도 귀한 말씀 선포될 때 우리가 눈물의 골짜기를 벗어나 기쁨의 들판으로 달려나오게 하시며, 세상의 모든 악독과 죄악이 산산이 부서지고 흩어지는 역사가 나타나게 하여 주시옵소서. 거룩하신 예수 그리스도의 이름으로 기도드렸습니다. 아멘

희망 명언 마음에 상처를 주는 사슬을 끊고 단번에 모든 근심을 지워버린 사람은 행복하다. -오비드

8월 넷째 주 - 수요 예배 -
경건 훈련

"궤휼을 네 입에서 버리며 사곡을 네 입술에서 멀리하라"(잠4:24)

약속하신 성령을 보내주신 하나님, 감사드리며 영광 돌립니다. 오, 하나님! 저희를 변함없이 지켜주시는 주님의 은혜를 늘 기억하며 주님만 바라보고 믿음의 반석 위에 서서 살아갈 수 있게 하옵소서. 지난 3일 동안 하나님은 성령을 통해 연약한 저희들을 도와주시고 이끌어 주셨으나 저희는 이생의 안목과 정욕을 좇아 살았습니다. 저희들을 긍휼히 여겨 주시고 용서하여 주시기를 원합니다. 더 이상 성령을 탄식하게 하는 죄악된 일들을 하지 않게 하옵소서. 저희들의 부족한 심령을 성령의 능력으로 사로잡아 주옵시고, 주님의 손에 붙잡혀 경건하고 거룩한 삶을 살아갈 수 있게 하옵소서. 사랑의 주님! 오늘 이 시간 오순절날 마가의 다락방에서 충만하게 임하셨던 성령의 역사가 일어날 수 있기를 원합니다. 주님의 은혜를 사모하는 심령마다 주의 영으로 덮으셔서 성령 충만한 사람으로 다시 태어날 수 있게 하시옵소서. 그러므로 그 어떤 불의와도 타협하지 않게 하옵시고, 주님을 담대히 증거하며 그 어떤 위협 앞에서도 굴하지 않는 순교의 신앙을 허락하시옵소서. 저희 교회도 성령의 불이 타오르는 능력의 제단이 되기를 원합니다. 아무리 강퍅한 심령도 이 제단에 발을 들여놓을 때 성령의 능력으로 거꾸러지는 역사가 일어나게 하옵소서. 죄를 자백하며 탄식하는 회개의 역사가 일어나기를 원합니다. 삶에 지친 자들은 희망으로 넘치게 하시고, 병든 심령은 치료의 역사를 체험하게 하시며, 믿음 없는 자들은 믿음 위에 굳게 서서 확신을 갖게 하시며, 기도하는 자마다 응답을 받는 신령한 제단이 되게 하시옵소서. 주님의 몸 된 교회를 위하여 헌신적으로 충성하는 일꾼들이 있나이다. 주님, 저들의 수고를 기억하시고 따뜻한 음성으로 위로하여 주옵소서. 이 시간도 말씀을 듣는 저희들 모두가 주님의 은혜를 심령 깊숙이 체험하며 새로운 삶을 다짐하게 하시옵소서. 예수 그리스도의 이름으로 기도드립니다. 아멘.

희망 명언 만일 실수를 하면 스텝이 엉키게 되는데, 그게 바로 탱고입니다.
- 영화 '여인의 향기' 중에서

8월 넷째 주
- 유명기도문 -

시간 청지기

"또한 너희가 이 시기를 알거니와 자다가 깰 때가 벌써 되었으니" (롬13:11)

사랑하는 주님,
저로 하여금 탁월한 시간 청지기가 되게 하옵소서.
순간순간의 시간이 하나님의 거룩한 선물인 것을 깨닫게 하시고
그것을 잘 활용하려는 결심을 새롭게 하옵소서.
저에게 분별력을 주셔서 무엇을 해야 하며,
무엇을 하지 말아야 할지를 구분하게 하옵소서.
가장 올바른 때에 가장 적절한 일을 할 수 있도록
저를 도와주옵소서.

바쁜 가운데서도 서두르지 않도록
제 생각과 행동을 통제하여 주옵소서.
비록 촌음이라도 낭비하지 않고 활용할 수 있는 마음을 주옵소서.
주님과 교제하는 시간,
계획과 반성하는 시간,
재창조하는 시간,
가족과 함께하는 시간을 충분히 갖게 하옵소서.

모든 일이 잘되지 않을지라도
평정과 여유와 웃음을 잃지 않도록 도와주옵소서.
기도로 시작하고 감사로 마칠 수 있는 하루를 살게 하옵소서.
그리하여 선한 열매를 많이 맺어
하나님을 영화롭게 하는 삶이 되도록 저를 축복하여 주옵소서.
예수님의 이름으로 비옵나이다. 아멘

- 유성은

희망 명언 많은 근심으로 세상을 산다면 그 세상을 잃을 것이다. - 셰익스피어

9월 첫째 주
- 주일예배 1 -

결실을 위하여

"제자들이 나가 두루 전파할쌔 주께서 함께 역사하사 그 따르는 표적으로 말씀을
확실히 증거하시니라" (막16:20)

사랑의 하나님, 질그릇처럼 연약한 저희들을 존귀하게 여기시고, 선한 역사를 위한 도구로 써 주시니 감사하옵나이다. 복의 근원이신 주님, 진정한 복은 하나님께로부터 임한다는 사실을 깨닫게 하시고, 늘 신령한 복을 사모하게 하여 주시옵소서. 지난 한 주간 저희들의 삶을 돌아볼 때 감히 부끄러워 얼굴을 들 수가 없습니다. 하나님의 말씀대로 살아가야 마땅하지만 우리는 너무나 연약해서 죄와 더불어 살았음을 고백합니다. 무거운 죄의 짐을 하나님 앞에 내려 놓겠사오니 저희들을 긍휼히 여기사 모든 죄악을 소멸하시고 깨끗케 하여 주시옵소서. 이 시간 이 땅의 상처 입은 자들을 위하여 기도합니다. 누구나 존귀하게 지음받은 존재로서 지역과 계층, 성별 때문에 아픔을 겪지 않게 하옵소서. 교회가 세상의 빛으로서 주님의 사랑을 밝게 비출 수 있게 하여 주시옵소서. 한 해의 풍성한 결실을 맺는 9월의 시작입니다. 우리도 영적으로 얼마나 많은 결실이 있는지 돌아보게 하시고, 세상에서 선한 열매를 많이 맺을 수 있게 하여 주시옵소서. 우리 교회를 사랑하셔서 어두워져 가는 세상 가운데 희망을 선포하고 실천하게 하시니 감사하옵나이다. 더 큰 사랑을 베풀며 하나님의 영광을 드러내는 교회가 되게 하여 주시옵소서. 오늘도 목사님을 붙잡아 주셔서 생명의 말씀을 선포할 때 이 자리에 모인 저희들이 강한 성령의 역사를 체험하게 하여 주시옵소서. 예배를 위하여 섬기는 모든 손길들을 축복하시고, 하늘의 위로가 넘치게 하여 주시옵소서. 예수 그리스도의 이름으로 기도하옵나이다. 아멘.

희망 명언 많은 사람들이 성공하기 위해 실패한다. 성공한 사람들도 이전에는 많은 불행을 겪었다.
- 마이클 조던

9월 첫째 주 - 주일예배 2 -
기다림의 기도

"내가 항상 주와 함께하니 주께서 내 오른손을 붙드셨나이다" (시73:23)

언제나 우리를 사랑하시고 살아서 역사하시는 하나님 아버지! 오늘도 거룩한 주일 아침에 주님께 나아와 예배드릴 수 있도록 은혜를 내려 주시니 참으로 감사드립니다. 하나님께서는 억만 죄악 가운데서 우리들을 건져 주시고 천국 백성으로 삼아 주셨건만 우리들은 지난 일 주일 동안 주님의 뜻대로 순종하며 살지 못했습니다. 이 시간 헛된 세상에 마음을 빼앗기며 살았던 우리들의 어리석음을 고백하오니 용서하여 주시옵소서. 매일 삶 속에서 베푸시는 하나님의 큰 은혜를 깨닫지 못하고 우리들은 불평불만하며 좌절하기도 했습니다. 우리들에게 소망과 능력이 되시며, 생명이 되시는 하나님 외에 그 어떤 것도 의지하지 않게 하여 주시옵소서. 하나님, 이 나라와 이 민족을 기억하여 주시기를 원하옵나이다. 이 민족이 하나님께서 베푸신 큰 은혜를 깨닫게 하시옵소서. 이 나라와 이 지역의 지도자들에게 하나님의 뜻과 섭리를 깨달을 수 있는 지혜를 주시기 원합니다. 그들이 하나님을 경외하며 백성을 위해 진정으로 헌신, 봉사하는 지도자들이 되게 하여 주시옵소서. 사랑의 하나님! 주님께서 이 땅에 세우신 우리 교회를 기억하여 주시기를 간절히 원하옵나이다. 주님의 사역에 보다 헌신적으로 동참하고 십자가 위의 주님을 기억하며 한 영혼 한 영혼 천하보다 귀중하게 생각하여 주님 앞으로 이끌 수 있도록 도와주시옵소서. 하나님, 이 시간 우리가 갈급한 심령으로 주님께 나아왔습니다. 성령 충만케 하사 능히 세상을 이길 수 있게 하옵소서. 갈급한 우리들에게 말씀의 푸른 초장으로 인도하여 기름진 꼴을 먹이게 하옵소서. 예배를 돕는 모든 손길들을 기억하시고 주님의 영광을 드러내기에 부족함이 없도록 항상 기쁘게 충성하며 봉사하게 하옵소서. 우리에게 소망을 주시고 날마다 능력으로 붙들어 주시는 예수 그리스도의 이름으로 기도드립니다. 아멘.

희망 명언 머리로 생각하고 가슴으로 믿을 수 있다면 무엇이든 성취할수 있다. - 나폴레온 힐

9월 첫째 주 - 수요 예배 -
은혜의 단비

"오직 우리의 시민권은 하늘에 있는지라 거기로서 구원하는 자
곧 주 예수 그리스도를 기다리노니"(빌3:20)

만물의 주인이신 하나님 아버지, 나그네 인생길을 지켜 주시고 주님의 날개 아래 고이 품어 주셨다가 이 저녁 주님 앞에 나아와 예배할 수 있게 하시니 감사합니다. 제 영혼이 하나님을 사모하여 주의 제단에 나왔사오니 주님으로부터 힘을 얻고 우리 마음에 시온의 대로가 열리게 하옵소서. 한 주간 세파에 시달리며 눈물 골짜기 같은 길을 걸었습니다. 무릎 꿇고 기도하오니 이 자리가 맑은 샘의 자리가 되게 하시고, 은혜의 단비로 은택을 입은 복된 자리가 되게 하옵소서. 부르짖을 때에 응답 받게 하시고 찾을 때에 찾게 하옵소서. 기도의 사람 다니엘이 하루 세 번씩 예루살렘을 향하여 기도했듯이 나라와 민족과 교회를 위하여 깨어 기도하게 하옵소서. 주여, 저희에게 사랑을 주옵소서. 주님의 말씀에 사랑은 오래 참는데 저희는 성급하며, 사랑은 자기의 유익을 구치 아니하는데 저희는 인색하며, 사랑은 시기와 자랑하지 않는데 저희는 시기하며 자랑하고파서 견디지를 못합니다. 몸을 버리셨던 주님의 헌신적인 사랑을 배우게 하옵소서. 하나님 아버지, 저희들에게 전도의 문을 열어 주셔서 땅 끝까지 이르러 복음을 전하게 하옵소서. 내 이웃을 살피게 하시고 눈을 들어 세계 열방을 보게 하옵소서. 온 세계에 흩어져 주의 복음을 전하는 선교사들과 그들의 가정을 안위하시고 아름다운 복음의 발걸음이 든든하도록 지켜 주옵소서.

이 자리에 모인 성도들에게 신령한 복을 넘치도록 채워 주시고 예배를 방해하는 악한 영의 역사를 막아 주옵소서. 예수님의 이름으로 기도합니다. 아멘.

희망 명언 몇몇 위대한 사상만은 정말로 자기 것으로 만들어 두어야 한다. 밝아지리라고는 생각하지도 못했던 먼 곳까지 그것이 빛을 던져 주기 때문이다. - 지멜

9월 첫째 주
- 유명기도문 -

경건을 위하여

"우리가 알거니와 우리 옛 사람이 예수와 함께 십자가에 못 박힌 것은 죄의 몸이 멸하여 다시는 우리가 죄에게 종노릇 하지 아니하려 함이니" (롬6:6)

주여!
주님 우리에게서 돌이키지 마소서
주님 우리에게 오심을 지체치 마옵고
물 없는 사막처럼 되지 않게 하기 위하여
주의 위로를
우리에게서 거두어 가지 마옵소서

오 주님!
주님 뜻대로만 행하옵고
주의 면전에서
보람있게 또 겸손하게
살도록 하옵소서

주님이 우리의 지혜되시며
주님이 참으로 우리를 알아주시며
이 세상이 만들어지기 전
우리의 형체를 이루기 전부터
이미 우리를 아셨기 때문이옵니다.
십자가 위에서 구속하신
예수 그리스도 이름으로 기도합니다
아멘

― 토마스 아 켐피스

희망 명언 모든 것은 꿈에서 시작된다. 꿈 없이 가능한 일은 없다. 먼저 꿈을 가져라. 인내와 노력 없이 우러름을 받게 된 사람은 없다. ― 뉴턴

9월 둘째 주
- 주일예배 1 -

주께 순종

"모든 이론을 파하며 하나님 아는 것을 대적하여 높아진 것을 다 파하고 모든 생각을 사로잡아 그리스도에게 복종케 하니"(고후10:5)

사랑과 은혜가 풍성하신 하나님, 세상의 모든 헛된 것들 가운데서 홀로 영원하신 하나님을 믿음의 눈으로 바라보게 하시니 감사하옵나이다. 죄인들을 하나님의 자녀로 삼아주시고 날마다 믿음을 더 하게 하셔서 이 시간 담대하게 주님의 전으로 나아올 수 있었사오니 저희들은 그저 감사할 뿐입니다. 하나님께서는 믿음이 없이는 기쁘시게 할 수 없다고 말씀하셨사오니 저희들이 무엇보다도 믿음으로 주님께 나아가 예배드리게 하여 주시옵소서. 주님, 저희들은 지금까지 세상의 악에 대해 정죄하면서 스스로는 선하다고 생각하며 살아왔습니다. 주님의 말씀에 비추어볼 때, 저희들도 악한 죄인들이었음을 깨닫습니다. 저희들의 무지를 용서하여 주시옵소서. 이 나라와 이 민족을 기억하여 주시옵소서. 위정자들에게 지혜를 주시고, 백성들을 사랑하게 하시사 신실하게 맡은 일들을 감당하게 하여 주시옵소서. 정부가 불안해 하는 국민들에게 시름을 달래줄 수 있게 하옵소서. 오늘도 목사님을 성령께서 붙드셔서 생명의 말씀을 증거하도록 능력을 주시옵소서. 하나님, 보이지 않는 곳에서 수고하는 많은 손길들을 기억하시고 축복하여 주시옵소서. 특별히 교회학교를 기억하여 주시어서, 올해는 크게 부흥케 하시고, 말씀과 성령이 충만하게 하여 주시옵소서. 섬기는 모든 교사들에게 특별한 은총으로 함께 하시며 믿음과 기쁨으로 사명을 잘 감당하게 하여 주시옵소서. 찬양으로 영광 돌리는 성가대 위에 함께 하시사, 하나님께서 열납하여 주시옵소서. 예수 그리스도의 이름으로 기도하옵나이다. 아멘.

희망 명언 모든 것을 잃더라도 아직 미래가 남아있다. - 보비

9월 둘째 주
- 주일예배 2 -

세계의 복음화

"수고하고 무거운 짐진 자들아 다 내게로 오라 내가 너희를 쉬게 하리라" (마11:28)

사랑과 은혜가 풍성하신 하나님 아버지, 오늘 이 시간에도 예배에 참석할 수 있도록 인도하시니 감사드리며 영광 돌립니다. 주님! 우리는 지난 한 주간 각자 흩어져 살면서 주님의 뜻과는 다르게 생각하고 행동한 일들이 너무나도 많습니다. 이 모든 허물을 주님의 십자가 앞에 내어 놓고자 하오니 용서하여 주시옵소서. 하나님 아버지! 이 나라 위에 긍휼을 베푸시기를 원합니다. 특히 이 나라를 책임지고 있는 지도자들이 기필코 하나님의 자녀가 되는 은총을 허락하시옵소서. 하나님을 두려워하는 지도자들이 되어 날마다 성령으로 변화되는 삶을 살 수 있게 하여 주시옵소서. 지금은 우리 교회가 이 지역뿐만 아니라 세계의 복음화를 꿈꾸며 온 성도들이 영혼 구하는 사역을 준비하고 있습니다. 오직 여호와를 기쁘게 해 드리려고 기도와 말씀으로 온 성도들이 헌신하며 서로 격려하고 있습니다. 놀라운 기적과 이적이 일어나서 많은 영혼을 건지기로 한 목적이 이루어지게 하옵소서. 또한 주를 영접한 심령들이 변화되어 필요한 것을 제공받고 누리며 살아갈 수 있도록 도와주시옵소서. 사랑의 하나님! 참으로 감사합니다. 담임목사님을 사랑하셔서 하나님이 주목하시는 교회를 지향할 수 있도록 성령님께서 큰 비전을 허락하시고 사용하여 주시니 진심으로 감사드립니다. 오직 성령으로 날마다 감동받아 성도들에게 큰 은혜를 끼치며 건강한 목회를 감당함으로써 놀라운 열매를 맺게 하옵소서. 이 시간 단 위에 세우신 목사님에게 놀라운 능력을 주셔서 말씀을 선포할 때 이곳에 모인 모든 성도들의 가정이 회복되게 하옵소서. 주 안에서 삶의 질이 높아지고 각자의 사명에 충성할 수 있도록 주님께서 친히 주관하여 주시옵소서. 예배를 위해 섬기는 찬양대에 복을 내려주시고 오직 신실하게 봉사하는 일꾼들이 되게 하옵소서. 오늘도 은혜로 인도하시는 예수 그리스도의 이름으로 기도드립니다. 아멘.

희망 명언 모든 일은 있는 그대로 흔쾌히 받아들여야 한다. 자기의 신상에서 일어난 일을 그대로 받아들인다는 것은 불행한 결과를 극복하는 첫걸음이다. - 윌리엄 제임스

9월 둘째 주 - 수요 예배 -
회복의 주

"그 때에 저는 자는 사슴 같이 뛸 것이며 벙어리의 혀는 노래하리니 이는 광야에서 물이 솟겠고 사막에서 시내가 흐를 것임이라"(사35:6)

기쁨의 근원이신 하나님! 삼일 동안 지켜주셨다가 오늘 예배에 나와 하나님을 찬양하며 경배하게 하시니 감사드립니다. 십자가 보혈의 지혜 세상 죄를 벗고 주님의 거룩하심에 참여할 수 있도록 도와주시옵소서. 지금은 주님의 긍휼과 은혜의 단비가 절실히 요구되는 때입니다. 상처 입고 괴로워하는 심령들과 미래에 대한 소망이 없이 어두운 그늘 밑에서 지친 삶에 허덕이는 영혼들이 너무나 많습니다. 참 기쁨의 근원이신 주님께서 이들을 돌아보시고 치유하여 주시기를 원합니다. 주님을 모르는 자들은 점점 더 심령이 강퍅해져 악의 노예가 되어가고 있습니다. 저들의 심령에 주님께서 밝은 빛을 비추사 악한 심령이 변화되게 하시고, 안식과 평안의 주님을 모시고 살아갈 수 있게 하여 주시옵소서. 오늘도 주님의 전에 나와서 주님의 도우심을 간절히 바라는 심령들에게 성령의 은혜를 충만하게 하셔서, 상한 심령을 싸매어 주시고, 참 기쁨과 즐거움이 넘치는 시간이 되게 하여 주시옵소서. 주님의 교회도 이 땅에 사는 모든 사람들에게 고달픈 삶을 위로해 주고, 치료해 줄 수 있는 능력의 제단이 되기를 원합니다. 교회의 지체된 저희들을 바른 신앙, 능력의 신앙으로 무장시켜 주시옵소서. 주님의 교회만이 가뭄으로 타들어가는 심령의 밭에 해갈의 기쁨을 주는 단비가 될 수 있다는 것을 자랑스럽게 증거할 수 있게 하시옵소서. 주님께 몸을 아끼지 않고 헌신하는 모든 이들의 수고가 주 안에서 헛되지 않게 하옵소서. 주님의 향기를 나타내며, 평안과 복이 가득한 삶으로 이끌어주실 줄 믿사옵고, 거룩하신 예수님의 이름을 받들어 기도드립니다. 아멘.

희망 명언 모자란다는 여백, 그 여백이 오히려 기쁨의 샘이 된다. - 파스칼

9월 둘째 주
– 유명기도문 –

인내의 기도 1

"내가 여호와를 기다리고 기다렸더니 귀를 기울이사
나의 부르짖음을 들으셨도다" (시 40:1)

주님! 우리 안에 사랑의 마음을 부추키시어
어떠한 일에도 굴하지 않는 강한 인내를 가르쳐 주십시오.

우리를 인내롭게 하시어
모든 시련과 고뇌를 극복하는 굳센 마음을 길러 주십시오.

우리를 인내롭게 하시어 초조한 마음을 누르고
안에서 소용돌이 치는 생각을 가라앉히는 법을 가르쳐 주십시오.

우리를 인내로운 자 되게 하시어,
예의에 벗어나는 말이나 가혹한 대답이 입 밖으로 나오려 할 때
입을 다물고 침묵하는 법을 가르쳐 주십시오.

우리를 인내로운 자 되게 하시어,
필요할 때에는 즐겨 양보하고 기다리는 법을 가르쳐 주십시오.
우리를 인내로운 자 되게 해 주십시오.

– J.갈로

희망 명언 희망을 품는다는 것은 인간을 믿는 것이며, 미래를 믿는 것이다. 희망은 가장 숭고한 현실이며 오랜 세월을 견디어 온 힘이다. – 로널드 레이건

9월 셋째 주 - 주일예배 1 - 찬양받으소서

"나의 생전에 여호와를 찬양하며 나의 평생에 내 하나님을 찬송하리로다" (시146:2)

교회의 머리이신 주님, 결실의 계절을 허락하셔서 감사합니다. 황금물결을 이룬 들녘을 바라보면서 하나님의 창조의 섭리를 발견합니다. 이 은혜의 계절에 저희의 눈이 주님께서 창조하신 아름다운 세상을 바라보게 하시고, 입으로는 살아계셔서 역사하시는 주님의 말씀만 말하게 하여 주시옵소서. 주님께서는 겸손하게 섬기는 삶의 본이 되셨지만 저희들은 스스로를 높이며 섬김을 받기를 원했습니다. 사람들이 나를 알아주지 않는다고 원망하고 미워하기도 했습니다. 저희들의 죄를 용서하시고 주님을 본받는 삶을 살 수 있게 하여 주시옵소서. 자비하신 하나님, 이 나라를 긍휼히 여겨 주시옵소서. 아직도 경제적인 어려움과 고통 가운데서 신음하는 우리의 이웃들이 많이 있습니다. 특별히 영육간에 궁핍한 자들을 불쌍히 여기시고 그리스도의 사랑으로 삶의 용기와 소망을 발견하게 하여 주시옵소서. 나라가 이처럼 어려운 것은 우리 믿는 자들이 요나처럼 하나님의 말씀에 순종하는 삶을 살지 않았기 때문입니다. 먼저 저희들이 하나님 앞에 무릎을 꿇게 하옵소서. 미스바에 모여 금식하며 나라와 민족을 위하여 기도했던 이스라엘 백성들처럼 이제부터라도 온 교회와 성도들이 회개하며 기도하게 하여 주시옵소서. 오늘 이 자리에 모인 모든 성도들을 기억하여 주시고 기도할 때마다 하나님께서 응답하시는 역사가 나타나게 하여 주시옵소서. 이 시간 목사님을 통하여 선포되는 하나님의 음성을 듣겠습니다. 저희들의 심령이 변화되게 하여 주시옵소서. 예배의 시종을 주님께 맡기옵고 예수님의 이름으로 기도하옵나이다. 아멘.

희망 명언 목적지에 이르기 위한 첫 단계는 현 위치에 머물지 않겠다고 결심하는 것이다. - 모건

9월 셋째 주 - 주일예배 2 -
열매를 위하여

"한 알의 밀이 땅에 떨어져 죽지 아니하면 한 알 그대로 있고 죽으면 많은 열매를 맺느니라"(요12:24)

사랑의 주님! 지난 한 주간 변함없는 사랑과 은혜로 인도하시고 오늘 복된 주일을 맞아 주님의 전에서 신령과 진정으로 예배드리게 하시니 감사드립니다. 무더위 속에서도 잘 지내게 하시고 이제 시원한 가을을 맞이하게 하셨습니다. 들판의 곡식들이 풍성한 결실을 맺듯 우리들의 믿음 또한 결실을 맺는 계절이 되게 하옵소서. 역사의 주인이신 하나님, 그 동안 우리 교회를 부흥하게 하신 은혜를 감사드립니다. 모든 성도들이 헌신과 기도로 부흥의 새 역사를 쓰는 데 동참하게 하시고 우리의 후손들에게 귀한 믿음의 유산을 물려줄 수 있도록 은총을 내려 주시옵소서. 용서와 위로의 주님! 우리 성도들이 서로 격려하고 위로하며, 교회에 대해 긍지와 보람을 느끼게 하옵소서. 모든 일에 언제나 긍정적인 사고로 성숙한 공동체를 만들어 나갈 수 있는 믿음을 허락하여 주시옵소서. 하나님의 역사를 이루어 가는 모든 과정마다 주님의 은혜로 잘 진행되게 하시며, 귀한 하나님의 나라에 참여할 수 있는 은혜와 복을 내려 주시옵소서. 삶의 희망이신 하나님! 최 일선에서 언제나 수고하는 교역자들과 모든 성도들을 강건케 하시고 위로하여 주시옵소서. 교회를 사랑하며 봉사하는 모든 지체들이 믿음으로 하나가 되기를 원합니다. 각자에게 주어진 십자가의 도를 잘 감당하여 교회가 발전하는 밑거름이 되게 하옵소서. 이 모든 말씀 살아 역사하시는 예수님의 이름으로 기도드렸습니다. 아멘.

희망 명언 목표를 보는 자는 장애물을 겁내지 않는다. - 한나 모어

9월 셋째 주 - 수요 예배 -
끊임없는 길

"너희가 피곤하여 낙심치 않기 위하여 죄인들의 이같이 자기에게 거역한 일을 참으신 자를 생각하라" (히12:3)

사랑과 은혜가 충만하신 하나님! 저희에게 주님을 경외하며 찬양할 수 있게 하셔서 감사합니다. 사랑이 충만하신 하나님 아버지, 저희가 연약해서 하나님을 원망했던 적이 있습니다. 고난이 싫어 주님을 부인했던 죄인을 용서하옵소서. 고난을 겪어야 할 때는 주님의 십자가를 기억하고 이겨낼 수 있게 하옵소서. 지난 날들을 돌아보면 하나님의 은혜요 사랑이었다고 고백하지 않을 수 없습니다. 저희에게 건강과 생명을 주셔서 오늘도 호흡하며 하나님께 예배드리러 나아왔습니다. 나라와 민족을 위하여 기도하오니 먼저 경제를 회복시켜 주시옵소서. 저희 모든 성도가 오직 하나님의 영광을 위하여 삶을 영위하게 하시고 주님의 사랑을 실천할 수 있게 하옵소서. 저희가 성별된 하나님의 자녀로서 세상에서 믿음으로 승리할 수 있게 하옵소서. 저희 교회가 고난 받는 사람이 평안을 얻고, 고통을 겪는 영혼이 놓임을 받는 거룩한 성소가 되게 하여 주시옵소서. 또한 아버지, 저희들의 이웃을 위하여 기도합니다. 그들의 영혼을 위하여 기도하게 하시고 그들이 고난 당할 때에 관심을 갖고 주님의 사랑을 실천할 수 있게 하옵소서. 우리의 이웃과 믿지 않는 가족을 위하여 간구하오니 그들의 영혼을 불쌍히 여기사 죄악에서 해방될 수 있는 은혜를 허락하여 주옵소서. 저희가 그들에게 주님의 사랑을 실천함으로써 전도의 문이 열리게 하옵소서. 저희들의 선한 행실로 말미암아 복음이 전파될 수 있도록 축복하옵소서. 오늘 설교하는 목사님을 위해 기도하오니 성령과 진리로 충만하여 영감 있는 말씀을 증거케 하시고, 듣는 성도들의 마음이 뜨거워지게 하옵소서. 예수 그리스도의 이름으로 기도합니다. 아멘.

희망 명언 목표설정, 계획, 그리고 꿈은 멋지다. 하지만 그것을 실현하기 위해 행동하지 않는다면 그것은 여전히 목표이자 계획이며, 한낱 하룻밤의 꿈으로 남게 될 것이다. - 데브라 벤튼

9월 첫째 주
- 유명기도문 -

인내의 기도 2

"하나님의 신이 나를 지으셨고 전능자의 기운이 나를 살리시느니라"(욥33:4)

주님!
우리로 주님의 자비로우신 섭리에 마음을 의지하고
모든 것을 이끄시는 주님의 자비에 몸을 맡기며
차분한 마음으로 살게 해 주십시오.

우리를 인내로운 자 되게 해 주십시오.
어떠한 어려움 앞에서도 주님의 자비를 힘입어
극복할 수 있다는 확신을 가지고
평화스런 마음으로 모든 것을 보게 해 주십시오.

우리를 인내로운 자 되게 하시어
이웃의 결점을 억지로 고치려 하지 말고
오히려 참고 견디는 법을 가르쳐 주십시오.

우리를 인내로운 자 되게 하시어
이웃과 사귀는 것이 어려울 때에도
평화와 미소를 잃지 않게 해 주십시오.

갈보리산 위에서 십자가의 고통을 겪으신
주님의 인내와 하나되어
세계의 구원을 위해
인내롭게 스스로를 바치는 법을 가르쳐 주십시오.

- J.갈로

희망 명언 무슨 일을 하든 큰 기대를 갖는 것이 중요하다. - 샘 월튼

9월 넷째 주
- 주일예배 1 -

하나님의 법

"그 마음에는 하나님의 법이 있으니 그 걸음에 실족함이 없으리로다" (시 40:1)

사랑의 하나님, 비록 약하고 추해도 하나님의 부르심을 받고 이 자리에 나아왔습니다. 메마른 세상에서 한 주간 동안 주님이 부족한 저희들과 함께 하셔서 감사하옵나이다. 감히 하나님 앞에 설 수 없는 죄인들이 이 시간 용기를 내어 기도할 때 회개하게 하옵소서. 우리의 심령과 입술이 정결하게 하여 주시옵소서. 말씀을 듣고 우리의 삶이 변화되게 하여 주시옵소서. 저희들에게 환난과 고난이 있을지라도 하나님을 의지함으로써 승리할 수 있게 하옵소서. 세상이 메마른 땅과 같을지라도 하나님의 교회는 성령의 단비가 촉촉하게 내리는, 생명력 넘치고 성장하는 공동체가 되게 하여 주시옵소서. 특별히 얼어붙은 북녘 땅에도 하나님의 사랑과 은총이 임하기를 기도합니다. 무너졌던 교회가 다시 세워지고 성령의 바람이 강하게 부는 은혜의 땅이 되게 하여 주시옵소서. 이 시간 목사님을 통하여 증거되는 말씀이 상한 심령들에게 위로가 되게 하시고, 절망 가운데 있는 자들에게 산 소망이 되게 하여 주시옵소서. 세계 각지에 있는 선교지에도 함께 하셔서, 날마다 큰 부흥의 역사가 일어나게 하여 주시옵소서. 모든 선교사들에게 하나님께서 능력을 물 붓듯이 부어주셔서 그 선교의 지경을 넓혀주시고 날마다 승리의 소식을 전해 오게 하여 주시옵소서. 성가대의 찬양이 하늘 보좌를 울리는 천상의 화음이 되게 하시고 먼저 저희들이 큰 은혜를 받게 하여 주시옵소서.

예수 그리스도의 이름으로 기도하옵나이다. 아멘.

희망 명언 무슨 일이건 염려를 한다고 해서 되는 일은 아무것도 없다. - 헬렌 켈러

9월 넷째 주
- 주일예배 2 -

돌아보는 삶

"하늘로서 소리가 있어 말씀하시되 이는 내 사랑하는 아들이요 내 기뻐하는 자라 하시니라"(마3:17)

사랑의 주님! 가을의 문턱에 이른 오늘 거룩한 성일을 맞아 주일예배에 참여하게 하신 은혜를 감사드립니다. 자비로우신 주님! 우리 주위의 모든 환경이 어려울지라도 우리는 주님이 함께 하시니 낙담하는 대신 희망을 가지고 나아갑니다. 그러나 우리는 세상과 벗하며 주님의 뜻과 다른 생각과 행동으로 범죄 했습니다. 이 시간 회개하오니 주여, 용서하여 주옵소서. 긍휼의 주님! 우리나라에 긍휼을 베푸사 튼튼한 하나님의 나라가 되게 하시고, 국민들이 주님을 의지함으로써 어려움 속에서도 꿈과 희망을 갖게 하옵소서. 소망의 주님! 교회를 위해서 기도합니다. 우리의 도약을 기약하며 꿈꾸고 노력하고 있습니다. 사역현장을 성령께서 지켜주시옵소서. 세계에 우뚝 설 교회를 꿈꾸며 추진하고 있는 교회의 모든 계획들을 주님의 섭리로 인도하시고 온 성도가 교회의 성장과 영혼구원에 기도와 온 몸으로 헌신하도록 강권하여 주옵소서. 특별히 나태한 우리의 삶을 새벽을 깨우며 변화되고 오직 말씀과 기도로 회복되는 역사가 일어나게 하여 주옵소서. 이를 위해 늘 기도하는 담임목사님을 능력의 팔로 붙들어 주셔서 이 시대에 진실하고 건강한 목회자로서 기독교사에 한 획을 긋게 해 주시옵소서. 또한 교회에서 각 분야별로 사역을 감당하는 주의 종들에게도 능력과 소망과 힘을 주옵소서. 오늘 드리는 우리들의 예배가 주님께서 기뻐 받으시는 산제사가 되게 하시고 생명력 넘치는 살아 있는 말씀으로 우리들을 거듭나게 하옵소서. 이 시간 찬양대가 드리는 찬양을 기뻐 받아 주시고 모든 성도들에게 한량없는 복을 내려 주시옵소서. 예수님의 이름으로 기도합니다. 아멘.

희망 명언 무엇인가를 뛰어 넘을 때마다 나는 행복을 느낀다. - 베토벤

9월 넷째 주 - 수요 예배 - 믿음의 승리

"이것을 너희에게 이름은 너희로 내 안에서 평안을 누리게 하려함이라 세상에서는 너희가 환난을 당하나 담대하라 내가 세상을 이기었노라 하시니라"(요.16:33)

여호와 닛시! 승리케 하시는 하나님 아버지! 지난 3일 동안도 하나님의 섭리 가운데 지켜주셨다가 주의 전으로 부르셔서 거룩한 예배를 드리게 하신 은혜를 감사합니다. 신령과 진정으로 예배하며 간절히 기도하여 응답 받는 시간이 되게 하옵소서. 이 시간 찬양 속에 하나님의 영광이 나타나며, 저희들의 기도를 통하여 주님의 뜻이 더 빨리 이루어지기를 원합니다. 우리의 입술에 감사가 넘치게 하시고 하나님을 향한 헌신된 손길이 끊이지 않도록 축복하옵소서. 사랑이 많으신 아버지! 우리의 모든 허물과 절망과 좌절은 아버지의 도움으로만 해결될 수 있나이다. 연약한 믿음을 용서하여 주옵소서. 하나님 아버지의 보좌로 담대히 나아온 저희들에게 충만한 은혜를 주옵소서. 이 자리를 사모하면서도 함께하지 못한 여러 성도들이 있습니다. 그들을 위하여 기도하오니 하나님을 힘써 섬길 수 있는 형편과 여건을 허락하시고, 믿음을 더하여 주옵소서. 우리의 삶이 하나님을 경배하는 생활이 되게 하옵소서. 우리 성도들간의 교제에서 서로 덕을 끼치게 하시고 목회자들에게는 영적 권위를 인정하며 순종함으로써 하나님의 나라가 날마다 확장되게 하옵소서. 주님께서 몸을 드려 희생하신 사랑을 본받아 우리도 기쁘게 봉사하며 헌신하게 하옵소서. 빛이 없는 곳에 빛이 되게 하시고 썩어 냄새나는 곳에 소금이 될 수 있도록 우리에게 믿음을 더하여 주시옵소서. 또한 이 시간 목사님을 통하여 주시는 말씀에 은혜 받기를 원합니다. 신앙이 깊은 뿌리를 내리는 한편 인격도 성숙하게 하옵소서. 우리를 시험에 들지 않게 하시고 하나님의 영광을 구하게 하옵소서. 연약한 종들을 범죄의 유혹으로부터 지켜 주시길 원하오며, 거룩하신 예수님의 이름으로 기도합니다. 아멘.

희망 명언 무한한 가능성을 잉태한 미래에 대한 관념이 미래 그 자체보다도 중요하다. - 베르그송

9월 넷째 주 - 유명기도문 -
하루의 기도

"믿음이 없이는 기쁘시게 못하나니 하나님께 나아가는 자는 반드시 그가 계신 것과 또한 그가 자기를 찾는 자들에게 상 주시는 이심을 믿어야 할찌니라" (히11:6)

내게 주어진 하루를 감사합니다
내게 또 하루를 허락하심을
이 하루도 헛되이 보내지 않으며 살기 원합니다

이런 은총 받을 만한 자격 없지만
주의 인자하심 힘입음으로
이 하루도 내게 주어졌음 인하여 감사드립니다

이 하루도 정직하게 하소서
이 하루도 친절하게 하소서
내가 만나는 모든 사람들에게
자비를 베풀게 하소서

이 하루도 온유하게 하소서
이 하루도 겸손하게 하소서
나의 걸음을 지치게 만드는 이들에게
용서를 베풀게 하소서

- 최용덕

희망 명언 미래가 무엇을 원하는지 생각하라. - 데브라 벤트

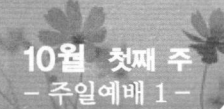

나라를 위하여

"너희가 기도할 때에 무엇이든지 믿고 구하는 것은 다 받으리라 하시니라"(마21:22)

거룩하신 하나님, 저희들에게 하나님을 아는 지혜를 허락하셔서 주의 전에 나아와 신령과 진정으로 예배하게 하시니 감사합니다. 저희들이 성령님의 도우심을 의지하면서 하나님의 말씀에 순종하며 살아가게 하여 주시옵소서.

지난 한 주간 저희들은 하나님께 불순종하며 살았습니다. 하나님의 그 크신 은혜로 용서하여 주시옵소서. 지난 주간에는 나라와 민족을 위해 헌신하는 젊은이들을 위한 국군의 날이 있었습니다.

젊은 시절 조국을 지키는 것이 축복된 일임을 깨닫고 즐겁게 병영생활하는 가운데 충성하게 하옵소서. 또한 자녀들을 군에 보낸 부모들이 염려하며 근심하는 대신 먼저 기도하게 하여 주시옵소서.

어서 빨리 이 나라에 평화적인 통일을 허락하셔서 더 이상 같은 형제끼리 피 흘리지 않게 하여 주시옵소서.

사랑의 하나님, 우리 교회를 축복하셔서 문턱을 넘어 오는 자마다 마음이 뜨거워지고 주님의 사랑과 말씀으로 풍성한 주의 백성들이 되게 하여 주시옵소서.

우리 사회에는 경제적으로 어려워지면서 서 있어야 할 자리를 잃는 사람들이 많이 있습니다. 자신의 능력에 한계가 있음을 인정하고 하나님을 찾고 의지하게 하여 주시옵소서.

이 시간 목사님을 능력의 손으로 붙드시고 생명의 말씀을 전할 수 있도록 성령께서 도와주시옵소서.

예수님의 이름으로 기도하옵나이다. 아멘.

희망 명언 미래가 어떤 것이든 또 어떤 사태가 일어나든, 희망을 조금이라도 잃지 않도록 유의하도록 하자. - 빅토르 위고

나를 통한 부흥

"여호와는 네게 복을 주시고 너를 지키시기를 원하며"(민6:24)

하나님께서 죄인의 몸이 되어 우리의 죄 짐과 고통을 대신 받으시고 생명이 다 할 때까지 무한한 사랑을 죄인들에게 베푸신 예수님! 그 은혜를 못 잊어 감사와 찬양을 드립니다. 언제나 주님의 품 안에 살아가고 있음에도 불구하고 평안할 때는 내 자랑하고, 고달플 때는 하나님조차 망각한 채 세상을 탓했던 어리석음을 고백합니다. 주여, 회개의 영을 부어 주시옵소서. 하나님 중심으로 살아가게 하여 주시옵소서. 당신의 기쁘신 뜻을 위하여 우리에게 소망을 주시고 역사하시는 주님, 우리 교회에 복을 주셔서 부흥의 모델로 성장하여 온 나라에 선한 영향력을 끼치게 하옵소서. 귀한 목자들에게 건강과 능력을 더하셔서 오직 사역에만 전념할 수 있게 하옵소서. 오늘 단 위에 세우신 담임목사님을 붙들어 주셔서 영육 간에 강건함 주시고, 능력 있는 말씀을 선포하게 하옵소서. 우리 모두에게 꿀송이 같이 달콤한 말씀이 되어 주시고 목마른 영혼을 채울 수 있게 하여 주시옵소서. 회개와 결단의 역사가 일어나게 하시고 힘과 용기가 솟아나는 은혜로 충만한 시간이 되게 하여 주옵소서. 온 성도들 스스로가 우리 교회요, 사역의 주체임을 깨닫게 하여 주시옵소서. 이 시간 병석에 누워 있거나 부득이한 사정으로 함께 예배를 드리지 못하는 교우들에게 동일한 복을 허락하여 주시고, 다음 주일에는 이 은혜의 자리에 함께 하게 하옵소서. 미래를 꿈꾸게 하시고 제자양성에 자신을 다 바치는 교회학교 교사들에게, 그리고 지금 이 시간 곳곳에서 예배를 위해 헌신하는 손길들에게 복을 내려 주시기 원합니다. 믿음으로 전심을 다하여 찬미하는 성가대 위에 복에 복을 더하여 주시기를 간구하오며 이 모든 말씀 예수님의 이름으로 기도드렸습니다. 아멘.

희망 명언 미래는 그것이 뚜렷해지기 전, 그 가능성을 미리 보는 자에게 속한 것이다. - 잔 스컬리

예비하신 기쁨

"무성하게 피어 기쁜 노래로 즐거워하며 레바논의 영광과 갈멜과 사론의 아름다움을 얻을 것이라" (사35:2)

악은 미워하고 의는 권장하시는 사랑의 하나님 아버지, 이 시간도 감히 머리 들어 아뢸 수조차 없는 죄인들이 이 자리에 나오게 된 것은 오직 아버지의 놀라우신 사랑과 은총 덕분인 줄 알고 감사드립니다. 의로우신 하나님이시여, 이 시간 그 크고 넓으신 하나님의 사랑을 알게 하옵소서.

부모의 사랑을 알지 못하고 방탕한 패륜아처럼 되지 말고, 아버지의 사랑을 아는 자로서 기뻐하며 감사드릴 수 있게 하옵소서.

그 사랑을 체험함으로써 이제 우리도 다른 형제와 이웃을 사랑할 수 있기를 원합니다. 우리 교회가 서로 사랑하는 교회, 하나님 보시기에 아름다운 교회로서 본이 되게 하옵소서. 들판에 자라며 열매 맺는 곡식들을 바라보면서 우리의 믿음도 풍성한 열매를 맺어야 될 줄로 믿습니다. 자연 속에 나타나는 신비를 통해 하나님 아버지의 위대하신 뜻을 다시 한 번 되새기게 하옵소서.

그리하여 우리에게 주신 하나님의 귀한 선물들을 나를 위한 것으로만 착각하여 사용하지 말고, 아직도 배고프고 가난한 이웃을 향해서 사랑의 손길을 베풀 수 있는 넉넉한 마음을 허락하옵소서.

이 시간 조용히 앉아 말씀 앞에서 나 자신을 비추어보고 진실로 나의 나 된 것이 어디서 비롯되었는지 밝히 깨닫고 돌아가게 하옵소서.

그리하여 세상 속에서 밝은 모습으로 하나님께 영광 돌리는 삶을 살아가게 하옵소서.

예수님의 이름으로 기도드립니다. 아멘.

희망 명언 미래는 알 수 없다. 그러나 미래는 만들어 갈 수 있다. - 보도 섀퍼

하나님의 여성 1

"여호와는 나의 목자시니 내가 부족함이 없으리로다" (시23:1)

주님과 동행하게 하소서
깨끗한 마음, 바른 마음을 주소서
용서하게 하소서

순종하게 하소서
담대히 원수와 맞서게 하소서
생각을 다스리게 하소서

삶의 모든 부분을 주장하소서
말씀을 깊이 알게 하소서
우선 순위를 바로잡게 하소서

참된 찬양을 드리게 하소서
일에 복을 주소서
성령의 열매를 맺게 하소서

거룩하게 하소서
소명에 충실하게 하소서
대인관계를 지켜 주소서

- 스토미 오마샨

희망 명언 미래는 여러 가지 이름이 있다. 그것은 약자들에게는 도달할 수 없는 것이다. 그러나 용감한 자들에게는 바로 기회다. - 빅토르 위고

진리의 성령

"그러하나 진리의 성령이 오시면 그가 너희를 모든 진리 가운데로 인도하시리니"(요16:13)

풍요로운 결실의 계절을 주신 하나님, 지난봄부터 연약한 새순을 숱한 비바람과 때로는 가뭄 속에서도 지켜주시고 이 가을 귀한 열매를 맺게 하신 것처럼 저희들도 고통 속에서 성숙한 믿음을 가질 수 있도록 인도하신 은혜를 감사드립니다. 지극히 작은 것 하나라도 감사하게 하시고 하나님의 영광을 위하여 살아가게 하여 주시옵소서. 이 시간 진심으로 예배하는 모든 이들의 마음에 찾아와 주시옵소서. 사랑의 하나님, 저희들의 믿음 없음을 용서하여 주시옵소서. 눈을 들어서 천지 만물을 지으신 하나님을 바라보게 하여 주시옵소서. 이 순간도 낙심하고 있는 심령들에게 용기를 주시고 삶의 의미를 찾는 이들에게 친히 찾아가셔서 친구가 되어 주시옵소서. 그들이 주님을 인격적으로 만남으로써 희망을 얻고 다시금 일어설 수 있게 하여 주시옵소서. 이번 주간에는 민족의 명절인 추석이 있습니다. 고향을 향해 떠나는 발걸음들을 지켜주시고, 특별히 우상을 섬기는 일에 동참하지 않도록 지혜를 허락하여 주시옵소서. 오히려 믿지 않는 부모형제들에게 주님의 이름을 전하는 기회가 되게 하여 주시옵소서. 무엇보다도 이번 명절에 온 가족이 하나님의 은혜를 깨닫게 하시고, 한 해 동안 풍성한 결실을 얻은데 대해 하나님 앞에 영광을 돌리게 하여 주시옵소서. 말씀을 전하는 목사님을 붙잡아주시고, 저희들에게 하나님의 음성을 듣는 시간이 되게 하여 주시옵소서. 성가대의 찬양을 통하여 먼저 저희들의 마음문을 활짝 열어 주시옵소서. 예수님의 이름으로 기도합니다. 아멘.

희망 명언 미래는 일하는 사람의 것이다. 권력과 명예도 일하는 사람에게 주어진다. - 칼 힐티

은혜의 의미

"여호와는 그 얼굴로 네게 비취사 은혜 베푸시기를 원하며"(민6:25)

천지만물을 창조하시고 우리의 생사화복을 주장하시는 살아계신 하나님 아버지께 찬양을 드리며 영광을 돌립니다. 지난 한 주간도 주님의 은혜로 살게 하시고 거룩한 주일 주님 앞에 나와 진정과 신령으로 예배하게 하시니 감사드립니다. 유난히 무덥던 여름이 어느덧 지나고 시원한 가을을 주시고 들판에 오곡백과가 무르익게 하시니 또한 감사드립니다. 사랑이 무한하신 하나님 아버지! 환경이 조금만 어려워도 주님을 원망하였던 우리들의 모습을 회개하오니 용서하여 주시옵소서. 오늘 우리는 부부간의 갈등, 자녀와의 갈등, 사업의 문제, 건강문제들을 가지고 나왔나이다. 담임목사님이 전하는 말씀을 통해 은혜 받고 이 모든 문제들을 해결하는 역사가 일어나게 하옵소서. "하나님을 사랑하는 자 그 뜻대로 부르심을 입은 자들에게는 모든 것이 합력하여 선을 이루느니라"고 하신 성경말씀을 믿습니다. 그래서 우리의 문제가 당장 해결되지 않는다 해도 결국은 주님의 뜻을 따라 해결될 줄 믿고 기도하며 기다리는 신앙인이 되게 하옵소서. 우리 교회를 사랑하셔서 크게 부흥하게 하신 주님께 감사드립니다. 우리 교회가 21세기에 새로운 모델이 되어 한국교회들에게 힘을 줄 수 있기를 바랍니다. 특별히 주님께서 선택하시고 크게 쓰시는 우리 담임목사님에게 능력을 더하셔서 언제 어디서나 살아 움직이는 능력의 말씀을 증거하게 하시옵소서. 그리하여 메말랐던 심령들을 흡족히 적시는 역사가 일어나게 하옵소서. 우리나라의 정치가 안정되고 경제도 회복되어 세계선교를 위해 더욱 헌신하는 국가가 되게 하여 주옵소서. 남과 북이 하나님의 은혜로 하루 속히 하나 되기를 원하오며, 함께 예배하게 하옵소서. 오늘 예배의 시종을 주님께 맡기며 이 모든 말씀을 예수 그리스도의 이름으로 기도드립니다. 아멘.

희망 명언 미래는 지혜의 시대가 될 것이다. - 스티븐 코비

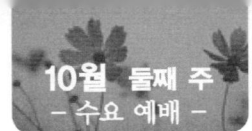

교회의 성장

"내가 복음을 부끄러워하지 아니하노니 이 복음은 모든 믿는 자에게 구원을 주시는 하나님의 능력이 됨이라" (롬1:16)

빛 되시며 생명 되시는 하나님 아버지. 지난 삼일 동안에도 저희를 주님의 사랑과 은혜와 보호 속에서 살게 하시고 다시 이 시간 주님의 거룩하신 제단 앞에 엎드려 기도하게 하시니 그 사랑과 은혜에 감사와 영광을 드리나이다. 그러나 우리들은 주의 뜻대로 살지 못하고 주님의 품을 떠나려고 애쓰며 세상과 불의와 타협하며 자신의 죄를 합리화하는 나약한 신앙을 가지고 살아왔습니다. 하나님 아버지, 이제 우리의 죄를 사하여 주시고 자비로 우리들 마음에 성령의 불을 붙여 주옵소서. 그리하여 돌 같은 마음에 깨끗함을 허락 하셔서 기쁜 마음으로 당신을 따르며 즐거워 할 수 있는 믿음을 허락해 주시옵소서. 오늘도 갈급한 심령으로 나왔사오니 주께서 우리 기도에 응답해 주시고 성도들의 사업과 가정과 자녀들에게 함께 하셔서 축복에 축복을 더해주는 놀라운 주님의 역사가 일어나게 하옵소서. 하나님 아버지, 그러나 저희들이 물질의 축복에만 만족하는 어리석은 자들이 되지 않게 하시고 영의 축복을 사모하며 늘 기도에 힘쓰는 성도들이 되게 하옵소서. 닫혔던 입술과 마음을 활짝 열어주시고 교회와 가정에서 드리는 간구가 끊어지지 않게 하시옵기를 간절히 원합니다. 은혜로우신 하나님, 거룩한 교회를 위하여 간절히 기도하오니 주님의 교회를 모든 진리로 채워 주시고 온 교회에 평화와 진리가 가득하게 하옵소서. 주님의 몸 된 교회를 위하여 수고하시는 목사님께 은혜와 진리로 충만케 하시고 장로들과 여러 전도사, 집사들에게도 더욱 크신 축복을 내리셔서 교회와 목사님을 받들어 섬기는 데 부족함 없게 도와주옵소서. 이 예배를 온전히 주님께 드리오며 교회의 머리 되시는 예수님 이름 받들어 기도드리옵나이다. 아멘.

희망 명언 희망만한 약은 없다. 내일은 오늘보다 나을 것이라는 기대처럼 강력한 강장제도 없고 그처럼 효과적인 자극제도 없다. - 스웨트 마든

하나님의 여성 2

"모든 일을 그 마음의 원대로 역사하시는 자의 뜻을 따라 우리가 예정을 입어 그 안에서 기업이 되었으니"(엡1:11)

주님의 뜻 안에 거하게 하소서
보호해 주소서
바른 결정을 내리게 하소서

모든 악에서 건져 주소서
부정적인 감정에서 벗어나게 하소서
시련의 때에 위로하소서

죄의 유혹을 이기게 하소서
몸을 잘 돌보게 하소서
불경건한 두려움에서 벗어나게 하소서

사람을 감화시키게 하소서
생명 담긴 말을 하게 하소서
산을 옮길 만한 믿음을 주소서

그리스도를 본받게 하소서
과거에서 벗어나게 하소서
앞날을 인도해 주소서

- 스토미 오마샨

희망 명언 미래는 현재에 의해 얻어진다. - 사무엘 존슨

주의 화목

"그의 십자가의 피로 화평을 이루사 만물 곧 땅에 있는 것들이나 하늘에 있는 것들을 그로 말미암아 자기와 화목케 되기를 기뻐하심이라"(골1:20)

사랑의 하나님 아버지, 영적인 혼돈의 시대에 예수님만 바라보며 구별된 삶을 추구하게 하시니 감사합니다.

시대가 어두울 때마다 영적인 지도자들을 세우시고 하나님의 역사를 이루게 하셨던 것처럼, 우리 교회를 사용해 주시고 저희들 한 사람 한 사람을 사용하여 주시옵소서.

그러나 저희들은 원수를 사랑하라고 하셨던 주님의 말씀을 알면서도 다른 사람을 정죄하고 조그마한 불의에도 분을 참지 못했습니다. 능력의 하나님, 입술로만 하는 사랑이 아니라 주님을 본 받아서 몸으로 실천할 수 있는 사랑을 하게 하여 주시옵소서.

주님의 몸 된 교회를 위하여 기도합니다. 사회적으로, 경제적으로 어려운 이 때에 교회가 먼저 깨어나게 하여 주시옵소서. 나라와 민족의 회복을 위하여 먼저 금식하며 기도하게 하여 주시옵소서.

이 시간 예배하는 성도들 가운데 육신의 질병으로 인하여 고난받는 자들이 있습니까, 경제적으로 어려워 좌절한 성도들이 있습니까. 예수님을 바라보며 소망을 얻게 하여 주시옵소서.

하나님께서 부어주시는 충만한 은혜를 체험하게 하여 주시옵소서. 좋으신 하나님, 우리 교회학교를 통하여 이 나라와 민족을 책임지는 일꾼들이 양육되게 하여 주시옵소서.

미래를 이끌고 나갈 인물들이 많이 나오게 하여 주시옵소서. 수고하는 모든 교사들에게 차고 넘치는 은혜를 내려주시옵소서.

목사님에게 성령의 능력을 더하셔서 영감이 넘치는 말씀을 전하게 하여 주시옵소서.

예수님의 이름으로 기도하옵나이다. 아멘.

희망 명언 미래를 가장 잘 대비하려면 현재에 주의를 기울이고 마지막까지 의무를 다해야 한다.
- 맥도널드

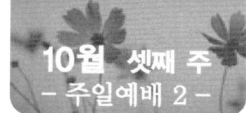

주의 긍휼

- 주일예배 2 -
10월 셋째 주

"우리를 구원하시되 우리의 행한바 의로운 행위로 말미암지 아니하고 오직 그의 긍휼하심을 좇아 중생의 씻음과 성령의 새롭게 하심으로 하셨나니"(딛3:5)

은혜가 풍성하신 여호와 하나님 아버지, 주께서 우리를 위하여 베푸신 은혜와 사랑을 감사드립니다. 우리들이 주의 전에 나와서 드리는 감사와 찬양을 받아주시고 하나님의 크신 사랑과 은총을 베풀어 주시옵소서. 풍성한 결실의 계절에 추석을 맞아 많은 성도들이 고향에 가서 형제자매 친척을 만나게 하시니 감사합니다. 아무 사고 없이 다시금 삶의 터전으로 돌아와 거룩한 주일 아버지께 예배드립니다. 우리의 죄악을 주님 앞에 고백하오니 불쌍히 여기사 긍휼을 베풀어 주옵소서. 우리들은 하나님의 말씀과 뜻대로 살지 못했습니다. 세상의 빛과 소금의 역할을 감당하지 못하고, 나의 욕심과 이익만을 추구하며 살았습니다. 주님, 용서하여 주시옵소서. 우리들의 더러운 죄로 말미암아 주님의 영광을 가렸사오니 용서하여 주옵소서. 그리고 정결한 맘과 정직한 영을 허락하셔서 우리들로 하여금 하나님의 영광을 드러내게 하여 주옵소서. 이 민족을 사랑하시는 하나님 아버지, 이 나라가 복음화 되게 하옵소서. 이 나라의 위정자들을 돌아보시고 그들 모두가 예수님께서 제자들의 발을 씻기셨듯이 겸손하게 백성들을 섬기는 자들이 되게 하옵소서. 그리고 북한 동포들을 위해 기도드리오니 하루 속히 복음화 되고 핵실험을 포기할 수 있도록 주님, 역사하여 주시옵소서. 이 세상의 모든 일들을 하나님 아버지께서 주관하시는 줄 믿습니다. 온 세상이 주님 안에서 평화를 누리게 하여 주옵소서. 우리들을 위하여 단 위에 세워주신 담임목사님에게 함께 하사 주님의 말씀을 대언할 때 큰 은혜가 임하게 하옵소서. 그리고 말씀을 통하여 세상을 이길 수 있는 힘과 능력을 주시기 바랍니다. 하나님의 자녀로서 세상을 인도할 수 있는 반석 같은 믿음과 지도력을 주시옵소서. 여배의 시종을 주장하여 주시길 원하오며 우리를 죄에서 구원하신 예수 그리스도 이름으로 기도드립니다. 아멘.

희망 명언 미래를 걱정하지 마라. 필요하면 현재 쓸 수 있는 지성의 검으로 충분히 맞설 수 있다.
- 아우렐리우스

믿는자의 자세

"하나님이 우리에게 주신 것은 두려워하는 마음이 아니요 오직 능력과 사랑과 근신하는 마음이니"(딤후1:7)

천지 만물을 주관하시고 섭리하시는 전능하시고 영원하신 하나님 아버지. 죄로 인하여 죽을 수밖에 없는 우리를 사랑하셔서 예수 그리스도의 보혈로 사함을 받게 하시고 주님의 거룩하신 백성으로 삼아 주시니 감사드리옵나이다. 또 저희에게 수요 예배를 드릴 수 있게 하시니 더욱 감사하옵니다.

주여, 그러나 우리는 하나님의 은혜를 깨닫지 못하고 말씀대로 살지도 못했습니다. 하나님을 향한 사랑이 식었고 믿음이 약하여 충성과 봉사를 다하지 못했습니다. 이 시간 저희의 허물을 고백하고 회개 하오니 주의 보혈로 사하여 주옵소서.

주여, 우리를 용서하시고 주님의 긍휼 안에서 소망을 가지게 하시고 주님의 선하심 안에서 힘을 얻고 살아가게 인도해 주시옵소서. 하나님 아버지, 우리 가족 중에 아직도 주님을 영접하지 못하고 죄악 속에서 사는 형제와 자매들 있습니다.

이 시간 우리가 한 마음으로 기도하오니 그들이 주를 영접하여 영생을 얻게 하시고 우리 가정이 구원의 방주가 되게 하여 주시옵소서. 하나님 아버지, 우리 교회가 이 지역에서 더욱 큰 복음의 전도자 역할을 감당하게 하시고 부흥 발전케 하셔서 온 땅에 하나님의 영광을 드러내게 되기를 간절히 원합니다. 온 성도가 시시때때로 모여서 기도하게 하여 주옵소서.

하나님, 오늘 예배에 함께 하시어 새로운 힘과 은혜를 허락하시고 세상에 나가 살 때 담대히 승리하도록 은혜 내려 주시옵소서. 이 예배를 주님께서 홀로 받아 주실 줄 믿고 아무 공로 없는 죄인이 예수님 이름 받들어 기도드리옵나이다. 아멘.

희망 명언 미래를 내다보는 것이 중요하다. 번영과 운명이 거기에 있다. - 덱스터 예거

회복의 기도

"너희는 약한 손을 강하게 하여주며 떨리는 무릎을 굳게 하여주며" (사35:3)

하늘에 계신 아버지,
우리 생명의 주님, 어리석게 이 시대의 정신에
현혹된 것을 용서하여 주옵시고,
잘못된 성공의 잣대를 용서하여 주옵시고,
겸손히 당신을 의지하기보다
인간적 승리감에 취한 것을 용서하여 주옵시고,
당신의 말씀 가운데 우리 신학에
꼭 들어맞지 않는 부분들을
회피하는 어리석음을 용서하여 주옵소서.
우리는 이제 겸손히 생명의 주되신 당신을 전적으로 의지합니다.
당신의 눈으로
잃어버린 세상을 새롭게 보게 하시고
당신의 영으로부터
분별력을 얻게 하옵소서.
당신의 우선순위를 가지고
온전한 복음을 온 세상에 전하는
충성스런 청지기의 책임을 다하는
용기를 주옵소서.
주여, 말씀하옵소서,
주의 종들이 듣겠나이다.
당신께 모든 영광과 존귀와 찬송을 드리옵니다.
아멘.

— 제임스 엥겔

희망 명언 미래를 만들어 가는 것은 당신의 과거에서 나온다. 당신에 이미 과거에도 많은 변화를 일구어 냈다는 사실을 깨달을 때 비로소 싹이 튼다. – 보도 섀퍼

믿음을 지킴

"주께서 심지가 견고한 자를 평강에 평강으로 지키시리니 이는 그가 주를 의뢰함이니이다" (사26:3)

어제나 오늘이나 영원토록 동일하신 하나님, 크신 사랑과 은혜를 감사하며 영광 돌립니다. 지난 한 주간 저희들은 입술과 행위로 하나님 앞에서 범죄하였습니다. 육신이 연약하여 지은 저희들의 모든 죄를 기억하지 마시고 깨끗케 하여 주시옵소서.

사랑의 주님, 이제 수능 시험이 얼마 남지 않았습니다. 그 동안 우리 자녀들이 수고하며 눈물로 뿌린 모든 씨앗이 아름다운 결실로 나타나게 하여 주시옵소서. 마지막까지 최선을 다해 최고의 열매를 맺을 수 있게 하여 주시옵소서. 사랑의 하나님, 이 나라와 민족을 마지막 때 귀하게 들어 쓰시고, 이 땅의 교회들이 복음전파의 귀한 사명을 잘 감당하게 하여 주시옵소서.

이 나라가 정치적으로 혼란한 가운데 있지만 하나님께서 모든 위정자들을 세우신 줄 믿습니다. 정치지도자들이 하나님을 두려워하고 백성들을 사랑하는 마음으로 모든 직책을 감당하게 하여 주시옵소서. 이 땅에 하나님의 공의가 바로 서게 하여 주시옵소서.

이 나라가 경제 위기에서 다시금 회복되는 역사가 나타나게 하여 주시옵소서. 우리 교회를 지켜 주시고 험한 세상 가운데 구원의 방주 역할을 하게 하시니 감사합니다.

지금까지 함께 하시는 가운데 크게 부흥하게 하셨사오니 우리 교회가 더 큰 일들을 하게 하여 주시옵소서. 이 시간 목사님을 통해서 귀한 말씀이 증거될 때, 새롭게 깨닫고 저희들의 마음이 변화될 수 있도록 성령께서 도와주시옵소서.

예수 그리스도의 이름으로 기도하옵나이다. 아멘.

희망 명언 미래를 생각하는 것만으로도 벅차므로 지나간 과거를 우물쭈물 생각하고 있을 한가한 틈이 없다. - 프랜시스 베이컨

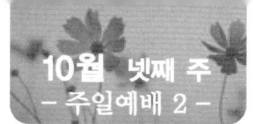

굳건한 믿음

"여호와는 나의 빛이요 나의 구원이시니 내가 누구를 두려워하리요" (시27:1)

길이요, 진리요, 생명 되신 하나님 아버지, 풍성한 결실의 계절을 허락하시고 아름다운 자연을 주시니 감사합니다. 사랑의 하나님, 길을 잃고 헤매던 우리들을 주님의 빛 가운데로 인도하셔서 항상 소망을 갖고 세상을 살아가게 하시니 또한 감사드립니다. 주님께서는 "아무든지 나를 따라오려거든 자기를 부인하고 자기 십자가를 지고 나를 좇으라"고 말씀하셨지만, 우리는 그 반대로 살았습니다. 자기 십자가를 부인하고 세상과 타협했으며, 구별된 삶이 아니라 끝없는 욕심과 시기, 질투 등 세상의 많은 때를 묻히며 살아왔음을 고백합니다. 사랑의 하나님! 이 모든 때를 씻어주시옵소서. 주님이 주신 말씀으로 새롭게 변화되게 하옵소서. 주의 말씀이 나의 발에 등이 되고 지팡이가 되어 인생 여정의 안내자로 삼기를 원합니다. 하나님, 이 민족을 위해 기도합니다. 이 민족이 나뉜 것을 불쌍히 여겨 주시고 복음의 기쁨을 마음껏 누리지 못하는 북한 동포들을 불쌍히 여겨주시옵소서. 이 민족을 도와주시옵소서. 이 민족을 회복시켜 주시옵소서. 남과 북, 보수와 진보, 지역갈등의 모든 문제가 하나님의 사랑으로 해결되어 주님께 영광 돌리며 살아가는 민족이 되게 하옵소서. 하나님, 우리 교회를 사랑하셔서 성장시켜 주시니 감사합니다. 다시 영혼 구원의 귀한 계획을 가지고 행사를 계획하고 있사오니 모든 성도들이 한 마음, 한 뜻으로 힘을 모으고, 기도와 물질로 헌신하게 하옵소서. 한 명 한 명 소중하게 적은 전도대상자들을 위해 새벽마다 밤마다 기도하게 하시고 예수 그리스도의 십자가 사랑을 몸으로 보여주며 전도하게 하옵소서. 오늘 선포되는 말씀을 통해 어두움에서 빛으로, 좌절과 낙심에서 희망과 소망으로 변화되는 역사가 일어나게 하여 주시옵소서. 성도들의 삶에 필요한 모든 것을 부족함이 없도록 채워 주시기를 간절히 바라며 지금도 살아 역사하시는 예수님의 이름으로 기도합니다. 아멘.

희망 명언 미래를 예견하는 것은 미래를 창조하는 것이다. - 스티븐 코비

하나님을 바람

"내 영혼아…너는 하나님을 바라라 그 얼굴의 도우심을 인하여
내가 오히려 찬송하리로다"(시42:5)

거룩하신 주 하나님 아버지, 크신 영광에 감사와 찬송을 드리옵나이다. 이 시간 모인 하나님의 백성들을 돌아보시고 각처에서 살며 지은 수많은 죄들 모두 고백하게 하시고 주의 보혈로 깨끗하게 씻어 주시옵소서. 이 시간 삼일 동안 살다 지친 몸과 마음으로 주님을 찾았습니다. 거룩함으로 기쁨으로 함께 하여 주시옵소서.

믿음이 연약해 유혹에 숱하게 넘어지며 주님을 잊는 때도 많지만 십자가에서 물과 피를 쏟으며 우리를 구원하신 예수 그리스도의 사랑이 기억 나 다시 돌아옵니다. 주여, 함께 하여 주시옵소서.

사랑으로 백성을 다스리시는 하나님, 우리 교회가 온전히 하나님의 영광을 드러내는 교회가 되게 하시고 이 세상에서 빛과 소금의 역할을 감당하며 많은 생명들을 주님 앞으로 인도하여 구원의 기쁜 소식을 전파하는데 부족함 없게 하시옵소서.

특별히 교회를 섬기시는 목사님께 함께 하셔서 영육 간에 신령함과 강건함을 주시고 다른 교역자에게도 능력 주셔서 맡겨진 일들을 수행할 때 부족함 없게 인도하옵소서.

우리가 드리는 이 예배가 형식이나 습관대로 드리는 것이 아니라 감사와 찬양이 넘치는 예배가 되도록 주께서 친히 주장하여 주시옵소서. 미처 구하지 못한 것도 주님께서 아시오니 채워 주실 줄 믿사오며 거룩하신 주 예수 그리스도 이름으로 기도드립니다. 아멘.

희망 명언 미래를 예측하는 최선의 방법은 미래를 만들어 가는 것이다. - 마이클 카미

10월 넷째 주
- 유명기도문 -

사용하소서

"저가 빛 가운데 계신것 같이 우리도 빛 가운데 행하면 우리가 서로 사귐이 있고 그 아들 예수의 피가 우리를 모든 죄에서 깨끗하게 하실 것이요" (요일1:7)

오! 하나님
나로 하여금 나의 생명을 당신께서 내게 원하시는 대로
사용하게 도와주소서.

나로 하여금 은사와 능력을
다른 사람을 위해 쓰게 하심으로 남을 행복하게 하고
세상을 유익케 하옵소서.

내가 가진 물질로 자신을 위한 이기적인 목적이 아니라
남을 돕는 일에 후히 쓰게 하옵소서.
나의 시간을 선한 일에만 지혜롭게 사용하도록 도와주옵소서.
이기적이거나 육적인 쾌락을 위해 쓰지 않고
남을 위해서 사용케 하옵소서.

나로 하여금 새로운 것을 깨닫고
자신을 발전시키는 일을 위해 노력하게 하시며
배우는 것을 게을리하지 않게 하시고
세상의 무익하고 썩어질 것들에 결코 마음을 두지 않게 하옵소서.

오늘 하루가 자신을 발전시키고 다른 사람을 유익케 하며
당신을 기쁘시게 하는 일에 쓰여지게 하옵소서.

- 윌리암 바클레이

희망 명언 미래를 위한 것이 아니라면 어제를 후회하느라 오늘을 낭비하지 마라. - 로마 팔머

주일 예배 및 수요예배 대표 기도문 | **187**

후회없는 삶

"이것을 인하여 나도 하나님과 사람을 대하여 항상 양심에
거리낌이 없기를 힘쓰노라"(행24:16)

지금도 살아계셔서 우리의 삶을 주관하시는 하나님, 그 크신 은혜와 사랑을 감사드립니다. 오늘도 거룩한 주일을 허락하시고 저희들의 발걸음을 인도하여 예배드리게 하시니 감사합니다. 세상에서 분주했던 우리의 마음을 하나로 모아 이 시간 정성을 다해 예배드리게 하여 주시옵소서. 저희들이 신령과 진정으로 하나님 앞에 나아와 거룩한 산 제물로 드려지기를 원하오니 받아 주시옵소서. 지난 한 주간 저희들은 하나님의 사랑과 은혜를 잊어버리고 주님께서 원치 않는 죄악 가운데 살았음을 회개합니다. 연약한 저희들을 긍휼히 여기사 죄 사함의 은총을 베푸시고 주님 안에서 참된 자유와 평안을 누리게 하여 주시옵소서. 사랑의 하나님, 이 나라와 민족을 기억하여 주시고 능력의 장중에 붙잡아 주시기를 간구합니다. 마지막 때 복음전파의 귀한 사명을 감당하는 민족으로 삼아주시고, 전국 방방곡곡에서 기도의 소리가 끊이지 아니하는 이 땅이 되게 하여 주시옵소서. 이 시간도 나라와 민족을 위하여 기도하는 성도들의 간구를 들어 응답하여 주시옵소서. 경제적으로 어려운 이 땅을 돌아보시사 회복되게 하옵소서. 다시 한 번 창대케 되어 온 백성들이 성실하게 땀 흘려 일하며 주님께 감사하는 역사가 나타나게 하여 주시옵소서. 능력의 하나님, 우리 교회를 지켜 주시고, 어두운 세상 가운데 빛과 소금의 역할을 감당하게 하시니 감사합니다. 더 큰 사명을 감당하게 하여 주시옵소서. 강단으로부터 선포되는 생명의 말씀을 통하여 죽어가는 많은 심령들이 살아나는 역사가 나타나게 하여 주시옵소서. 특별히 입시를 준비하는 수험생들과 부모님들이 함께 기도하고 있사오니, 마지막 남은 순간까지 건강과 지혜를 주셔서 최선을 다할 수 있게 하여 주시옵소서. 예수 그리스도의 이름으로 기도하옵나이다. 아멘.

희망 명언 미래를 위해 희생하지 못하는 사람은 행복을 말할 수 없다. - 호레이스 만

인생의 주인

"은도 내 것이요 금도 내 것이니라 만군의 여호와의 말이니라" (학2:8)

사랑과 은혜가 풍성하신 살아 계신 하나님 아버지, 그 은혜에 진심으로 감사드립니다. 지난 한 주간에도 주님의 은혜 가운데 살아온 우리들이지만 돌아보면 감사하며 살지 못하고 원망하고 불평하며 육신의 질병으로 고통 중에 근심하고 한숨 쉬며 세상 쾌락에 빠져 주님 품 밖에서 방황하던 저희들이었음을 고백하지 않을 수 없습니다. 주여, 우리의 모든 죄를 이 시간 주님 앞에 고백하오니 보혈로 다 씻어 주시옵소서. 오늘 거룩하고 복된 주의 날을 허락하여 주시고 원근 각처에서 흩어져 생활하던 사랑하는 성도들 마음을 주관하사 주의 전에 모여 하나님 앞에 예배드릴 수 있도록 인도하여 주시오니 은혜를 감사합니다. 이 시간 신령과 진정으로 거룩한 산 제사를 드릴 수 있도록 도와주시고 주님의 깊은 은혜를 허락하여 주시옵소서. 주님이 특별한 뜻이 계시어 이 곳에 주의 제단을 세우시고 사역하게 하심을 믿습니다. "너희에게 성령이 임하면 너희가 권능을 받고 예루살렘과 유대와 사마리아와 땅 끝 까지 이르러 내 증인이 되리라"하신 그 말씀 믿고 복음을 증거하고자 하오니 성령께서 함께 하시어 굳게 닫힌 마음들을 부숴주시고 열어주셔서 많은 영혼들을 주 앞에 돌아오게 할 수 있도록 도와주시옵소서. 이 시간 담임목사님이 주의 거룩한 말씀을 들고 단위에 설 때 성령의 두루마기로 덧 입혀 주사 하나님의 생명을 증거할 수 있도록 인도하여 주시고 듣는 자 모두에게 세상에 나가 담대히 주의 복음을 증거하며 승리할 수 있도록 축복하여 주시옵소서. 오늘 예배에 함께 하심을 믿고 예수 그리스도의 이름으로 기도합니다. 아멘.

희망 명언 미래에 대한 최상의 준비는 현재를 똑똑히 보는 것과 꼭 해야 할 의무를 다함으로써 완벽해진다. - 맥도널드

기쁨의 이유

"나는 여호와를 인하여 즐거워하며 나의 구원의 하나님을 인하여 기뻐하리로다" (합3:18)

참 좋으신 하나님 아버지! 감사합니다. 우리의 삶속에서 살아계신 하나님을 찬양하며, 영원토록 감사하며 살 수 있도록 도와주시는 하나님께 감사를 드립니다.

허물과 죄로 죽었던 우리를 예수 그리스도의 십자가의 공로로 살려주시고, 예수 그리스도를 믿음으로 하나님의 자녀 삼아주신 은혜에 진심으로 감사를 드립니다.

이 시간 우리의 잘못된 생각과 불순종 그리고 교만과 하나님을 경외하지 못한 죄들을 예수 그리스도의 보혈로 용서해주시옵소서. 남보다 나를 먼저 알고 남을 업신여기며 자신의 생각이 모두 옳은 것처럼 행동하며 하나님의 사랑을 실천하지 못하고 이웃을 사랑하지 못하고 미워했던 것들을 용서해주시옵소서.

오늘 이 시간 찬양과 경배를 주님께 드립니다. 수많은 사람들이 찬양과 기도 속에 임하시는 주님을 진정으로 만나게 하셔서 새로운 삶을 사는 계기가 되게 하시며, 영원토록 주님으로 즐거워하는 삶을 살게 해주시옵소서.

하나님, 하나님의 마음에 합한 사람이 되기를 원합니다. 하나님의 음성을 듣는 신실한 주의 백성들이 되게 해주시옵소서. 하나님, 세상의 기쁨보다는 하나님의 기쁨이 되길 원합니다.

우리가 힘들고 지쳐 넘어지려 할 때 늘 옆에서 "너는 내 아들이라"는 주님의 사랑스런 음성을 들으며 용기와 희망을 가지게 해주시옵소서.

마음과 뜻과 정성을 다하는 예배가 되기를 원하며 우리를 죄에서 구원하신 예수님의 이름으로 기도드립니다. 아멘

희망 명언 미래의 모습으로 자신을 바라보라. - 덱스터 예거

10월 다섯째 주
- 유명기도문 -
그 때

"영원하신 성령으로 말미암아 흠 없는 자기를 하나님께 드린 그리스도의 피가" (히9:14)

그 때 나는 무엇으로 당신께 드릴까요
살아온 길을 뒤돌아 보면
눈물 밖에 드릴 것이 없는데

당신이
나를 사랑한다는 그 말씀
엄청난 은총에
평생을 나눔이 되고자 합니다.

나의 삶 동안
한 발자국 한 발자국
걸어 설 때마다
사랑을 간직하게 하소서

나의 심장이
마지막 뛸 순간까지
사랑한다는 그 말씀
잊지 않게 하소서

사랑한다는 그 말씀에
나의 삶이 넘칩니다.

— 용혜원

희망 명언 미래의 변화를 원한다면 현재를 변화시켜라. - 컬린 터너

11월 첫째 주
- 주일예배 1 -

언약의 성취

"또 주께서 너희를 위하여 예정하신 그리스도 곧 예수를 보내시리니"(행3:20)

사랑의 하나님, 억만 죄악 가운데 죽어 마땅한 죄인들을 생명으로 인도하신 은혜를 감사드립니다. 이 시간 저희들의 생각이나 관념 속에 계신 하나님이 아니라 인격적으로 주님을 만나 체험할 수 있게 하여 주시옵소서. 하나님, 저희들은 세상에서 복음의 능력을 상실한 채 그리스도인으로서 아무런 영향을 끼치지 못하고 살았습니다. 경건한 체 하면서 세상사람들과 다름없는 죄를 지었습니다. 이 시간 회개하오니 용서하여 주시옵소서. 저희 안에 하나님의 형상을 회복시키셔서 모두 믿음의 승리자가 되게 하여 주시옵소서. 잃은 양을 찾으시는 주님, 결실의 계절에 무엇보다도 저희들이 하나님께서 가장 기뻐하시는 영혼구원의 사명을 감당할 있게 하여 주시옵소서. 아직까지 한 영혼의 소중함을 알면서도 그 사명을 감당하지 못한 성도가 있다면 이 가을이 가기 전에 귀한 결실을 맺게 하여 주시옵소서. 사랑의 하나님, 전쟁의 소문이 끊이지 아니하는 이 세상을 굽어 살피시사 주님의 평화가 임하게 하여 주시옵소서. 아직까지 신앙의 자유를 얻지 못하고 고통 가운데 있는 북녘의 동포들에게 복음이 전파되고, 북한의 위정자들도 변화시켜 주셔서, 하루빨리 평화통일이 이루어지게 하여 주시옵소서. 아직도 이 땅위에는 우상을 섬기며, 헛된 것에 미혹된 무리들이 많이 있습니다. 이 민족이 하나님을 믿는 신앙으로 하나가 되어 모든 우상을 버리게 하여 주시옵소서. 빛을 잃은 많은 사람들이 길을 잃고 헤매는 이 때에 죽어가는 영혼들에 대해 거룩한 부담을 갖게 하시고, 이들을 살리는데 생명 바쳐 헌신하는 저희들의 삶이 되게 하여 주시옵소서. 예배의 시종을 주님께 맡기옵고 존귀하신 예수님의 이름으로 기도하옵나이다. 아멘.

희망 명언 미래의 위치를 꿈속에서 그려보라. - 데브라 벤트

11월 첫째 주
- 주일예배 2 -
주의 영으로

"우리가 다 수건을 벗은 얼굴로 거울을 보는것 같이 주의 영광을 보매 저와 같은 형상으로 화하여 영광으로 영광에 이르니 곧 주의 영으로 말미암음이니라"(고후3:18)

오늘도 우리에게 거룩한 주일을 허락하셔서 주님 전에 나와 예배드리게 하신 하나님, 감사합니다. 지난 한 주간 동안 입술과 행동으로, 혹은 생각으로 지은 모든 죄를 회개하오니 주님의 보혈로 정결케 하옵소서. 우리 교회를 사랑하사 부흥케 하신 주님, 더 많은 영혼을 구원하기 위해 날마다 준비하며 기도하게 하시고 주님께서 주신 귀한 사역을 잘 감당하여 온전한 주님의 몸을 이루는 교회가 되게 해주옵소서. 한 영혼을 천하보다 귀하게 여기셔서 상한 갈대도 꺾지 아니하시고 꺼져가는 심지도 끄지 아니하시는 주님, 먼저 택한 우리로 하여금 생명축제를 열어 전도의 기회를 허락하셔서 감사합니다. 우리가 초대한 태신자들이 모두 하나님을 영접할 수 있도록 그들의 마음을 주장하여 주시옵소서. 영혼의 결실을 맺는 축제가 되게 하시고, 우리 교회를 통해 이 도시 전 지역에 복음의 물결이 퍼져나가게 하옵소서. 전능하신 주님, 이 나라 이 민족을 긍휼히 여기사 경제적으로 어려운 가운데서도 하나님의 뜻을 발견하게 하시고 하루 속히 회복되는 역사가 나타나게 하옵소서. 또한 지난 여름 수해를 입은 우리의 이웃들이 있으면 하루 빨리 상처를 딛고 일어날 수 있도록 주님께서 도와주시옵소서. 오늘도 주님의 몸 된 교회와 하나님의 나라를 위해 이름 없이 빛도 없이 수고하는 많은 일꾼들에게 복을 주시고 기쁘게 감사하며 감당케 하옵소서. 단 위에서 세우신 담임 목사님, 성령으로 충만케 하시고 능력의 두루마기를 입혀주셔서 선포하는 말씀을 통해 우리의 심령과 골수를 쪼개지게 하시고 삶의 변화가 일어나게 하옵소서. 한 사람도 거저 돌아가지 않도록 은혜를 베풀어 주옵소서. 우리를 사랑하시고 영원히 함께 하시는 예수 그리스도의 이름으로 기도하옵나이다. 아멘.

희망 명언 발전은 지속적이고도 반복적으로 이루어져야 하며, 두려움은 지속적이고도 반복적으로 극복되어야 한다. - 매슬로우

11월 첫째 주 — 수요 예배 —

말씀의 능력

"모든 성경은 하나님의 감동으로 된 것으로 교훈과 책망과 바르게 함과 의로 교육하기에 유익하니" (딤후 3:16)

살아계신 하나님, 지난 삼일 동안 우리를 눈동자처럼 지켜 주신 은혜, 감사합니다. 우리에게 맡기신 일을 감당토록 지혜를 주신 하나님께 감사와 찬송과 영광을 돌립니다. 우리의 허물과 죄를 대신 지시고 십자가에서 구원의 길을 이루신 예수 그리스도의 사랑에 또한 감사와 찬송을 드립니다.

우리가 죄 씻음 받고 하나님을 아버지라 부르며 하나님의 자녀로서 귀한 삶을 살게 해주신 주님의 은총에 다시금 감사드립니다. 순간순간 하나님의 영광을 위해 주님 뒤를 따르는 삶을 살게 도와주옵소서. 바로 보고, 바로 듣고 바로 판단하여 용감하고 끈기 있게 살도록 성령님께서 이끌어 주시옵소서.

세상을 살며 온갖 유혹 이기지 못하고 주님을 위해 깨어 있지도 못했던 우리들입니다. 하나님, 우리에게 믿음을 더하시고 거룩하고 성결한 주의 백성의 삶을 살게 하여 주시옵소서.

그 거룩하시고 자비하심으로 우리를 용서하시고 도와주시옵소서. 주님의 마음을 떠나게 하는 게으름과 미움과 절망과 두려움을 벗게 하시고 주 안에서 능력과 소망과 성실함과 담대함으로 세상을 이기게 하여 주시옵소서. 심판의 때에 주 앞에서 잘했다 칭찬받는 아름다운 성도들이게 하시옵소서. 말씀으로 날마다 새롭게 변화되는 삶을 경험하게 도와주시옵소서.

오늘 수요 예배에 함께 하시는 줄 믿습니다. 가장 정직한 영으로 주를 만나기를 소원하며 살아계신 예수님의 이름으로 기도합니다. 아멘.

희망 명언 밝은 성격은 어떤 재산보다도 귀하다. - 카네기

11월 첫째 주 - 유명기도문 -
주님께 있는 것

"시와 찬미와 신령한 노래들로 서로 화답하며 너희의 마음으로
주께 노래하며 찬송하며"(엡5:19)

나에게 있는 판단의 눈을 바꾸셔서
주님께 있는 사랑의 눈을 주옵소서
어리석은 나의 지식 무시하오니
주 안에 있는 참된 지혜로 채우소서

악한 말을 지어내는 나의 입을 닫아두고
진리의 기쁜소식 전해주는 입을 열어주소서
세상의 소리를 듣지는 못하여도
주의 음성을 듣는 복있는 귀를 지어 주소서

무능하고 연약한 나의 손을 가져가고
전능하신 주의 손을 주옵소서
죄악으로 가까이 하는 나의 발을 고치시며
하나님께로 가까이 하는 발로 바꾸소서

불의에 가득한 나의 마음을 버림으로
주 예수의 아름다우신 마음을 품게 하옵소서
나에게 있는 인간의 형상은 없어지고
주님의 모습으로 닮아지게 하옵소서

나의 짧은 목숨은 끊어져도
주님의 영원하신 생명으로 덧입혀 주소서

- 송명희

희망 명언 백 년도 못사는 인간이 천 년의 근심으로 산다. - 한산

11월 둘째 주
- 주일예배 1 -

성결한 삶

"죄인들아 손을 깨끗이 하라 두 마음을 품은 자들아 마음을 성결케 하라"(약4:8)

지금도 살아계셔서 우리의 삶을 주장하시는 하나님, 오늘도 거룩한 주일을 맞아 주의 전으로 인도하시니 감사드립니다. 이 시간 하나님의 거룩하신 이름을 찬양하며 영광 돌리고자 하오니 충만한 은혜로 채워주옵소서. 자비하신 하나님, 지난 한 주간 저희들은 세상에서 죄악 가운데 거하며 주님의 말씀에 불순종하였습니다. 죄를 뉘우치는 자들에게 죄사함의 은혜를 베풀겠다고 약속하셨사오니 긍휼히 여겨 주시옵소서. 회개하는 심령을 불쌍히 여기시고 저희들의 모든 죄를 용서하여 주시옵소서. 사랑의 하나님, 전쟁의 소식으로 어지러운 이 세계에 평화의 왕으로 오셔서 참된 화해를 허락하여 주시옵소서. 미움과 보복으로 얼룩진 이 세상에 주님의 사랑과 용서가 싹트게 하여 주시옵소서. 이 땅에는 삶의 희망을 잃은 많은 사람들이 있습니다. 낙심하고 실의에 빠진 이들이 말씀을 통하여 새로운 용기와 소망을 얻게 하여 주시옵소서. 이 민족이 하나님을 믿는 신앙으로 하나가 되어 주님을 영화롭게 하는 성도가 되게 하여 주시옵소서. 우리 교회를 통하여 하나님의 공의와 진리의 말씀이 선포되게 하시고, 구원의 방주로서 이 세상을 변화시키는 역할을 잘 감당하게 하여 주시옵소서. 간구하옵기는 사랑하는 성도들의 가정과 일터를 축복하여 주셔서 늘 하나님과 동행하며 승리하는 삶을 살게 하여 주시옵소서. 담임목사님에게 피곤치 않도록 영력을 더하여 주시고, 전하는 말씀을 통하여 날마다 심령이 깨어지고, 회개하는 역사가 계속 나타나게 하여 주시옵소서. 찬양으로 영광 돌리는 성가대 위에 함께 하시고 큰 은혜의 시간이 되게 하여 주시옵소서. 예수 그리스도의 이름으로 기도하옵나이다. 아멘.

희망 명언 벌이 조금 쏘았다 하더라도 질주하고 있는 사나운 말을 멈추게 할 수는 없다. - 볼테르

11월 둘째 주
- 주일예배 2 -

고난의 유익

"고난 당한 것이 내게 유익이라 이로 인하여 내가 주의 율례를 배우게 되었나이다" (시119:71)

하나님께서 창조하신 시간과 계절의 틀 속에서 우리는 '순응'이라는 말밖에 선택할 것이 없습니다. 국화 향기와 지는 낙엽이 어우러져 "가을이 소리 없이 깊었구나!" 생각하는 순간 훌쩍 겨울의 문턱을 넘어서 자신을 되돌아보며 저마다 앞섶을 여미게 합니다. 지난 한 주간도 우리들은 세상 살면서 너무나 많은 죄를 지었습니다. 거룩하고 복된 날 하나님 앞에 부끄러웠던 일들 고백하고 죄사함 받기를 원합니다. 하나님! 이 나라와 이 민족을 보호하옵소서. 안보가 불안합니다. 어떻게 찾고, 어떻게 지켜온 나라입니까? 아무리 극한상황에도 이 나라, 이 민족이 살아남아야 합니다. 하나님께서 위정자들에게 지혜를 허락하사 민족의 살길이 무엇인지 고민하게 하옵소서. 먼 훗날 자칫 역사의 죄인으로 심판대에 서게 될 때 무엇이라 변명할 것인지 미리 깨달아 정도를 걷게 하옵소서. 하나님! 우리 공동체에 날마다 축복의 단비를 부어주셔서 감사합니다. 세계 선교를 향한 전초기지의 비전을 품고 있는 우리 교회에 은혜를 허락하시고 전 성도들의 눈과 귀, 몸과 마음들이 하나로 집중되게 하여 주시옵소서. 불철주야 동분서주하며 사역하는 담임목사님의 발걸음을 천군천사들로 하여금 지켜주시고, 한 영혼을 구원하는 일에 온 몸을 던져 헌신하게 하옵소서. 고난이 있더라도 하나님의 능력으로 승리할 수 있도록 도와주시옵소서. 하나님! 아름다운 목소리로 영광 돌리는 희망의 찬양대원들, 그리고 소리 없이 예배를 돕는 손길들 한 사람 한사람의 이름 부르시며 손잡아 주시옵소서. 예배의 시종을 하나님께 의탁하오며 존귀하신 예수님의 이름으로 간절히 기도하옵나이다. 아멘.

희망 명언 변명 중에서도 가장 어리석고 못난 변명은 '시간'이 없어서'라는 변명이다. - 에디슨

11월 둘째 주 - 수요 예배 -
굳센 마음

"겁내는 자에게 이르기를 너는 굳세게 하라, 두려워 말라…그가 오사 너희를 구하시리라 하라" (사35:4)

여호와를 찬양하라, 내 속에 있는 것들아 다 여호와를 송축하라. 영광을 받으시기에 합당하신 주여, 참으로 감사합니다. 지나간 삼일 동안 우리를 평강케 하시고 경건한 삶을 성령 안에서 인도하여 주심을 감사합니다. 자비하신 하나님, 아버지의 자녀들이 지금 겸손히 머리숙여 정성들여 기도하옵니다. 우리의 마음이 하나님께 상달될 수 있도록 하여 주시옵소서. 주여, 이 시간 우리의 영혼을 어루만져 주시어 새롭게 하시고 잘못된 마음을 고쳐 주옵소서. 우리의 많은 거짓과 숨은 죄악과 완악한 마음을 용서하여 주옵소서. 우리를 불쌍히 여기시고 육신의 필요한 것뿐만 아닌 영성을 위한 것으로 채워 부유케 하옵소서. 우리가 서로 사랑할 수 있는 능력을 받아 사랑으로 하나 되게 하옵소서. 말씀과 진리로 날마다 바르게 성장하게 하옵소서. 주님 부탁하신 전도와 선교에 힘쓸 수 있도록 성령으로 역사하옵소서. 진리의 성령 앞에서 사모하는 심령이 되어 믿음으로 일할 수 있게 하옵소서. 사랑의 수고와 봉사도 할 수 있고 인내로 소망을 이뤄가는 거룩한 생명 되게 하옵소서. 거룩하신 하나님, 그 나라와 의가 이 땅 위에 확장 건설되게 하옵소서. 북한 땅에 있는 우리 형제들을 사랑하사 주의 능력을 베풀어 주옵소서. 이 민족이 하나로 통일되며 복음화 되기를 진실로 원하옵니다. 지혜와 능력의 주님, 새 생명을 주는 주의 말씀 안에서 어두운 세상을 주님의 빛으로 비추게 하옵소서. 날마다 우리 모두 사랑으로 하나 되게 하시고 말씀으로 자라나게 하옵소서. 항상 함께 하심을 감사드리오며 속히 오실 예수 그리스도의 이름으로 기도드립니다. 아멘.

희망 명언 변호사가 되려고 단단히 마음먹었다면 그것만으로 목적은 절반이나 완성된 것이나 다름없다.
- 링컨

11월 둘째 주
- 유명기도문 -

지켜주소서

"너는 말씀을 전파하라 때를 얻든지 못 얻든지 항상 힘쓰라 범사에 오래 참음과 가르침으로 경책하며 경계하며 권하라" (딤후4:2)

"믿음은 바라는 것들의 실상이요, 보지 못하는 것들의 증거니"라고
하신 말씀을 따라 조선의 믿음의
앞날을 볼 수 있게 될 것을 믿습니다.

지금은 우리가 서양귀신, 양귀자(洋鬼子)라고
손가락질을 받고 있사오나,
저희들이 우리 영혼과 하나인 것을 깨닫고
하늘나라의 한 백성, 한 자녀임을 알고
눈물로 기뻐할 날이 있음을 믿나이다.

학교도 없고 그저 경계와 의심과
멸시와 천대만이 가득한 곳이지만
이 곳이 머지않아
은총의 땅이 되리라는 것을 믿습니다.

주여, 오직 제 믿음을 지켜주소서.

-언더우드

희망 명언 보리가 싹을 틔우기 위해서 씨는 죽어야 한다. - 간디

11월 셋째 주
- 주일예배 1 -

진정한 믿음

"여호와는 내 생명의 능력이시니 내가 누구를 무서워하리요" (시27:1)

우리 인생을 풍성한 것으로 먹이시는 살아계신 하나님, 그 크신 은혜와 사랑을 감사드립니다. 광야에서 이스라엘 백성들에게 만나와 메추라기를 내려주셨던 하나님의 은혜가 오늘도 저희들의 메마른 삶 속에서도 계속되고 있음을 고백하며 이 시간 찬양을 드립니다. 오늘은 지난 한 해 동안 힘들고 어려운 일이 많았지만 베풀고 나눌 수 있도록 은혜 주신 것을 감사하기 위해 추수감사주일로 지킵니다. 세상에서 분주했던 우리의 마음을 하나로 모아 정성을 다해 예배드리게 하여 주시옵소서. 저희들의 몸과 마음을 하나님 앞에 거룩한 산 제물로 드립니다. 받아 주시옵소서. 지난 날 저희들은 하늘의 신령한 은혜와 양식을 쌓는 일보다 세상의 썩어질 양식을 얻는 일로 더 분주했습니다. 하나님의 나라와 의를 구하는 일에는 게을렀음을 고백하오니 이 시간 용서하여 주시옵소서. 죄로 더러워진 마음을 주님의 보혈로 깨끗케 하여 주시기를 원합니다. 저희들의 죄를 속량하시기 위해 주님이 피 흘려 죽기까지 하신 은혜를 깨닫게 하여 주시옵소서. 사랑의 하나님, 이 나라와 민족을 기억하여 주시고 능력의 장중에 붙잡아 주시기를 간구합니다. 마지막 때 복음전파의 귀한 사명을 감당하는 민족으로 삼아주시고, 기도의 소리가 끊이지 아니하는 이 땅이 되게 하여 주시옵소서. 경제적으로 어려운 이 나라를 돌아보시사 회복시켜 주시옵소서. 능력의 하나님, 우리 교회를 지켜 주시고, 어두운 세상 가운데 세상의 소금과 빛의 역할을 감당하게 하시니 감사를 드립니다. 강단에서 선포되는 생명의 말씀을 통하여 죽어가는 많은 심령들이 살아나는 역사가 나타나게 하여 주시옵소서. 이 시간 기쁘게 찬양하며 영광 돌리는 성가대 위에 함께 하시사, 하나님께서 열납하시고, 저희들의 마음문도 활짝 열어 주시옵소서. 예수 그리스도의 이름으로 기도하옵나이다. 아멘.

희망 명언 부정적인 기대는 생각을 막다른 골목으로 이끄는 지름길이다. - 존 맥스웰

11월 셋째 주
- 주일예배 2 -

성령의 충만

"술 취하지 말라 이는 방탕한 것이니 오직 성령의 충만을 받으라"(엡5:18)

거룩하신 하나님 아버지, 죄로 죽을 우리를 생명의 길로 인도하시고 천국의 밝은 길을 보여주심에 감사를 드립니다. 주여, 말씀과 성령으로 이 시간 저희에게 임하여 주시기를 기도드립니다. 그래서 우리의 자아와 욕심, 유혹을 모두 죽여 주시옵소서.

주님 우리에게 즐겁게 일 할 수 있는 건강과, 기본적인 욕구를 채울 수 있는 물질과, 고통과 싸울 수 있는 영적 능력과 허물을 고백할 수 있는 용기와 남에게 도움을 베풀 수 있는 사랑을 허락하여 주시옵소서. 주님이 세우신 우리 교회, 늘 성령 충만하게 하시어 이 지역에 있는 많은 심령들이 회개하고 하나님 앞으로 나오게 하시어 복음의 지경이 확장되기를 원하옵나이다. 세우신 목사님께 능력과 권세로 함께 하사 갑절의 영감을 덧 입혀 주시옵소서.

전하시는 말씀이 성령의 검이 되어 성도들 심령 밭에 열매를 맺고 새 사람으로 변화되길 원하옵니다. 주님, 병든 자에게 건강을 주시고 가정의 복음화를 위해 간구하는 기도가 속히 응답되게 하시옵소서. 우리가 사랑하는 사람들의 복음화를 위해 간구합니다.

많은 심령의 마음의 문을 열어 주사 예수 그리스도를 영접하도록 역사하여 주시옵소서. 그리고 고3 수험생들에게 함께 하시어 그들의 마음을 위로하시고 지치고 힘든 생활 중에도 주님이 주시는 기쁨과 평안을 잊지 않게 하시어 좋은 열매 맺게 하여 주시옵소서.

오늘 예배 가운데 홀로 영광 받으시기를 원하며 예수 그리스도의 이름으로 기도합니다. 아멘.

희망 명언 불평만 하지 않는다면 당신은 무엇이든 극복할 수 있다. - 버나드 바루크

11월 셋째 주
– 수요 예배 –

담대한 생활

"그러므로 우리가 담대히 가로되 주는 나를 돕는 자시니 내가 무서워 아니하겠노라 사람이 내게 어찌하리요"(히13:6)

전능하신 하나님 아버지 감사합니다. 오늘 이 시간 하나님을 예배하고 섬길 수 있게 하시니 감사합니다. 구원받은 하나님의 자녀가 되어 때가 되매 하나님을 예배하며, 친교의 시간을 갖게 하심을 감사합니다. 지난 삼일 동안 말로나 행위로나 마음으로 지은 잘못된 허물과 죄를 용서하여 주옵소서.

항상 경건과 성숙을 위해 예배를 게을리 하지 않게 하여주시옵소서. 오늘 수요 예배를 은혜롭게 하시며 순서마다 함께 하여 주옵소서. 말씀을 전하는 목사님과 듣는 자가 다 성령에 이끌리게 하시고, 충만함 가운데 은혜를 나누게 하시옵소서.

이 마지막 때에 더욱 모이기를 힘쓰게 하여 주옵소서. 우리의 신앙이 더욱 성숙하게 하시어 세상과 이웃에게 그리스도의 모범을 보이게 하옵소서. 말씀을 듣고 실천하는 데 성실하게 하여 살아계신 주님을 진정으로 만나게 하여 주옵소서.

하나님 아버지, 우리는 언제나 우리 자신에게 관대합니다. 거룩하신 하나님의 말씀에 우리를 비추어 보게 하시고 죄를 깨닫는 은혜를 허락하사 우리의 영이 날로 새롭게 되게 하여 주시옵소서.

이 시간 선포될 하나님의 말씀을 기대합니다.

진리의 말씀, 생명의 말씀을 허락하시고 우리 모두 순종으로 화답하게 하시옵소서. 우리를 죄에서 구원하신 예수님의 이름으로 기도합니다. 아멘.

희망 명언 불행을 말하면 점점 더 커진다. 그 원인과 그것이 미치는 범위를 올바로 이해하는 것만이 불행을 이겨낼 수 있는 길이 된다. – 베토벤

11월 셋째 주
- 유명기도문 -

자녀를 위하여

"네 발의 행할 첩경을 평탄케 하며 네 모든 길을 든든히 하라" (잠4:26)

주님, 자녀들을 하나님 나라에 합당하게 키우게 하소서
아버지이신 하나님께서 주시는 사랑을 제가 바라봅니다.
자녀들의 아비, 어미가 된 저희들에게 은혜를 베푸사
저희의 맡은 바 소명과 가정이 얼마나 소중한 지 깨닫게 하옵소서.
저희에게 크신 은혜를 베푸사 하나님을 위해,
하나님 나라의 자녀들을 올바로 훈련하게 하옵소서.
어린아이들을 가리켜
"천국이 이런 자의 것이니라"고 말씀하신 예수님,
예수께서 말씀하신 천국의 영적 실체와 그 영광을
저희에게 채우시고, 하나님의 법으로 통치하사
저희의 삶을 통해 하나님 나라가 나타나게 하옵소서.
하나님 나라가 저희 안에 능력으로 임하게 하셔서,
저의 자녀들이 가정 생활을 통하여
하나님 나라의 백성으로서 살아가는
기쁨을 맛보게 하옵소서.
주님, 자녀들을 하나님 나라에 합당하게 키우게 하소서.
주 예수 그리스도의 이름으로 기도합니다. 아멘.

-A 머레이

희망 명언 비록 이 세상 사람들이 당신을 다 싫어할지라도 나는 언제나 당신을 사랑합니다. - 미상

11월 넷째 주
- 주일예배 1 -
우리가 가진 것

"베드로가 가로되 은과 금은 내게 없거니와 내게 있는 것으로 네게 주노니 곧 나사렛 예수 그리스도의 이름으로 걸으라 하고"(행3:6)

살아계신 하나님, 어둠의 그늘 속에 있던 저희들을 빛으로 인도하시는 은혜를 감사합니다. 저희들은 하나님이 우리 삶의 이유가 되시는 줄 알면서도 세상의 불의와 타협하며 살았습니다.

저희들의 죄악을 용서하여 주시옵소서. 죄에서 해방되어 하나님의 은혜 가운데 늘 살아가게 하여 주시옵소서.

연약한 종들을 도우시는 하나님, 세상에서 빛의 자녀답게 살게 하시고 풍성한 열매를 거두게 하여 주시옵소서. 우리 교회를 사랑하시고 함께 하셔서 지금까지 성령의 역사로 부흥하게 하심을 감사드립니다.

더욱 뜨겁고 말씀에 순종하고 기쁨이 충만한 교회가 되게 하여 주시옵소서. 이 나라와 이 민족을 불쌍히 여기셔서 모든 무질서와 혼란이 사라지게 하시고 하나님의 공의가 넘쳐나게 하여 주시옵소서. 고마우신 하나님, 이제 올해도 한 달 밖에 남지 않았습니다.

짧은 시간이지만 한 해를 잘 마무리하게 하시고 새로운 한 해를 기쁘게 맞이할 수 있게 하여 주시옵소서.

오늘도 단 위에 선 목사님에게 성령께서 능력 주셔서 힘있게 말씀을 선포하게 하시고, 저희 모두가 은혜를 체험하게 하여 주시옵소서.

예배를 돕는 모든 손길들을 축복하시고, 성령께서 친히 예배를 주관하여 주시옵소서.

예배의 시종을 주님 앞에 맡기옵고 거룩하신 예수님의 이름으로 기도하옵나이다. 아멘.

희망 명언 사람들이 꿈을 이루지 못하는 한 가지 이유는 그들이 생각을 바꾸지 않고 결과를 바꾸고 싶어하기 때문이다. - 존 맥스웰

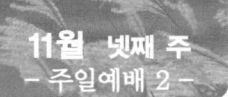

믿음의 승리

"우편으로나 좌편으로나 치우치지 말고 네 발을 악에서 떠나게 하라"(잠4:27)

전능하신 하나님 아버지 지난 한 주간 우리를 지켜 주시고, 오늘 거룩한 예배에 신령과 진정의 산제사를 드리게 하시니 감사와 영광을 돌리옵나이다. 보혜사 성령님, 이 예배 가운데 임하사 우리들의 마음이 죄로 인하여 병들지 않도록 도와주시고, 욕심으로 인해 돌밭같이 굳어진 마음마저 성령의 불로 태워주시옵소서. 그리하여 정결한 마음을 주시고 정직한 영으로 거듭나게 도와주시옵소서. 주님 우리는 연약하여 말씀대로 살기보다는 내 생각대로 살아온 허물과 죄를 고백하오니 불쌍히 여기시고 용서하여 주시옵소서. 수고하고 무거운 짐 진 자들아 다 내게로 오라 내가 너희를 쉬게 하리라 말씀하신 주님, 우리 모두가 예수 그리스도를 만나길 원합니다. 병마와 싸우며 고통 중에 있는 자들을 도와주시고, 세상 유혹으로 넘어진 자에게 새 힘과 용기를 주시옵소서. 가정과 일터, 자녀를 위해 맘속으로 간구하는 기도를 주께서 일일이 응답해 주시옵기를 원하옵나이다. 하나님 아버지, 이 나라 이 민족을 위하여 기도합니다. 온 백성이 하나님을 경외하게 하시고, 사치와 광란으로 우리 청소년을 죽음으로 몰고 가는 대중문화와 황금만능의 우상을 깨뜨려 주시옵소서. 순종하는 자에게는 천 대까지 은총을 베푸신다고 약속하신 하나님, 우리 교회를 축복하사 수 년 내에 이 지역의 믿지 않는 자들을 주님께 드리도록 우리 모두를 십자가 군병으로 무장시켜 주시옵소서. 피 묻은 십자가와 못 박힌 주의 손을 땅 끝까지 증거하는 강하고 담대한 믿음을 주시옵소서. 이 시간 우리 생명의 말씀이 들릴 때 온 마음으로 받게 하시고 가슴이 뜨거워지는 역사를 허락하여 주시옵소서. 하나님 홀로 영광 받으시기를 원하오며 우리를 사랑하시는 예수그리스도의 이름으로 기도드리옵나이다. 아멘

희망 명언 사람에게 중요한 것은 언제 태어났느냐를 나타내는 '제조일자'가 아니고 언제까지 활동할 수 있느냐를 보는 '유통기한'입니다. - 故김형곤(코미디언)

11월 넷째 주 - 수요 예배 -

경외하는 삶

"여호와를 경외하는 것은 생명의 샘이라 사망의 그물에서 벗어나게 하느니라" (잠14:27)

만군의 주 여호와 하나님, 우리를 지난 삼일 동안 주님의 날개 아래에 품으셨다가 이 시간 주님 앞에 다시 나아와 예배드릴 수 있게 하시니 감사드리옵니다.

마음과 뜻과 정성을 다하여 주님을 예배하게 하시고, 온전치 못한 것들은 성령의 불로 모두 태워 주시옵소서. 주님, 오로지 주님의 말씀만을 사모하여 주님의 나라가 이 땅위에 임할 수 있도록 우리에게 은혜 내려 주시옵소서. 주님께서는 언제나 우리 곁에 계시지만 어리석은 마음이 주님을 알아보지 못합니다.

주여, 우리를 용서하여 주옵시고 마음 문을 열어 주시옵소서. 사랑의 하나님, 우리는 심히 연약하여 믿음대로 살아가지 못하는 때가 많습니다. 우리의 잘못으로 하나님의 영광을 가릴 때도 많이 있습니다. 끝까지 주님을 따르겠다고 약속했지만 주님이 잡히시던 그날 밤에 세 번이나 주님을 모른다고 부인했던 베드로와도 같습니다.

주여, 우리를 강하게 붙드사 어떠한 경우라도 주님을 모른다고 부인하지 않게 도와주시옵소서. 믿음을 지키되 끝까지 지켜서 세상 끝나는 날 주님 앞에서 모두 귀한 면류관을 받는 영광이 있게 하여 주시옵소서. 살아계신 하나님, 사도 바울은 살아계신 주 앞에서 모든 것을 버리고 회개하여 주님만을 따르기로 작정했습니다.

이 시간 우리에게도 그런 성령의 감동이 있게 하시고 주님의 이름을 위하여 세상에 나가 승리하는 사람들이 되도록 도와주시옵소서. 오늘 예배에 함께 하시고 홀로 영광 받아 주시옵소서. 거룩하신 예수님 이름으로 기도합니다. 아멘

희망 명언 사람에게 착한 뜻이 없으면 힘이 있을지라도 반드시 상하고 말 것이다. - 유안

11월 넷째 주
- 유명기도문 -

주님의 마음을

"죄를 자복하고 버리는 자는 불쌍히 여김을 받으리라" (잠28:13)

오 주님,
당신의 크신 자비로써
저의 죄를 모두 제거하시고
제 안에 성령의 불을 붙이소서.

돌 같은 마음을 가져가시고
살과 피로 된 마음을,
주님을 사랑하고 찬양할 수 있는 마음을,
주님 안에서 즐거워하고
사랑하며
주님을 기쁘게 할 수 있는 마음을
저희에게 주소서.

오직 그리스도를 위하여!

-암브로시우스

희망 명언 사람은 나이를 먹는 것이 아니라 좋은 포도주처럼 익는 것이다. - 필립스

12월 첫째 주 - 주일예배 1 -
영원한 고향

"여호와를 경외하는 자에게는 견고한 의뢰가 있나니 그 자녀들에게 피난처가 있으리라" (잠14:26)

졸지도 아니하시고 주무시지도 아니하시며 우리를 지켜주시는 하나님의 은혜를 감사드립니다. 이 시간 하나님 앞에 기쁘게 나아왔사오니 신령과 진정으로 예배드리게 하옵소서. 세상에서 받은 상처를 사랑으로 고쳐주시고, 감싸주시며, 말씀을 통해 힘을 얻게 하여 주시옵소서. 올해의 마지막 달을 맞아 지난 한 해 동안 저희들이 믿음 위에 굳게 서지 못했던 모습을 돌아보며 회개합니다. 이 시간 피 묻은 주님의 십자가 아래 진심으로 우리의 죄짐을 모두 내려놓습니다. 사랑의 하나님, 전쟁의 소문으로 불안한 이 세계를 기억하여 주시옵소서. 끊임없이 일어나는 테러와 보복의 소식들은 저희들의 마음을 불안하게 합니다. 하나님의 사랑으로 충만한 세상이 되어 화합하는 역사가 일어나게 하여 주시옵소서. 특별히 이 나라와 민족을 기억하여 주시기를 원합니다. 경제적인 침체와 정치적인 혼란 가운데 있는 이 민족이 하나님 앞에서 금식하며 눈물로 회개하게 하여 주시옵소서. 이 땅이 정치적으로 안정되게 하시고 경제적으로 회복되게 하여 주시옵소서. 직장과 일거리를 잃고 방황하는 이들이 삶의 의미마저 잃지 않도록 인도하여 주시옵소서. 이 시간 목사님에게 성령으로 기름 부으셔서 상한 심령들에게 위로가 되는 능력의 말씀을 선포하게 하여 주시옵소서. 교회학교 위에 하나님의 특별하신 은혜가 넘쳐나기를 간구합니다. 교회학교를 통하여 교회를 이끌고 나갈 일꾼들이 배출되게 하시고 이 나라와 민족을 책임지는 귀한 지도자들도 많이 나오게 하여 주시옵소서. 찬양으로 영광 돌리는 성가대를 통하여 먼저 저희들이 은혜를 받게 하여 주시옵소서. 예수 그리스도의 이름으로 기도하옵나이다. 아멘.

희망 명언 사람은 눈앞에 보이는 것만 바라보고 살아가는 것은 아니다. 좀 더 먼 곳을 바라보며 살아가는 것이다. - 릴케

12월 첫째 주 - 주일예배 2 - 때를 따른 은혜

"그러므로 우리가 긍휼하심을 받고 때를 따라 돕는 은혜를 얻기 위하여 은혜의 보좌 앞에 담대히 나아갈 것이니라" (히4:16)

전능하신 우리 주 하나님께 찬양과 영광을 돌립니다. 우리 죄를 위하여 독생자 예수그리스도를 십자가에 세우시기까지 사랑하시면서 용서하시는 하나님! 믿음이 있다하여도 거기에 성결한 생활이 없었고 기도가 있다하지만 깨끗한 마음이 없었습니다. 이 시간 우리의 모든 허물을 용서하여 주시옵소서. 나의 힘과 나의 마음만으로는 성결한 삶을 살 수 없사오니 성령의 충만함을 허락하여 주옵소서. 말씀으로 우리의 삶을 주관하시는 하나님! 세우신 목사님 성령의 강권함을 칠 배나 더하여 주시옵소서. 몸 된 교회 사랑하는 양떼들을 푸른 풀밭 잔잔한 물 가로 인도하시기에 피곤치 않도록 동행하여 주시옵소서. 이 시간도 신령한 말씀 전하실 때 영적 치유의 역사가 임하게 하옵시며, 갈급한 심령들이 단비를 흠뻑 맞아 소생하는 계기가 되게 하옵소서. 몸 된 교회 각 기관을 살펴 주사 한해의 마무리를 은혜롭게 할 수 있도록 최선을 다하여 헌신 봉사하게 하옵소서. 이 지역의 변화를 원하시는 하나님! 우리 교회를 비롯한 이 지역의 교회들이 교파를 떠나 협력하게 하시고 새롭게 변화하여 능력을 얻게 하옵소서. 이 지역이 주님의 뜻대로 복음화 될 수 있도록 우리 모두가 변화되게 하옵소서. 사랑으로 세상을 다스리시는 하나님! 날씨가 추워지고 있습니다. 이 시간도 길 잃고 많은 어려움에 처해있는 불쌍한 영혼들을 우리 하나님 굽어 살피사 따스한 길로 인도하옵소서. 우리 권속 중에도 어려움에 처해있는 사랑하는 성도들이 많이 있습니다. 하나님 사랑으로 인도 하시고 살 길을 인도하옵소서. 그들이 어려워도 주를 사랑하는 마음은 변치 않게 하옵소서. 오늘 예배에 홀로 영광 받으시고 우리를 죄악 가운데서 구원하시고 우리의 삶을 인도하시는 예수님의 이름으로 간절히 기도드립니다. 아멘.

희망 명언 사람은 무엇인가 좋은 일을 할 수 있는 동안에는 자살 등을 생각해서는 안 된다. 좋은 일을 함으로써 삶의 보람을 찾아야 한다. - 베토벤

인자한 은혜

"우리가 세상의 영을 받지 아니하고 오직 하나님께로 온 영을 받았으니 이는 우리로 하여금 하나님께서 우리에게 은혜로 주신 것들을 알게 하려 하심이라"(고전2:12)

은혜의 때를 주시고 구원의 날을 약속하신 하나님! 오늘 수요 예배를 위해 예수 그리스도의 강림을 소망하는 무리들이 여기 모였습니다. 저희들의 황량한 삶이 주님으로 말미암아 윤택케 하옵소서. 대강절을 지내는 동안 인류의 구원을 위해 오신 예수 그리스도를 영접할 뿐 아니라 다시 오실 심판주 앞에 설 수 있도록 준비하는 믿음을 주시옵소서. 사랑의 하나님! 오늘도 저희들의 죄악과 허물을 조용히 내어놓습니다. 탐욕과 거짓, 교만과 욕심을 내어놓습니다. 주님! 분노하며 저희를 견책하지 마옵시고, 긍휼과 사랑으로 용서하여 주시옵소서. 저희의 영혼이 심히 떨리오니, 주님의 인자하심을 인하여 새로운 나날을 살아가게 하옵시고, 깨끗함을 받은 몸과 마음으로 다시 오실 주님을 기다리게 하시옵소서. 거룩하신 하나님! 올 한 해도 저희들이 받았던 주의 은혜를 돌아보고 감사드릴 수 있게 하옵소서. 이제 성탄절이 바로 앞으로 다가왔습니다. 저희에게 찾아오신 하나님의 사랑, 저희를 대신하여 죄값을 지불하신 그리스도의 피 묻은 십자가를 기억하게 하시옵소서. 겨울이 시작되고 있습니다. 육신적으로도 준비 없이 맞는 겨울은 더욱 추울 수밖에 없듯이, 항상 주님 맞을 준비하며 믿음을 굳게 하여 감사와 기쁨이 넘치는 복된 삶을 살게 하여 주시옵소서. 오늘도 단 위의 목사님을 성령께서 붙드시고, 추위로 움츠러든 저희의 영육을 성령의 불로 녹일 수 있는 능력의 말씀을 전하게 하옵소서. 예배의 시종을 주님께 맡깁니다. 오늘 참석하지 못한 성도들에게도 함께하여 주실 것을 믿사옵고, 예수 그리스도의 이름으로 기도드립니다. 아멘.

희망 명언 사람은 일하기 위해서 창조되었다. 명상하고 느끼며 꿈꾸기 위해서만은 아니다. - 칼라일

12월 첫째 주 — 유명기도문 —

쉬지않는 기도

"아무 것도 염려하지 말고 오직 모든 일에 기도와 간구로, 녀희 구할 것을 감사함으로 하나님께 아뢰라" (빌4:6)

사랑하는 사람들의 마음과
그들이 갖고 있는 간절한 소원과
짐을 알 수 있게 하시고
내 용기가 그들에게 전달되게 하소서

고독한 사람들의 고통을 덜어줄 수 있는
사람이 되게 해주시고
행복한 사람들은
나로 인해 더 행복하게 하소서

오늘 또 내일
만나는 모든 사람에게
기쁨과 희망을 주는 존재가 되게 하시며
내 인생이
한 편의 아름다운 노래가 되게 하소서

― 메리 캐럴린 데이비스

희망 명언 사람의 미래는 습관이 결정한다. ― 덱스터 예거

12월 둘째 주 - 주일예배 1 - 승리하는 해

"하나님이 나사렛 예수에게 성령과 능력을 기름붓듯 하셨으매" (행10:38)

영원토록 영광을 받으실 하나님 아버지, 주님께서는 육신을 입고 이 땅에 오셔서 병든 자들과 외롭고 소외된 이들의 친구가 되어주셨습니다. 이 시간 우리 가운데도 임재하셔서 죄악된 마음과 거짓된 행동들을 용서하여 주시옵소서. 그리스도의 사랑으로 깨끗하게 되기를 원합니다. 이 시간 진심으로 고백하는 심령들의 모든 죄를 용서하시고 사랑의 손길로 붙잡아 주시옵소서. 저희에게 힘에 겨운 일들이 많이 있으나 주님께서 주시는 능력으로 승리하게 하여 주시옵소서. 우리의 소망이 되시는 주님만을 바라보게 하여 주시옵소서. 겸손한 자에게 은혜를 더하시는 하나님, 주님께서 오셨던 날을 기다리며 겸손의 띠를 동이며 살아가게 하여 주시옵소서. 저희들에게서 모든 교만한 마음과 생각을 제하여 주시옵소서. 간구하옵기는 이 민족을 기억하셔서 북한의 위정자들을 변화시켜 주시기를 원합니다. 얼어붙은 북녘땅에 그리스도의 사랑이 전파되게 하여 주시옵소서. 교회 밖에 있는 사람들은 크리스마스를 그리스도가 없는 축제로 맞이하기 위해 한없이 들떠 있습니다. 그들을 불쌍히 여겨 주시고 저희들로 하여금 병들고 소외된 자들을 돌아보게 하시며 진정으로 주님이 이 세상에 오신 뜻을 전파하게 하여 주시옵소서. 주님을 알지 못하는 영혼들이 먹고 마시며 휘청거리는 성탄절이 아니라 주님께서 오신 진정한 의미를 깨닫게 하여 주시옵소서. 목사님에게 성령께서 도와주셔서 능력의 말씀을 증거하게 하여 주시옵소서. 성가대를 통하여 천상의 찬양을 듣게 하여 주시옵소서. 예수님의 이름으로 기도하옵나이다. 아멘.

희망 명언 사람이 멀리 생각함이 없으면 반드시 근심스런 일이 가까이 다가온다. - 공자

12월 둘째 주
- 주일예배 2 -
진리의 뜻

"이 세상도, 그 정욕도 지나가되 오직 하나님의 뜻을 행하는 이는
영원히 거하느니라"(요일2:17)

존귀와 영광이 세세토록 영원무궁하신 하나님을 찬양합니다. 하나님의 형상대로 우리를 창조하시고, 죄악에 빠진 우리를 건지시려고 예수 그리스도를 보내 주시고 은혜로 인하여 믿음으로 말미암아 구원에 이르게 하시고, 하나님의 자녀 삼아 주신 하나님 아버지께 감사와 찬양과 경배를 드리옵나이다. 하나님 아버지, 하나님의 자녀인 우리는 날마다 성령의 인도함을 받으며 승리하는 삶을 살아야 하지만, 지나온 한 해를 돌이켜 보면 옛 습성을 버리지 못하고 사랑하기 보다는 남을 미워할 때가 많았고, 겸손하기 보다는 교만할 때가 많았으며, 섬기기 보다는 대접 받으려고 하였고, 돕고자 하는 마음보다 내 자신과 내 가족을 돌아보기에 급급한 삶을 살아 왔습니다. 또한, 이 어둡고 악한 세상에서 강하고 담대하게 살지 못하고 여전히 연약함과 두려움으로 살아왔음을 고백합니다. 하나님 아버지! 우리들이 다시 한 번 영적인 각성을 하게 도와주시옵소서. 히스기야 왕과 요시야 왕처럼 우리도 신앙을 개혁하고 성령 충만하게 살아가는 사람들이 되게 하여 주시옵소서. 또한, "너희가 진리를 순종함으로 너희 영혼을 깨끗하게 하여 거짓이 없이 형제를 사랑하기에 이르렀으니 마음으로 뜨겁게 피차 사랑하라" 하셨사오니 우리 믿음의 형제들이 순종하는 마음으로 영혼을 깨끗하게 하고 거짓 없이 진정한 마음으로 뜨겁게 서로 사랑하게 하여 주시옵소서! 이 교회가 하나님의 말씀과 사랑을 증거하는 데 크게 사용될 수 있기를 바랍니다. 목사님과 모든 성도들이 한 마음 되게 하시고 주의 능력을 간구하여 믿지 않는 자들에게 몸으로 말씀으로 복음을 증거할 수 있도록 도와주시옵소서. 이 시간도 주님의 은혜를 간구하오니 우리 기도를 들으시고 응답하여 주시옵소서. 거룩하신 주님 홀로 영광 받으시길 바라며 모든 말씀 주 예수 그리스도의 이름으로 기도 드리옵나이다. 아멘.

희망 명언 사막이 아름다운 것은 어딘가에 샘이 숨겨져 있기 때문이다. - 생 텍쥐베리

주님의 평안

"평안을 너희에게 끼치노니 곧 나의 평안을 너희에게 주노라…너희는 마음에 근심도 말고 두려워하지도 말라" (요14:27)

은혜로우신 하나님 아버지,

지난 삼일 동안도 저희들을 세상에서 지켜 주시고, 다시 믿는 형제자매들과 함께 주님 전에 나와서 예배드리게 하시니 감사합니다.

세상에서 방황하며 범죄했던 죄인들을 용서하시고 자비하신 손길로 구원의 은혜를 베푸시옵소서.

하나님 아버지. 이 시간 예배드리는 모든 성도들에게 함께 하셔서 믿음이 연약한 심령들에게는 강하고 담대한 믿음을, 갈급하고 굶주린 심령들에게는 말씀의 충만을 허락하옵소서.

말씀으로 세상을 창조하신 하나님의 능력을 우리도 체험하게 도와주시옵소서. 두렵고 답답한 일들이 우리 앞을 가로막을지라도 죽음을 이기신 예수의 능력을 힘입어 능히 승리하게 하시고 담대히 구원의 복음을 증거하게 도와주시옵소서.

여러 가지 일로 세상에서 시달리며 고민과 근심에 빠진 성도들이 있사오니 그들의 무거운 짐을 주님께서 대신 맡아 주시고 푸른 초장으로 인도하여 주시기를 바라옵나이다.

하나님의 사역을 감당하고 있는 담임목사님에게 큰 은혜를 허락하사 능력의 말씀을 증거하게 하시고 부교역자들 장로들에게도 주님의 은혜 가운데 사역을 잘 감당하며 귀중한 체험을 할 수 있도록 인도하여 주시옵소서. 그들의 가는 곳마다 만나는 사람마다 하나님의 은혜 안에 있게 하시고 복음이 증거되게 도와주시옵소서.

오늘 선포되는 말씀에 함께 하실 것을 믿고 예수 그리스도 이름으로 기도드립니다. 아멘.

희망 명언 삶의 가장 아름다운 나날이 앞에 놓여 있음을 잊지 마라. 가장 행복한 순간들은 아직 오지 않았다. - 브라이언 트레이시

12월 둘째 주
- 유명기도문 -

이렇게 살게하소서

"오직 그의 기름부음이 모든 것을 너희에게 가르치며 또 참되고 거짓이 없으니
너희를 가르치신 그대로 주 안에 거하라"(요일2:27)

아침마다 내 안에 생겨나는
높은 마음 낮추이고
저문해 서산에 넘실거리면
입술엔 사랑을 담고
가슴엔 희열을 내뿜으며
우리의 삶이 공동체라는 것을
인식하게 하옵소서

무엇보다도 내가 할일이 무엇인지
잘 기억하여
교만하지 않고 모든사람에게
편안한 사람으로 기억되게 하옵소서

그냥
세월의 흐름속에 나를 묻는것이 아니라
하루하루 창조의 삶을 살아가게 하옵소서

지금
이 시점에서 바라보는 태양이
이토록 아름답다는 생각을
영원히 간직하게 하소서

- 슈피겔

희망 명언 삶이란 우리의 인생에 어떤 일이 생기느냐에 따라 결정되는 것이 아니라 우리가 그 일에 어떤 태도를 취하느냐에 따라 결정되는 것이다. - 존 호머딜스

12월 셋째 주
— 주일예배 1 —

연말의 소망

"사랑하는 자여 네 영혼이 잘 됨같이 네가 범사에 잘되고
강건하기를 내가 간구하노라"(요삼:2)

지금도 살아계시는 좋으신 하나님, 날마다 복된 삶으로 인도하시는 은혜를 감사드립니다. 매일 우리의 삶 가운데 역사하시는 하나님의 크신 은혜와 사랑을 깨닫고 늘 감사하게 하여 주시옵소서. 오늘 하루도 하나님께서 복 주신 귀한 날로서 하나님 앞에 드리기를 원합니다. 저희들의 마음과 정성을 받아 주시옵소서. 지난 한 주간 저희들은 하나님의 사랑을 잊어버리고 입술로 형제들을 비방하는 죄를 범하였습니다. 저희들의 과거를 기억하지 않고 긍휼을 베푸신다고 약속하셨사오니, 용서하여 주시옵소서. 아기 예수의 탄생을 기다리는 대강절을 지내고 있습니다. 성탄절을 기뻐하고 감사함으로써 맞아 하나님의 사랑을 이웃들에게 나누는 귀한 절기가 되게 하여 주시옵소서. 사랑의 하나님, 전쟁의 소문으로 불안한 이 세계를 기억하여 주시고 주님의 능력으로 사랑과 화합의 역사가 이루어지게 하여 주시옵소서. 특별히 이 나라와 민족을 기억하여 주시옵소서. 이 땅에서 정치적인 혼란이 사라지고 경제적인 풍요와 안정을 허락하여 주시옵소서. 사랑하는 성도들의 가정과 일터를 축복하여 주셔서 늘 하나님과 동행함으로써 승리하게 하여 주시옵소서. 능력의 하나님, 주의 전을 위하여 세우신 종들을 기억하여 주시옵소서. 특별히 담임목사님에게 함께 하셔서 영육간에 강건하고, 말씀의 은사와 영적인 지도력을 갑절로 더하여 주시옵소서. 전하는 말씀이 상한 심령들에게 위로가 되게 하시고, 절망 가운데 있는 자들에게는 다시금 일어설 수 있는 귀한 능력이 나타나게 하여 주시옵소서. 예수 그리스도의 이름으로 기도하옵나이다. 아멘.

희망 명언 새벽은 새벽에 눈뜬 자만이 볼수 있다. 새벽이 오리라는 것을 알아도 눈을 뜨지 않으면 여전히 깊은 밤중일 뿐이다. - 김수덕

12월 셋째 주
- 주일예배 2 -
은혜의 기억

"그러므로 자기를 힘입어 하나님께 나아가는 자들을 온전히 구원하실 수 있으니 이는 그가 항상 살아서 저희를 위하여 간구하심이니라" (히7:25)

부활이요 생명이 되시며 우리의 주가 되시는 하나님 아버지, 때를 따라 돕는 은혜로 지금까지 보살펴주심을 생각할 때 진심으로 감사를 드립니다. 오늘도 거룩히 구별된 날에 으리 주님 십자가의 보혈로 구속의 은총을 입은 저희를 불러 주셨사오니 성령충만, 은혜충만한 시간 되게 하여 주시고 하나님이 기뻐 받으시는 귀한 예배가 되게 하여 주시옵소서. 좋으신 하나님 아버지, 이곳에 구원의 방주로 우리 교회를 세워주시고 또 복 주시고 은혜 주심을 감사드립니다. 우리 교회가 주님 주신 사명 잘 감당할 수 있도록 인도하여 주시고 지역 복음화와 사회정화에 앞장서는 귀한 교회 되게 하여 주시옵소서.

세워주신 담임 목사님 강건하게 붙들어 주시고 계획된 목회 비전 위에도 함께 하셔서 하나님의 영광을 드러내는 귀한 목회 생활이 되게 하여 주시옵소서.

수고하시는 다른 교역자들 위에도 함께 하셔서 피곤치 않도록 도와주시고 목사님 목회 활동에 귀한 동역자들이 되게 하여 주시옵소서. 사랑이 많으신 하나님 아버지 이시간도 저희들 당면한 문제를 안고 나왔습니다.

너무나 힘들고 막막하여 주께 간구하오니 구하는 이마다 다 응답받는 놀라운 역사를 허락하여 주시고 하나님의 간섭하심을 직접 보게 하여 주시옵소서.

이 시간 살아계신 주님 앞에 저희 온 마음과 정성을 드리게 하시고 거짓 없는 거룩한 시간 되게 하여 주시옵소서. 예수님 이름으로 기도합니다. 아멘.

희망 명언 생각하는 것이 인생의 소금이라면 희망과 꿈은 인생의 사탕이다. 꿈이 없다면 인생은 쓰다.
- 바튼 리튼

12월 셋째 주 - 수요 예배 -

보혈의 은혜

"그러므로 형제들아 우리가 예수의 피를 힘입어 성소에 들어갈 담력을 얻었나니" (히10:19)

자비하신 하나님! 어두운 이 땅에 친히 오신 주님께 감사드립니다. 용서의 하나님! 저희들이 품고 있는 죄악을 고백합니다. 거룩하게 살려고 애썼지만, 저희들은 연약하여 다시금 주님 앞에 범죄한 몸이 되고 말았습니다.

이 시간 진심으로 고백할 때에 죄악을 용서해 주시기 원합니다. 주님, 사랑의 손길로 저희를 붙들어 주시사 시험을 이길 수 있도록 강건하게 하시옵소서.

은혜의 하나님! 성탄절을 며칠 앞두고 진정 저희들이 준비해야 할 것이 무엇인지 깨닫게 하시옵소서. 주님이 왜 이 땅에 오셔야만 했는지, 그 의미를 모르는 세상사람들처럼 선물만 생각하지 않게 하시고, 주님께 찬양으로 영광 돌릴 수 있는 성탄절을 준비하는 저희들이 되게 하옵소서. 또한, 동방의 박사들이 예물을 정성껏 준비하여 주님을 경배하였듯이 저희들도 귀중한 예물을 준비하여 주님을 맞이할 수 있게 하여 주시옵소서.

성탄절에 단순히 기뻐하고 축하하는 것으로 그치지 말고 하나님이 인간의 몸을 입고 이 땅에 오셨다는 복음을 세상에 널리 증거하고 전파하게 하시옵소서.

얼마 남지 않은 연말, 저희 자신을 진지하게 돌아보며 희망찬 새해를 준비하게 하시옵소서. 목사님과 예배를 돕는 손길들에게도 주님의 은총을 더하여 주실 줄 믿습니다.

예배의 시종을 주님께 의탁하오며, 저희를 구원하여 주신 예수 그리스도의 이름으로 기도드립니다. 아멘.

희망 명언 섣불리 예상하지 말라. 특히 미래에 대해서 - 케이시 스텐겔

12월 셋째 주
- 유명기도문 -

용서의 기도

"하나님이여 사슴이 시냇물을 찾기에 갈급함 같이 내 영혼이
주를 찾기에 갈급하니이다" (시42:1)

주여, 제게
없는 사랑을, 사랑을 주옵소서
사랑하라고 불러주신 그 사랑을 주옵소서
뜨겁고 진실한 사랑을 주옵소서
이 사랑을 제게 주옵소서!
괴로움 주는 사람
더욱 사랑하도록
끝까지 사랑하는 사랑을 주옵소서

한결같이 온유하고 인자한 그 사랑,
악을 악으로 갚지 않는 바로 그 사랑,
이 사랑을 제게 내려 주옵소서!
같이 웃고 같이 울어 함께 계신 주님 사랑
저의 기도 들으사 내려주옵소서

주님의 사랑 참모습을
제 안에 새기소서
사랑이신 주님을 제 안에 이루사
사랑의 존재가 되게 하옵소서
이 사랑을 저에게 내려 주옵소서.

— 바실레아 슐링크

희망 명언 성공으로 향하는 가장 중요한 첫 번째는 우리가 성공할 수 있다는 기대다. - 넬슨 보스웰

12월 넷째 주
- 주일예배 1 -

새해를 기다림

"나 여호와가 너를 항상 인도하여 마른 곳에서도 네 영혼을 만족케 하며 네 뼈를 견고케 하리니 너는 물 댄 동산 같겠고 물이 끊어지지 아니하는 샘 같을 것이라" (사58:11)

독생자 예수 그리스도를 아낌없이 우리에게 허락하시고, 날마다 동행하시는 임마누엘의 하나님, 그 크신 은혜에 감사와 찬양을 드립니다. 성탄절을 즐겁게 보내고, 다시 거룩한 주일을 하나님 앞에 드리게 하시니 또한 감사드립니다.

오늘은 한 해를 마무리하는 송년주일입니다. 이 시간 지난 한 해 동안 저희들의 모습을 돌아보고 새롭게 결단하게 하여 주시옵소서. 하나님 앞에 늘 부끄러운 모습뿐이지만 때마다 일마다 함께 하셔서 늘 승리하며 살아가게 하여 주시옵소서. 이 나라를 기억하여 주시고 마지막 때 모든 교회들이 복음전파의 귀한 사명을 잘 감당함으로써 민족복음화가 이뤄지게 하옵소서. 이 땅에 다시는 전쟁이 일어나지 않게 하여 주시옵소서. 대통령을 위시한 모든 위정자들이 하나님을 두려워하며 새시대의 비전을 갖게 하여 주시옵소서.

한 해 동안 교회의 각 부서에서 수고한 모든 손길들에게 하나님께서 위로하시고 격려하시기를 소원합니다. 작은 일에 충성한 자들에게 축복하시고 큰 일도 감당할 수 있도록 능력을 주시옵소서.

이제 돌아오는 새해에도 주님께서 함께 하셔서 무슨 일이든지 기도로 준비하며 감당하게 하시고 하나님을 기쁘시게 하는 삶을 살아가게 하여 주시옵소서. 오늘도 주님의 귀한 말씀을 증거할 목사님에게 충만한 은혜를 내려주시고, 찬양으로 영광 돌리는 성가대 위에도 함께 하여 주시옵소서. 모든 영광을 하나님께 돌리오며 예수님의 이름으로 기도하옵나이다. 아멘.

희망 명언 성공은 성공의 기대를 품고 그것을 향해 꾸준히 나아가는 자의 몫이다. - 조지 싱

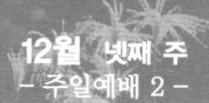

12월 넷째 주
- 주일예배 2 -

여호와의 신 |

"만군의 여호와께서 말씀하시되 이는 힘으로 되지 아니하며 능으로 되지아니하고 오직 나의 신으로 되느니라" (슥4:6)

전능하신 하나님 아버지, 올 한 해 동안 지켜 보호해 주신 은혜에 무한 감사드립니다. 한 주일의 첫날 주님의 날에 저희를 사랑하사 이렇게 예배드릴 수 있도록 불러 주시니 또한 감사합니다. 지난 한 주간 말씀에 순종하여 그의 나라와 의를 구하기보다는 내 마음의 왕좌에 내가 앉아 욕심에 이끌려 땅의 것에 얽매여 주님의 영광을 가리울 때가 많았음을 고백하오니 용서하여 주시옵소서. 이 시간 예배드릴 때 돌밭과 가시밭 같은 우리의 옛 사람을 십자가에 못 박게 하시고, 속사람이 변화되어 아벨이 드린 산제사처럼 하나님을 기쁘시게 하는 예배가 되게 하여 주옵소서. 말세에 고통 하는 때가 이르면, 사람들은 자기를 사랑하며 돈을 사랑하며 자긍하며 교만하며 부모를 거역하고 감사치 아니하여 배반 한다고 하였습니다. 우리가 이럴 때일수록 이 시대를 분별하고, 깨어서 기도하도록 도와주시옵소서. 하나님 아버지, 우리에게는 꿈이 있습니다. 하나님의 집을 가득 채우는 비전과 성전을 아름답게 건축하여 봉헌하는 것과 이 지역의 골목마다 복음의 씨앗을 뿌려, 잃어버린 영혼을 다시 불러들이는 꿈이 있습니다. 이 꿈을 꼭 이룰 수 있도록 능력을 7배나 더하여 주시옵소서. 또 교회의 모든 행사와 사역이 하나님 영광이 되게 하시고 내년에 세우신 기관과 택함 받은 일꾼들을 축복하여 주시옵소서. 온 성도의 믿음의 역사와 사랑의 수고와 소망의 인내로 흰 옷을 더럽히지 않아 우리 주님 다시 오실 때 칭찬 듣는 교회가 되게 하여 주시옵소서. 오늘도 말씀을 통하여 주의 영광이 나타나고 하늘의 평안을 내려주시옵소서. 주 앞에 선 찬양대의 찬양을 우리 주님 야베스의 노래로 흠향하여 주시옵소서. 마음으로 기도하는 온 성도의 간절한 소원을 우리 주님 응답하여 주시옵기를 원하오며 예수님 거룩하신 이름으로 기도드립니다. 아멘.

희망 명언 성공의 비결은 단 한 가지, 잘할 수 있는 일에 초선을 다해 집중하는 것이다. - 톰 모나건

12월 넷째 주 - 수요 예배 - 동일하신 주

"여호와의 사자가 주를 경외하는 자를 둘러 진 치고 저희를 건지시는도다" (시34:7)

죄로 말미암아 죽음을 향해 고달픈 인생길을 걷고 있는 영혼들에게 영생을 주시기 위하여 이 땅에 오신 주님을 찬양하며 감사드립니다. 주님의 그 성육신하심이 없었더라면 저희가 어찌 사망의 그늘에서 벗어날 수 있었겠습니까? 모든 것이 주님의 낮아지심 때문이요, 저희를 위하여 대속의 제물이 되어 주신 까닭인 줄 압니다. 하지만 저희들은 이처럼 말로 다 할 수 없는 주님의 놀라운 은혜를 입고도 여전히 범죄의 그늘에서 벗어나지 못했습니다. 죄악을 벗어버리지 못한 채 주님을 욕되게 하는 생활을 일삼아 왔나이다. 이 시간, 주님의 은혜를 저버린 것을 회개하며 고백하오니, 용서하여 주시고 죄악을 이길 수 있는 강건함을 허락하여 주시옵소서. 그러므로 회개의 합당한 열매를 맺는 복 있는 삶을 살아가게 하시고, 주의 나라를 유업으로 상속받을 수 있는 저희들 되게 하여 주시옵소서. 지금 이 시간, 주님 앞에 머리 숙였지만 쭉정이밖에 거두어들인 것이 없는 저희를 불쌍히 여기시고, 회개의 열매라도 온전히 맺을 수 있는 저희들이 되게 하여 주시옵소서. 이제는 저희들이 죄의 그림자로 주님의 강한 빛을 가리는 어리석음을 범하지 않게 하시고, 사람 앞에서나 하나님 앞에서 올바른 신앙인으로 설 수 있게 하시옵소서. 사랑의 열매, 봉사의 열매, 섬김의 열매, 충성의 열매, 헌신의 열매를 가득 맺어 주님의 오심을 진정으로 축하할 수 있게 하여 주시옵소서. 오늘도 이 자리에 참석하지 못한 성도들이 있습니다. 어디에서 무엇을 하든지 하나님을 기억하게 하시옵소서. 단 위에 세우신 목사님을 성령께서 붙드셔서 복된 말씀을 전하기에 조금도 부족함이 없도록 능력을 주시옵소서. 이 시간 늘 주님을 사모하는 저희에게 하늘의 신령한 은혜를 맛보게 하여 주실 것을 믿사옵고 예수 그리스도의 이름으로 기도드립니다. 아멘.

희망 명언 성공의 비결은 좌절하지 않고 극복하는 데 있다. - 발자크

12월 넷째 주 - 유명기도문 -
오! 주여

"대저 저는 우리 하나님이시요 우리는 그의 기르시는 백성이며 그 손의 양이라"(시95:7)

오 주여!
우리의 발걸음을 당신에게 맞추어
평탄치 못한 세상 길에서 비틀거리지 않게 하소서.

오직 굳건히 영광의 집으로 가게 하시며,
우리의 여정이 부딪히는 날씨에 방해받지 않게 하시고,
무엇을 만나든지 그 길에 돌아서지 않게 하소서.

때때로 거친 바람이 불고,
우리의 육신이 무겁게 느껴지나이다.
당신의 구원의 손을 뻗치시어 속히 구원하소서.

오 주여!
우리의 짧은 생애를 사랑 받는 집으로
돌아가는 순례자처럼 살도록 가르치소서.

그리하여 우리 여정이 목적을 성취하게 하시고,
세속에 안주하지 않게 도와주소서

- 존 웨슬레

희망 명언 성공하려면 기대를 높이 가져라. - 존 에이커스

예식예배기도문

창립기념예배 1

알파와 오메가 되신 우리 주님의 영원하신 능력을 찬양합니다. 아버지의 뜻 가운데서 이 교회가 이 땅 위에 선 지도 벌써 오랜 시간이 흘렀습니다. 이미 태초부터 예정하시고 이 교회를 세워 주신 줄 믿습니다. 아버지여, 주의 예정 가운데서 세우신 이 교회를 세상 끝날까지 보존하여 주실 줄 믿습니다. 이 교회를 통하여 영광 받으시고, 이 교회를 통하여 생명의 진리를 나타내시며 구원의 역사를 나타내옵소서. 이 교회가 온전히 서서 은사의 공동체, 사랑의 용광로, 진리의 파수꾼으로서의 역할을 다하게 하옵소서. 그리하여 날로 어두워져가고 죄악으로 물들어가는 세상에 구원의 종소리를 널리 울려 퍼지게 하는 교회되게 하옵소서. 주님의 말씀은 힘이 있고 역사하는 능력이 있는 줄 믿습니다. 오직 그 말씀이 드러나는 교회되게 하옵소서. 인간적인 자랑이나 개인의 약점들을 가리워 주시고 오직 주 안에서 협력하며 주의 뜻을 나타내는 교회되게 하옵소서. 이 교회의 창립기념일을 맞으면서 이제 우리가 좀 더 새로운 신앙의 각오를 할 수 있도록 성령님께서 도와주옵소서. 성령의 역사하심을 따라 살아가는 놀라운 순종의 역사가 이 교회에 나타나게 하옵소서. 이기적인 생각이나 모든 욕구는 버리고 오직 주께서 원하시는 것이 무엇인지를 깨달아 나타내는 교회 되게 하옵소서. 진정으로 주의 뜻에 합당한 삶으로 변화 받는 역사가 나타나는 교회 되게 하옵소서. 진정한 부흥이 일어나기를 원하며, 예수님의 이름으로 기도합니다. 아멘

창립기념예배 2

사랑의 아버지 하나님! 오늘 이 교회의 창립기념일을 맞아 우리를 주님의 성전으로 인도해 주신 주님께 감사드립니다. 우리의 모든 죄악을 주님의 보혈로 씻어 주시고, 날마다 우리 삶에 은혜와 평강을 주시고 축복해 주시는 주님, 이 시간 세상적인 모든 것을 내려놓고 마음과 정성을 다하여 주님께 감사와 찬양의 예배를 드리기를 원합니다. 주님께서는 특별한 계획을 이룩하시기 위해 이곳에 우리 교회를 세우셨고, 이 교회에 선교의 비전을 주셨습니다. 주님, 간절히 원하옵기는 우리로 하여금 주님이 주신 이 비전을 성취하는 사명자가 되게 도와주시옵소서. 오늘 교회 창립기념예배를 드리며 교회설립의 뜻을 상기하고, 주님의 몸 된 교회의 발전을 위한 결의를 다시금 다짐하도록 하신 주님께 진심으로 감사드립니다. 주님, 이 교회를 통해 많은 주님의 일꾼들이 나오게 하시고 대대로 믿음을 유산으로 물려주는 신앙의 가족이 나오게 하시옵소서. 또한 이 교회를 통해 고통 중에 있는 영혼, 상처 받은 영혼, 병들어 어려운 영혼, 경제적인 곤란을 당한 영혼, 가정이 어그러진 영혼들이 와서 평안을 얻게 하시고 무엇보다 이 지역의 구원의 방주가 되어 죽어가는 수많은 영혼들을 주께서 인도하는 사명을 감당하게 하여 주시옵소서. 날마다 새롭게 하시고 성장시킬 주님의 계획을 기대합니다. 우리 모두 순종하여 복음의 일꾼들이 되게 하여주옵소서. 이 시간, 감사와 찬양의 예배를 받아 주시옵고, 언제나 동일한 은혜를 허락하시는 주 예수 그리스도의 이름으로 기도드립니다. 아멘

직분임명예배 1

　사랑의 하나님 아버지, 그동안 많은 주님의 일꾼들을 제자 삼아 길러 주시고 오늘 집사와 권사로 임직할 수 있게 하시니 감사드립니다. 부족한 것 보지 아니하시고 주님의 은혜로 귀한 사역 허락하셨사오니 성령의 기름부으심이 있게 하사 모든 것 주의 성령로 능하게 하옵소서. 사랑하시는 주님, 원하옵기는 이들이 명예에 머물지 않게 하시고 자리만 차지하지 않게 하시고 풍성한 은사를 더 하셔서 주의 이름으로 병자와 환난 당한 자와 믿음이 연약한 자를 심방하여 위로하고 권고하며 기도하게 하시고 항상 낮은 마음으로 낮은 곳을 주시하고 사랑의 수고를 다하게 하옵소서. 일생 오늘 기도하고 서약하고 다짐한것을 잊지 않게 하여 주시기를 원합니다. 건강과 평안으로 함께 하사 이 사역 잘 감당하게 하시고 이 땅에 머무는 동안 평강과 형통함으로 응답하옵소서. 감사의 하나님 아버지, 또한 이들이 주의 사역을 감당할 때 수고하고 애쓰며 간구하는 기도의 땀방울이 헛되지 아니하도록 지키시고 알알이 귀한 열매들을 많이 맺어 주게 영광 돌리게 하옵소서. 항상 보고 듣는 말씀이 메마른 땅에 내리는 단비처럼 이들의 심령에 은혜의 말씀이 되어 힘겨운 삶에 위로가 되게 하시고 마음의 고통과 육신의 질병들이 치료함 받는 사람들이 되게 하옵소서. 그리하여 오순절 마가의 다락방에서의 뜨거움의 역사가 임했듯이 이들의 삶을 통하여 성령의 역사가 끊이지 않게 하옵소서. 여기에 모인 모든 성도들이 주님의 기쁨이 되길 원하오며 보혈로 우리를 구원하신 예수님의 이름으로 기도 드립니다. 아멘

직분임명예배 2

　은혜로우신 아버지 하나님, 우리를 죽음에서 구원하신 주님의 은혜를 찬양합니다. 이 시간 하나님을 예배하는 시간을 허락하심을 인하여 주님께 깊은 감사를 드립니다. 사랑의 하나님, 오늘은 올 한해 주님과 성도를 위해 일할 일군들을 임명하는 귀한 예배를 드립니다. 임명을 받는 주님의 자녀들이 언제나 한결같은 마음으로 충성을 다하게 하여 주시고 피곤하고 지칠 때마다 주님의 십자가만을 의지할 수 있도록 인도하여 주시옵소서. 매번 직분을 맡을 때마다 새롭게 결단하지만 한 해가 다 지난 후 결산할 때가 되면 언제나 후회와 회개가 앞섭니다. 하나님, 올해는 예수님의 마음을 본받아 최선을 다 할 수 있도록 도와주시옵소서. 우리의 중심이 항상 주님을 향해 있기를 바랍니다. 올 한 해 우리 교회가 주님께 헌신하기 위해 세운 여러 계획들을 주님 안에서 잘 진행할 수 있기를 바랍니다. 직분 맡은 자들이 보이지 않는 곳에서도 진실로 충성할 수 있기를 바랍니다. 하나님, 도와주옵소서. 날마다 기도로 준비하게 하시고 말씀으로 강하게 하시며 성령충만으로 순종하게 하옵소서. 오늘 이 시간 우리의 예배가 하나님께 온전히 드려지기를 바랍니다. 신령과 진정으로 예배하게 하옵소서. 또 말씀이 선포될 때 아멘으로 화답하게 하시고 모두 한 마음으로 주님 앞에 결단하게 하옵소서. 이제는 우리의 삶이 진실로 변화하게 하옵소서. 이 시간 참석한 모든 사람들 위에 하나님의 은혜가 임하기를 바라며 예수님의 이름으로 기도했습니다. 아멘.

회갑예식기도문

　오늘 우리가 존경하는 형제의 회갑을 맞이하여 하나님 아버지 앞에 감사 예배를 드리게 되었습니다. 역경과 풍파, 시련과 고통이 많았던 긴 세월동안 하나님의 은혜의 날개 아래 품어주시고 인도해 주심으로 믿음을 지키면서 오늘에 이르게 하신 사랑을 진심으로 감사드립니다. 곤고하고 험준한 나그네 인생길이었지만 좋은 반려자를 만나게 해주셔서 아름다운 가정을 이루어 믿고 의지하며 오늘까지 살게 해주셨고, 기업이요 상급으로 훌륭한 자녀들을 허락해 주셔서 기쁨과 소망을 갖고 살게 하셨습니다. 이 모든 것이 하나님의 은혜요, 복으로 알고 감사와 찬송을 드립니다. 이 기쁘고 즐거운 회갑연이 경황없이 살아 온 생을 한 번 돌아보면서 반성하고 회개하는 기회도 되게 하셔서 남은 생애 그리스도와 이웃을 더 많이 생각하고 봉사하는 헌신의 삶이 되게 해주옵소서. 또한 이 성도가 남은 날을 사는 동안 과거보다 더욱 영육간에 강건하며 빛나는 생을 살 수 있도록 은혜 내려 주옵소서. 예수님의 이름으로 기도드립니다. 아멘

 혼인예배기도문1

　이렇게 기쁘고 축복된 날을 허락하신 하나님 감사하며 찬양합니다. 이제 두 사람이 주님의 이름으로 만나 많은 분들의 축복 속에서 결혼 예식을 주 앞에서 드리게 되었습니다. 형제는 자매를 사랑하고 자매는 형제를 존경하며 섬기도록 말씀하셨으니 이 가정이 말씀대로 살게 하사 형통케 하시는 하나님의 손길을 느끼도록 도와주옵소서. 서로 다른 환경과 기질로 예상치 못한 어려움에 부딪칠 때 주께서 다스리시고 말씀대로 해결 받게 하소서. 삶의 고비 고비마다 말씀으로 해답을 얻게 하시고 문제 앞에서 염려하지 않고 흔들리지 않는 믿음과 지혜를 주시며 눈물과 신실함으로 무릎 꿇는 가정되게 하소서. 주님을 기쁘시게 하는 것이 가정의 목표가 되게 하시어 서로 자기의 유익을 구함으로 다투지 않도록 지켜주옵소서. 평생 하나님께서 주신 귀한 사역에 동참케 하시고 가정을 이룸이 사역의 더욱 온전히 드려지는 계기가 되도록 도우소서. 영육 간의 건강과 말로 다 할 수 없는 자녀의 축복과 아름다운 하나님의 기업을 이루어지도록 역사하소서. 자손 대대로 축복을 뿌리내리는 믿음의 가문으로 세우소서. 이 결혼 예식에 참석한 모든 하객과 믿음의 지체들에게 한없는 축복과 은혜를 베풀어 주시길 바라며 예수님의 이름으로 기도 드립니다. 아멘

혼인예배기도문2

　만복의 근원이 되시는 하나님! 그 이름을 찬양합니다. 오늘의 이 기쁨이 있기까지 특별하고도 세심하게 하나님께서 사랑하셨음에 깊은 감사드립니다. 세상에 수많은 이들이 하나님의 사랑하심과 섭리하심 속에서 뜻 깊은 결혼을 하고 있는 줄 믿습니다. 저들에게 하나님의 큰 은혜가 넘치게 하옵소서! 그러나 오늘은 그 수많은 젊은이들 중에서도 더 특별한 이들이 이렇게 하나님 앞과 주례 목사님 그리고 그 동안 사랑으로 길러주신 부모님과 여러 증인들 앞에 섰습니다. 그 동안도 그리하셨거니와 앞으로 이들 앞에 전개될 모든 새 생활 속에서 축복하여 주시기를 바랍니다. 이 시간 다시 한 번 더 간구하는 것은 이들이 하나님의 종으로서 길을 걷기 때문입니다. 썩어져 가는 구습을 좇는 세상 속에서 하늘의 별과 같이 빛나는 바른 삶을 살 수 있도록 인도하여 주시옵소서! 많은 이들을 옳은 대로 이끌 수 있는 영력과 감화력을 허락하여 주시고, 불과 같은 소명감도 허락하여 주시기를 바랍니다. 오늘의 이 예식이 있기까지 눈물의 기도와 사랑으로 양육했던 양가 부모들의 수고와 가족 친척들 그리고 섬기는 교회 교우들의 특별한 기도와 헌신을 하나님이 지켜 주시옵소서! 또 오늘의 이 예식을 더 뜻깊게 만들기 위해서 찬양과 손 봉사로 헌신하는 모든 교우들에게도 같이하여 주시옵소서! 오늘로부터 양가의 믿음의 가족들이 이 젊은이들로 말미암아 더 화목해지며 더 믿음의 축복을 받게 하시기를 바랍니다. 이 예식을 통하여 하나님께만 영광을 돌리오니 주님 받아 주시옵소서! 예수님의 귀하신 이름으로 간절히 기도하옵나이다. 아멘

졸업예배기도 1

　지혜의 근본 되시는 하나님, 오늘 그동안의 많은 역경을 이겨내고 졸업의 영광을 맞는 우리 형제자매들을 위하여 졸업예배로 하나님께 영광을 돌립니다. 돌이켜보면 주님을 진정 사랑하지 못하고 세상의 지식과 즐거움만을 좇아 살았던 것 같습니다. 우리 허물과 죄를 그리스도의 십자가 보혈로 씻어주시옵소서. 은혜로우신 하나님, 이제 우리 졸업하면 새로운 세상으로 가게 됩니다. 주님께서 지켜 주시옵소서. 먼저 하나님 안에서 큰 꿈을 품을 수 있도록 도와주시고 날마다 주님과 동행하는 삶을 살아갈 수 있도록 도와주시옵소서. 우리의 사랑도 성장할 수 있게 하셔서 주님이 우리를 사랑함같이 우리도 서로 그렇게 사랑할 수 있도록 도와주옵소서. 새로운 사람들을 만나게 될 것입니다. 하나님, 무엇보다 믿음의 동료와 친구를 만나게 하시고 신앙이 더욱 자라게 하시며 믿지 않는 사람들을 위해 기도하며 전도하는 하나님의 일꾼이 되게 하여주옵소서. 우리가 가는 곳마다 하나님의 향기가 퍼지게 하시고 죽음을 이기신 그리스도의 부활이 선포되게 하옵소서. 살아가면서 여러 가지 어려움들이 또 있을텐데 믿음으로 이길 수 있도록 굳센 마음 허락하옵소서. 지금까지 우리를 가르쳐 주신 선생님들에게 하나님의 은혜가 임하기를 원합니다. 오늘 드리는 예배의 순서를 주님께서 주관하여 주시기를 원하며 예수님 이름으로 기도합니다. 아멘.

졸업예배기도2

언제나 우리를 선한 길로 인도하시는 아버지 하나님, 그동안 공부했던 모든 과정을 마치고 이렇게 졸업예배를 드릴 수 있게 하심을 감사드립니다. 지난 몇 년 동안 우리는 하나님의 은혜 안에서 많은 지식을 배우고 좋은 친구도 사귀며 지낼 수 있었습니다. 그러나 하루의 시작을 세상의 공부로 했던 적이 더 많고 주님을 만나는 것보다 친구들을 만나는 것을 더 즐겨했던 것을 고백하지 않을 수 없습니다. 주여, 믿음이 부족한 우리를 용서하여 주옵소서. 주님께서는 우리 한 사람 한 사람에게 귀한 달란트를 주셨는데 그것을 깨닫지 못하고 이 세상의 풍조에만 떠밀려 살아온 날들이 많습니다. 하나님, 이제 우리가 새로운 세상으로 나가는데 하나님의 말씀을 먼저 깨닫게 하셔서 우리 생각대로 경영하는 어리석음을 벗게 하옵소서. 늦었다고 생각되는 그 시간이 가장 빠르다고 합니다. 하나님, 우리가 죄를 깨달을 때마다 회개하고 주님께 돌아와서 날마다 새로운 모습으로 성장해 갈 수 있도록 도와주옵소서. 우리에게 앞으로 주어질 일들을 주님께서 맡겨 주신 것이라 확신하고 최선을 다할 수 있도록 도와주옵소서. 은혜가 충만하신 주님, 그동안 우리를 보살펴 준 선생님과 부모님들에게 하나님의 은혜를 허락하시고 그 분들의 기도대로 우리가 하나님의 자녀로 올바른 삶을 살아가게 하여 주시기를 간절히 원합니다. 오늘 말씀이 선포될 때 무릎 꿇고 겸손히 마음을 열어 순종하게 하여 주시옵소서. 이 시간 우리를 만나 주심을 믿고 예수님 이름으로 기도했습니다. 아멘.

퇴임예배기도문

　사랑과 은혜로 세상을 창조하신 하나님! 이 아침 OO 회사 간부와 주님의 사랑스런 자녀 신우회원이 함께 하였습니다. 특별히 오늘을 기하여 이 자리를 떠나시는 OOO님 퇴임예배로 주님께 영광 돌리는 자리를 마련해 주심에 감사드립니다. 영원부터 영원까지 살아계신 하나님! 아침에 났다가 저녁에 스러지는 들풀 같은 인생을 날마다 지키시고 인도하여 주심을 감사드립니다. 우리 OOO님은 일평생 이 회사의 일에 온 정성과 충성을 다하여 왔습니다. 그간의 수고함에 위로와 축복을 내려주시옵소서. 이제 주님을 향해 다가가는 OOO님에게 끝없는 사랑과 건강과 평안을 주시옵소서. 화평함과 소망이 가득한 가정, 주님 보시기에 아름다운 그리스도 가정으로 지켜주시옵소서. 이제 새로 시작하는 시간입니다. 영원하신 주님께서 OOO님에게 미래를 다시 설계할 수 있게 도우시고 주님 앞에 가는 그 날까지 주님의 일을 놓지 않고 지속할 수 있도록 은혜 내려 주시옵소서. 오늘 함께 모인 믿음의 식구들이 OOO님을 위해 잊지 않고 기도할 수 있도록 하여 주시고 오늘 예배에 홀로 영광받아 주시옵소서. 예수님의 이름으로 간절히 기도 드리옵니다. 아멘

장례예배기도문1

생명의 근원이 되시는 하나님 아버지, 이 시간 OOO의 장례예배를 드립니다. 성령께서 함께 하셔서 슬퍼하고 애통해하는 모든 하나님의 백성들을 위로하여 주시옵소서. 또한 믿음과 새로운 소망을 더욱 굳게 하여 주시옵소서. 주님의 품에 안긴 OOO은 이 세상에 있는 동안 주님의 충성된 제자로 많은 사람에게 기쁨과 즐거움을 주었던 것을 기억합니다. 그를 통해 많은 영혼이 주께 돌아왔고 많은 주의 사역을 이루었습니다. 살아계신 하나님, 이제 그가 주님께 갔으니 남은 가족에게 믿음을 유산으로 전해주시고 이들도 이 세상에서 OOO의 삶을 본으로 성실히 살게 하소서. 하나님께로 왔다가 하나님께로 가는 것이 인생임을 다시 한 번 깨닫고 더욱 담대히 세상을 살게 하여 주옵소서. 장례를 마칠 때까지 모든 절차를 주께서 인도하여 주시고 위로하여 주시옵소서. 예수님 이름으로 기도합니다. 아멘.

장례예배기도문 2

우리의 소망되시는 하나님 아버지여! 우리가 주님의 높고 크신 경륜을 다 깨닫지 못하오나 저희들로 하여금 주님의 약속과 영생의 복음을 확실히 믿고 이 땅에서 어려움이 닥친다 하여도 하늘의 소망을 빼앗기지 않게 하여 주시기를 바라옵나이다. 세상은 꿈같은 세상이요 나그네와 같은 인생이오니 세상에 연연하며 살다가 허무한 인생을 맺게 하지 마옵시고, 오직 진실과 겸손으로 주님을 따르게 하옵소서! 영원한 생명을 주시는 주님 이제 귀한 OOO집사님의 소천로 인하여 애곡하는 유족들과 여러 친지들에게 주님의 위로와 평강으로 채워주시기를 바라옵나이다. 세상의 어떤 위로도 죽음 앞에서는 아무런 위로도 될 수 없으나 오직 영생하시는 하나님의 위로는 참되고 확실한 위로와 소망이 되십니다. 짧은 나그네 길 살면서 오직 하나님을 모시고 살게 하옵소서! 예수님의 이름으로 기도드리옵나이다. 아멘!

추도예배기도문

　어제나 오늘이나 변함없이 사랑하시고 우리들을 지켜 주신 하나님 아버지께 감사드립니다. 부모님 기일을 맞이하여 온 가족이 함께 모여 지난날 동안 베풀어 주신 은혜를 생각하면서 주의 이름을 찬양하며 겸손히 주님 앞에 예배드리게 하심을 진심으로 감사드립니다. 지난날 어리고 철이 없었던 우리를 먹이시고 기르신 부모님의 사랑을 다시금 기억하게 하옵소서! 무엇보다, 우리 남은 가족들이 화목하게 하옵소서! 주께서 주신 믿음을 잊지 않게 하옵소서! 각자 있는 처소에서 그리스도인으로서 부끄럽지 않은 삶을 살게 하옵소서! 그래서 각자의 가정에서 찬양이 넘치고 감사가 넘치게 하옵소서! 예수 그리스도의 이름으로 간절히 기도드립니다. 아멘

하관예배기도문

    생명의 주인이신 하나님 아버지, 우리는 지금 당신의 사랑하는 고 ㅇㅇㅇ 집사님의 유해를 이곳에 안장하려고 모였나이다. 흙으로 된 인생 흙에서 왔다가 흙으로 돌아가옵고 영혼은 하나님께로부터 왔다가 하나님께로 돌아가나이다. 오! 주님, 간절히 기도드리옵나니 사랑하는 가족을 보내는 유가족들과 여기에 둘러선 저희들에게 위로를 허락하여 주시옵소서. 주님께서 말씀하시기를 나는 부활이요 생명이니 나를 믿는 자는 반드시 부활하여 영원히 살겠다고 말씀하셨사오니 부활의 그 날 우리 모두 즐겁게 만날 수 있게 하옵소서! 부활이요 생명이신 예수 그리스도의 이름으로 기도 드리옵나이다. 아멘!

입관예배기도문

　영원하신 생명의 아버지 하나님, 인생이 되어 세상에 오는 것도, 세상에서 하나님께로 가는 것도 하나님의 영원하신 섭리 가운데 이루어짐을 믿고 기도를 드립니다. 인간의 생사화복을 주관하시는 하나님, 지금 이 시간 주님의 사랑하는 딸 고 ○○○권사님의 입관을 앞에 두고 있습니다. 우리 짧은 생각에는 몇 년이라도 더 사셨으면 좋으리라 생각하지만 모든 것을 가장 아름답고 선하게 이루시는 하나님, 귀한 딸을 지금 불러 가심이 하나님의 뜻임을 믿고 주께 영광을 돌리옵나이다. 하나님께서 먼저 불러 가신 우리 ○○○권사님의 영혼을 받으사 아버지의 품안에 품어 주시옵소서! 세상에서 당한 모든 고통과 슬픔의 얼룩진 것들을 다 씻어주옵시고, 그 눈에서 눈물을 씻어 주시옵소서! 그리고 아버지 품에 안긴 귀한 집사님의 가슴에 가득한 소원을 신속하게 이 가정에 이루어 주기시를 간절히 원합니다. 하나님 아버지, 이제 육신의 이별을 맞이하여 슬픔에 잠긴 유족들과 이웃들에게도 하늘의 위로와 평강을 내려 주시사 다시 만날 소망을 주시기를 간절히 원하옵고 바라옵나이다. 영원한 천국 집을 예비해 놓으신 생명의 예수님 이름으로 기도드리옵나이다. 아멘!

임종예배기도문

하나님 아버지 이제 귀한 OOO집사님의 영혼을 받으심을 믿습니다. 다시 한 번 고인의 영혼을 아버지의 손에 의탁하나이다. 죄를 씻기 위해 십자가를 지신 주님 귀한 영혼의 죄를 모두 씻어 주심을 믿습니다. 이제 고인뿐만 아니라 슬픔에 싸인 유족들에게도 한량없는 위로와 영원한 천국에서 다시 만날 소망을 주시기를 간절히 바라옵고 원하옵나이다. 이 가정을 사랑하시는 예수님의 이름으로 기도하옵나이다. 아멘!

교사헌신예배 1

　사랑의 하나님! 우리를 수많은 사람들 가운데 구별하여 불러 주시고 귀한 직분을 맡겨 주셔서 어린 생명들을 주님의 귀한 말씀으로 양육할 수 있도록 은총을 허락하여 주시니 그 크신 사랑에 감격할 뿐이옵니다. 이 밤에 교사들이 한자리에 모여 더욱 큰 헌신을 다짐하는 예배로 드리오니 주님 홀로 영광과 찬송을 받으시옵소서. 긍휼이 풍성하신 하나님! 지난날을 돌이켜 보건대 세속과 육신에 관계된 일로 말미암아 여러 가지 이유와 핑계를 대면서 주님이 맡겨주신 귀한 직분과 사명을 충실히 감당하지 못하고 충성하지 못했던 게으르고 무익한 교사들이었음을 고백하지 않을 수 없나이다. 오 주여! 지난날의 죄악들은 십자가의 보혈로 씻어 주시고 긍휼을 베풀어 주시기를 원합니다. 이 시간 새로운 다짐을 하고 충성할 수 있기를 소원 하오니 연약한 저희들을 도와주시옵소서. 자비하신 하나님! 우리에게 맡겨주신 어린양떼들을 자원하는 마음으로 보살피게 하시며 어린 심령들에게 언제나 신앙의 모범을 보일 수 있는 교사들이 될 수 있도록 성령께서 이끌어 주시옵소서. 혹 부지 중에 보인 우리들의 잘못된 모습으로 말미암아 어린 생명들이 상처 받고 낙심할 수도 있사오니 언제나 주님 앞에서 산다는 저희들의 신앙 의식이 흐려지지 않게 도와주시고 먼저 우리 자신을 주의 말씀으로 잘 갈고 닦을 수 있도록 이끌어 주시옵소서. 특별히 영혼을 귀하게 여길 줄 아는 교사들이 되기를 원합니다. 맡겨진 영혼들을 한 영혼이라도 곁길로 나가지 않도록 잘 살필 수 있는 교사들이 되게 하여 주시옵소서. 예배의 시종을 주님께 의탁하오며 어린 생명들을 천국의 주인공으로 보신 예수 그리스도의 이름으로 기도 드립니다. 아멘

교사헌신예배 2

　우리를 교사로 불러주셔서 주님의 복음을 가르치는 귀한 사역을 맡겨 주신 주님, 은혜를 감사합니다. 오늘은 교사의 사명을 맡은 자들이 모여 주님께 헌신을 결단하는 예배를 드립니다. 주님, 우리에게 맡겨 주신 어린 생명들을 주님께로 온전히 인도하기에 부족함이 없도록 도와주옵소서. 교사된 자로서 신앙의 올바른 모범을 보이게 하시고 상처받은 영혼들을 주님의 사랑으로 감쌀 수 있도록 도와주옵소서. 그들이 성장하는 것을 보는 것이 주님에게도 뿐만 아니라 우리에게도 가장 큰 기쁨입니다. 한 명이라도 낙심시키지 않도록 하셔서 주님께 충성스러운 교사들이 되게 하여주옵소서. 주님, 우리 교회가 신앙교육에 온 힘을 기울여 우리 교회와 이 나라의 미래를 짊어지고 나갈 믿음의 인재들을 많이 키워낼 수 있기를 바랍니다. 목사님을 비롯해 모든 성도들이 함께 한 마음으로 기도하게 하여주시옵소서. 우리 교사들의 믿음을 먼저 성장시켜 주시고 사랑을 깊이 체험하게 하셔서 어린이와 학생들을 가르치는데 온전히 헌신하게 하시옵소서. 주님, 이 시간 주님의 말씀을 가지고 단에 서신 담임 목사님에게 전신갑주를 입히셔서 하나님의 말씀이 온전히 우리에게 전달되도록 하여주시고 그 말씀에 감동되어 우리가 교사로서의 직분을 잘 감당할 수 있는 믿음을 허락하여 주시옵소서. 이 예배를 주님께서 온전히 받으시기를 바라며 예수님의 이름으로 기도합니다. 아멘.

청년부 헌신예배 1

　주님을 앙망하는 자에게 새 힘을 주시는 능력의 하나님, 오늘 청년들이 모여 하나님께 우리 자신을 드리고자 결단하는 시간을 갖습니다. 사랑의 주님! 젊음은 패기이고 용기이며 아름다움이기도 하지만 교만과 허영이기도 합니다. 이 시간 젊음이 영원한 것이 아니며 인생의 전부가 아님을 깨닫게 하사 모든 죄와 허물을 회개하게 하시고, 인생의 주인이신 주님께 겸손히 자기를 내어 맡길 수 있는 청년들이 되게 하여 주옵소서. 만약 아직 영접하시 못하고 출석만 하는 영혼이 있다면 그 심령 속에 찾아 가서서 저들의 영안을 밝혀 주시고 인생의 참된 주인이 되시는 주님을 온전히 영접하게 하여 주옵시고 주님께 더욱 귀하게 쓰임 받을 수 있는 일꾼들이 되게 하여 주시옵소서. 오늘 이 교회를 통하여 불러주신 주의 청년들이 주님의 교회를 든든히 세우는데 한결같이 귀중한 일꾼으로 쓰임 받기를 원합니다. 청년들의 헌신을 통해서 더욱 건강히 교회, 젊은 교회가 되게 하시고 독수리가 날개 치듯 강한 믿음으로 비상하는 힘 있는 교회가 되게 하여 주시옵소서. 오늘 이 시간 헌신의 삶을 살고자 헌신을 다짐하면서 주님께 드리는 청년들의 헌신 예배를 향기로운 제물로 받아 주옵시고 이 청년들을 통해서 주님의 역사를 이끌어 가는 도구로 삼아 주시옵소서. 특별히 이 시간 청년들에게 생명의 말씀을 증거 하시기 위하여 단위에 세우신 목사님을 기억 하시고 선포 하시는 말씀마다 권세를 더하여 주셔서 이 자리에 참석한 청년들과 모든 성도들이 심령의 뜨거움을 경험하게 하시고 새 힘을 얻어 승리의 삶을 살아가기를 다짐하는 복된 시간이 되게 하여 주시옵소서. 거룩하신 예수 그리스도의 이름으로 기도 드립니다. 아멘.

청년부헌신예배 2

　날마다 새 힘을 주시는 능력의 주님, 우리 청년들에게 젊음과 패기를 주시며 또한 지혜를 허락하셔서 오늘까지 믿음을 지키게 하시고 이 시간 주님께 헌신하는 예배를 드리게 하심을 감사드립니다. 주님의 은혜는 한 번도 그치지 않았지만 우리가 아직 어리고 젊다는 이유로 세상의 욕심을 이기지 못하고 주님을 떠나 살 때가 많았음을 고백합니다. 주여, 이 시간 머리 숙인 모든 심령들을 용서하여 주시고 성령께서 주님께로 인도해 주시옵소서. 주님, 우리 청년회가 각기 학업으로 직장 일로 바쁜 삶을 살고 있습니다. 하나님께서 함께 하시어 바쁜 중에도 믿음이 흔들리지 않도록 지켜주시고 죄악의 길로 빠지지 않도록 도와주시옵소서. 아직 믿음이 연약하여 많은 세상의 즐거움을 잊지 못하고 있습니다. 하나님, 우리에게 성령의 충만을 허락하여 주시옵소서. 하나님을 만나는 기쁨이 최고인 것을 지금 깨닫게 하여주시옵소서. 주님의 능력으로 세상을 살기 원합니다. 보잘 것 없는 외모지만 주님께서 함께 하시면 약함이 오히려 온전히 되게 함을 믿습니다. 주님께 모든 것을 맡기고 의지하는 참된 삶을 살게 하시옵소서. 주님, 우리 교회를 반석 위에 튼튼하게 세워주시고 온 청년들이 세찬 풍랑과 비바람에도 흔들려 넘어지지 않도록 붙들어 주시고 날마다 주님의 말씀으로 새롭게 거듭날 수 있도록 도와주시옵소서. 이 시간 말씀 전하시는 목사님 위에 주님의 은혜가 넘치기를 바라며 모든 것 예수님의 이름으로 기도하였습니다. 아멘.

성가대헌신예배 1

  찬양과 영광을 받으시기에 합당하신 하나님! 주님께 감사와 찬송과 경배를 드립니다. 죽었던 저희를 불러 주셔서 주님의 자녀로 삼아 주시고 주님을 찬송하는 구원의 새 노래를 부르게 하여 주신 은혜를 감사드립니다. 이 시간은 우리로 하여금 주님을 힘껏 찬양할 수 있는 성가대원으로 세워 주신 것이 너무나 감격스럽고 놀라워 헌신을 결단하는 예배를 드립니다. 모든 찬양 대원들이 뜻을 같이하여 주님께 헌신과 충성을 다짐하는 이 예배를 받아주시옵소서. 이 시간 헌신 예배를 드리면서 주님이 우리에게 맡기신 사명이 얼마나 중요하고 귀중한 것인지를 다시 한 번 깨닫게 하시고 찬양의 도구로 새롭게 거듭나는 시간이 되게 하여 주시옵소서. 구원의 노래가 되시는 하나님 아버지! 우리 성가대가 부르는 찬양이 구속 받은 은총의 감격과 특별한 은사를 받은 데 대한 기쁨을 가지고 찬양하게 하시옵소서. 항상 향기로운 제물을 주님께 드린다는 정성스런 마음으로 찬양하게 하시고 자랑이나 명예를 위해서가 아니라 오직 하나님을 사랑하고 감사하는 마음으로 주님을 찬양하며 영광 돌리는 성가대원이 되게 하여 주시옵소서. 듣는 이들의 영혼도 감동시킬 수 있는 찬양이 되기를 원합니다. 항상 경건에 이르는 연습을 게을리 하지 않게 하시고, 더욱 주님의 말씀을 가까이 하고 기도할 수 있는 찬양 대원들이 되게 하여 주시옵소서. 찬양이 있기 전에 기도가 먼저 있어야 함을 뼛속 깊이 체험할 수 있게 하여 주시옵소서. 이 시간 함께 예배드리는 온 성도들의 심령을 주님을 찬양하는 은혜로 가득 채워 주실 것을 믿사옵고 언제나 함께하시고, 동행하시는 예수 그리스도의 이름으로 기도 드립니다. 아멘.

성가대헌신예배 2

　존귀와 영광을 받으시기에 합당하신 하나님, 그 이름을 경배하며 찬양합니다. 또한 이 시간 성가대의 헌신예배를 허락하심을 인하여 감사드립니다. 부족한 우리를 부르셔서 주님의 이름을 평생 찬양할 수 있는 귀한 직분을 허락하심이 얼마나 감격스러운 일인지 모릅니다. 하나님, 우리 성가대원 모두 하나님의 이름을 찬양하는 일을 그만두지 않도록 도와주옵소서. 생명이 있는 날까지 계속 주를 찬양하게 하옵소서. 그동안 혹시라도 우리의 재능을 앞세워 찬양한 적은 없는지 두렵습니다. 하나님, 항상 우리 마음을 지켜주셔서 가장 겸손한 모습으로 찬양할 수 있도록 도와주시옵소서. 한시라도 교만하지 않기를 원합니다. 거룩하신 주의 이름 앞에 언제나 무릎 꿇게 하여주시옵소서. 하나님, 이 성가대의 일을 주관하는 성가대장과 지휘자 그리고 반주자에게 하나님의 크신 은혜를 허락하여 주시고 건강을 지켜 주셔서 성가대를 이끌어 가는데 조금도 부족함이 없도록 인도하여 주시옵소서. 그리고 우리 대원들의 심령을 살피셔서 온 마음을 드려 찬송하게 하여주시옵소서. 하나님, 우리 교회에서 언제나 감사와 찬양이 울려퍼질 수 있도록 인도하여 주시며 찬송소리가 하늘에까지 상달되어 주님을 기쁘시게 할 수 있도록 도와주시며 이 시간 함께 예배드리는 온 성도들의 심령을 주님을 찬양하는 은혜로 가득 채워주시고 주님께 헌신하는 믿음으로 충만케 하옵소서. 오늘도 우리를 지켜 주시고 동행하시는 예수님의 이름으로 기도했습니다. 아멘.

학생회헌신예배 1

사랑이 많으신 하나님 아버지! 오늘도 우리를 향하여 은혜와 평강을 허락하심을 감사드립니다. 이 복된 날, 우리 학생들이 주님 앞에 나와서 헌신 예배를 드릴 수 있도록 인도하여 주심을 감사드립니다. 하나님, 우리는 많이 어리고 믿음도 약합니다. 그러나 다윗처럼 바울처럼 살고 싶은 꿈이 있습니다. 하나님께서 함께 하시고 도와주시면 꼭 그렇게 살 수 있을 것입니다. 도와주옵소서. 요즈음 본분을 잊고 탈선하는 학생들이 참 많습니다. 학교에서의 폭력은 점점 심해지고 아직 따돌림도 있습니다. 사랑의 하나님, 우리 믿는 학생들이 기도하며 사랑을 실행하여 그들을 하나님께 이끌 수 있도록 도와주옵소서. 그들의 마음을 변화시킬 수 있도록 도와주옵소서. 우리 행실을 보고 그들이 하나님께 영광을 돌리는 날이 꼭 있게 하여 주옵소서. 사랑의 하나님, 우리 교회에 이렇게 학생회를 허락하심을 감사드립니다. 이렇게까지 성장해온 데는 많은 분들의 수고가 있었습니다. 새벽마다 우리 학생들을 위해 기도하시는 목사님과 여러 선생님들, 또 학생회가 날로 발전하기를 바라며 여러 가지로 돕고 있는 선배들, 하나님 이들에게 큰 은혜를 허락하시고 모든 일에 복에 복을 더하여 주옵소서. 하나님, 우리 학생회가 언제나 주님의 은혜 안에서 성장하기를 바랍니다. 학생 한 사람 한 사람의 신앙이 성장하게 도와주시고 서로를 위해서 눈물 흘리며 기도하는 모임이 되게 해주옵소서. 학생회 안에서 천국을 경험할 수 있도록 도와주옵소서. 오늘 우리들의 헌신을 결심합니다. 하나님, 오늘 예배를 받으시고 우리가 평생 하나님의 영광을 위해 살아갈 수 있게 해주세요. 예수님 이름으로 기도했습니다. 아멘.

학생회헌신예배 2

은혜로우신 하나님 아버지, 이 시간 우리 학생들이 주님 앞에 헌신을 다짐하는 예배를 드립니다. 함께하여 주시고 영광 받아 주시옵소서. 우리를 사랑하시는 주님, 먼저 우리들의 모든 죄를 고백합니다. 아직 믿음이 연약하여 여러 가지 유혹에 숱하게 넘어집니다. 하나님, 우리 죄를 용서하여 주시옵소서. 십자가에서 흘리신 주님의 보혈로 우리 더러운 마음을 깨끗하게 씻어 주시옵소서. 이제 주님의 말씀을 따라 살려고 합니다. 오늘 우리 모두 하나님 앞에서 다짐하게 하시고 굳건한 믿음을 가질 수 있도록 도와주시옵소서. 하나님, 우리에게 올바른 신앙과 훌륭한 인격을 허락하셔서 하나님의 뜻을 먼저 깨닫는 자들이 되게 하시고 주님의 삶을 따라 이 세상의 빛과 소금이 될 수 있도록 도와주시옵소서. 하나님 우리는 공부하는 중에 있습니다. 지혜를 구하나 세상의 지혜가 아닌 하나님의 지혜를 구하오니 하나님, 응답하여 주시고 우리가 하나님의 능력으로 이 세상을 살아갈 수 있도록 도와주시옵소서. 그리고 우리가 큰 꿈을 가지기를 원합니다. 하나님께서 말씀해 주시옵소서. 우리가 가야 할 길을 알려주시옵소서. 이 세상에 하나님의 이름을 널리 선포하는 사람들이 되게 하여 주시고 하나님의 선한 능력을 더욱 알리는 사람들이 되게 하여 주시옵소서. 하나님, 우리 학생회가 사랑으로 하나 되길 원합니다. 주님의 사랑으로 서로 사랑하게 하시고 서로 격려하고 용기를 주는 참된 형제 자매가 될 수 있도록 도와주시옵소서. 오늘 드리는 예배에 주님께서 함께 하실 것을 믿으며 예수님 이름으로 기도했습니다. 아멘.

여선교회헌신예배 1

　감추인 봉사와 헌신을 귀하게 여기시는 하나님, 이 시간 여선교회 회원들이 한 자리에 모여 헌신예배를 드리게 하심을 감사드립니다. 하나님께서 여선교회를 사랑하여 주시고 축복하여 주심에 보답코자 주님께 여러 번 작정하고 결단했으나 많은 핑계거리 속에서 주님의 일을 소홀히 했음을 솔직히 고백하오니, 우리 죄를 용서하여 주옵소서. 신랑을 맞으러 나간 열 처녀 중 슬기로운 다섯 처녀처럼 주님 맞이하는 일에 소홀함이 없게 붙들어 주시옵소서. 주님, 우리는 여선교회 회원들인 동시에 각 가정의 주부들입니다. 한 아내로서 한 어머니로서 믿음으로 남편을 내조하고, 자녀를 양육하며 가정에 충실한 여인으로서 그 본분을 다하게 하시고, 교회를 섬기는 봉사자로서도 주님의 일에 충성하는 지혜로운 여인들이 되게 하옵소서. 주께서 제자들의 발을 씻겨 섬김의 본을 보여주신 것 같이 주님을 본받아 겸손함으로 다른 사람을 위하고 섬기며 사랑하게 하옵소서. 한나와 같이 기도의 승리자가 되고, 위기에 처한 가문을 구해 낸 나발의 아내 아비가일과 같은 담대한 믿음과 지혜를 주시고, "죽으면 죽으리라"는 굳센 믿음으로 조국을 구해낸 에스더와 같은 믿음을 우리 회원들에게 내려 주옵소서. 하나님, 올해 여선교회에서 계획한 모든 사업들이 차질 없이 믿음으로 실행되기를 원합니다. 우리는 연약하지만 믿음의 전신갑주로 덧입혀 주셔서 "땅 끝까지 이르러 내 증인이 되리라"하신 말씀대로 우리들이 복음을 들고 국내는 물론 온 세계 땅 끝까지 갈 수 있게 하옵소서. 주 하나님! 우리가 사는 곳곳에서 복음을 전파할 때에 그 수고가 헛되지 않게 좋은 결실을 맺도록 은혜 베풀어주옵소서. 예수님이름으로 기도합니다. 아멘.

여선교회헌신예배 2

　참된 생명 되신 주님, 은혜를 감사합니다. 이 시간 우리 여선교회원들이 모여 오직 주 앞에 헌신할 것을 결단하는 예배를 드리게 하심을 감사드립니다. 귀하고 복된 시간 먼저 주님께 영광과 찬양을 돌립니다. 하나님 아버지, 이 시간 우리 죄를 회개합니다. 우리는 이 세상에 살면서 악하고 험한 세상을 이기지 못하고 주님의 뜻을 거역하는 생활을 했습니다. 우리를 긍휼히 여기사 모든 죄를 용서하여 주시고 깨끗하게 하여 주시옵소서. 사랑의 주님, 이 시간 우리가 온 정성을 다하여 주님께 영광 돌리게 하시며 주님을 위해 사는 여성들로 결단하는 시간이 되게 하여 주시옵소서. 주님, 이 시간 함께 하셔서 우리 연약하고 가냘픈 심령 위에 새로운 생명력과 힘을 주옵소서. 이 험한 세상을 싸우며 이기는 믿음의 승리자들이 되게 하옵소서. 우리가 여선교회원으로써 교회를 섬기는 데 게으르지 않게 하시고 성령으로 충만케 하셔서 온 몸과 마음으로 헌신하게 하옵소서. 주님, 우리가 사는 곳곳에서 주님의 복음을 증거하며 전도에 힘쓰게 하시고 수고하는 우리 여선교회 임원들에게도 복을 허락하셔서 그들의 수고가 아름다운 결실을 맺게 하여 주시옵소서. 우리 가정을 축복해 주시고 집 안의 주인 되셔서 주님을 머리로 한 가정이 되게 하여주시고 늘 사랑과 평화가 넘쳐서 작은 천국을 이루게 하시며 기도와 찬송이 끊임없이 울려 퍼지는 믿음의 가정이 되게 하옵소서. 예배의 시종을 주님께 의탁하며 예수님 이름으로 기도합니다. 아멘.

남선교회 헌신예배 1

　역사를 주관하시는 하나님 아버지, 하나님의 사랑에 감사와 찬송을 드립니다. 죄로 죽었던 우리를 불러 하나님의 귀한 백성으로 삼아주시고, 죄 가운데 방황하고 있을 때 구름기둥과 불기둥으로 인도하여 주신 하나님의 사랑에 깊은 감사를 드립니다. 오늘은 남선교회 회원들이 모여 마음과 뜻과 정성을 바쳐 사명을 다짐하는 헌신예배를 드립니다. 하나님께서 역사하여 주시고 성령께서 우리 마음을 인도하여 주옵소서. 이 헌신예배로 하나님께 영광돌리기를 원합니다. 그리고 우리에게는 한없는 은혜의 시간이 되기를 바랍니다. 특별히 남선교회 회원들은 복음의 기수로서 청지기의 사명을 감당하며 사랑이 메마른 이 땅위에 사랑을 실천하고자 뜨거운 가슴을 안고 모였습니다. 하나님 아버지, 하나님의 의로운 오른 손으로 우리를 돌보시어 죄악이 만연한 세상에서 신앙의 힘으로 승리할 수 있도록 도와주시옵소서. 주님의 몸된 교회를 위한 봉사를 비롯해서 무슨 일을 하든지 하나님의 영광을 위하여 일하는 귀한 존재가 될 수 있도록 인도하여 주옵소서. 오늘도 말씀 속에서 심령의 갈증을 풀 수 있도록 흡족한 은혜의 단비를 내려 주옵소서. 이 은혜를 간직하고 증인으로서 사명을 다하는 모든 회원들이 되게 하옵소서. 이 민족을 향하신 아버지여, 하나님의 귀하신 뜻이 온전히 이루어지길 원합니다. 저희 남선교회 회원들이 이 땅의 복음화와 통일을 위해서, 나라와 교회를 위해서 썩는 밀알이 되게 하옵소서. 우리가 믿는 것은 오직 하나님 아버지 한분뿐이오니 꿋꿋이 전진하는 신앙인으로 승리하게 하옵소서. 예수님의 이름으로 기도드립니다. 아멘.

남선교회헌신예배 2

　우리를 향한 사랑이 한없는 주님, 감사와 찬송을 드립니다. 이 시간 부족한 우리 남선교회원들이 주 앞에 헌신을 작정하며 결단하는 예배를 드리게 하심을 감사드립니다. 주님, 이 예배를 받아주시고 기쁘게 열납하여 주시옵소서. 하나님, 우리의 연약한 마음으로 인해 세상에 살며 많은 죄를 짓고 불의한 생활을 하기도 합니다. 주여, 용서하여 주시옵소서. 하나님 아버지, 우리 남선교회가 주님의 명령을 지키기에 부족함 없도록 이끌어 주시옵소서. 항상 깨어 기도하며 주님만을 사모함으로 온 성도들에게 은혜를 끼치며 더 나아가서는 믿지 않는 이웃들에게 좋은 영향력을 미칠 수 있도록 도와주시옵소서. 하나님, 우리가 이 예배를 계기로 새로운 신앙으로 거듭나고자 원합니다. 우리는 약하나 주님은 강하시며 우리는 쉽게 쓰러지나 하나님의 말씀이 우리를 일으켜 세워주시는 줄 아오니 우리가 신령과 진정으로 예배하여 주께로 더 가까이 나아갈 수 있는 은총을 내려주시옵소서. 특별히 이 시간 단위에 세우신 주님의 귀한 목사님을 주께서 친히 인도하여 주시사, 은혜로 채워주시고 생명의 꼴로 우리를 먹이실 때 은혜의 말씀으로 우리를 풍성하게 하옵소서. 주님, 우리 교회가 영원히 꺼지지 않는 진리의 등불이 되게 하시며 모든 사람들에게 생명의 양식을 먹이기에 부족함이 없는 신령한 제단이 되게 하여 주시옵소서. 오늘 예배에 함께 하여 주실 것을 믿고 예수님 이름으로 기도합니다. 아멘.

제직헌신예배 1

오늘도 주님을 예배하기 위하여 이 시간 모였습니다. 부족한 우리를 들어서 제직헌신예배로 주님께 영광 돌리게 하심을 감사드립니다. 올 한해 주님의 한량없는 은총 가운데서 보내게 하심을 감사드립니다. 힘든 날도 많았고 때론 낙심될 때도 있었지만 모든 아픔을 하감하시는 주님, 고난당할 때마다 세미한 음성으로 우리를 인도하셨음을 믿습니다. 거룩하신 주님, 올 한해 맡겨 주신 귀한 직분과 봉사의 사명을 최선을 다해 감당하지 못한 잘못이 있어 이 시간 고백하오니 예수 그리스도의 보혈로 씻어 주시옵소서. 우리가 감당하지 못한 일들을 누군가 했을 터인데 너무 어리석어 그조차 알지 못하고 그저 안일한 마음에 게으름만 피웠던 적이 있었습니다. 주님, 이 시간 겸손하고 정직하게 회개하오니 모든 잘못을 용서하여 주시옵소서. 이 시간부터 더욱 열심을 내어 주님 본향 가는 그 날까지 충성하길 원합니다. 직분을 받을수록 더 겸손해지며 더 섬기는 청지기가 되게 하시옵소서. 사람들의 칭찬에 귀 기울이지 않고 보이지 않는 곳에서 더 낮게 엎드려 주님의 일을 하게 하시옵소서. 더욱 성숙한 주님의 자녀가 될 수 있도록 도와주시고 한시도 말씀과 기도를 쉬지 않는 복된 삶을 살도록 인도하시옵소서. 항상 곁에서 용서하시고 선한 곳으로 인도하시기를 즐겨하시는 예수 그리스도의 이름으로 기도하였습니다. 아멘

제직헌신예배 2

거룩하시고 전능하신 하나님, 이 시간 제직회 헌신예배를 드릴 수 있도록 은혜 허락하심을 감사드립니다. 하나님, 이 예배를 시작하며 우리는 먼저 회개치 않을 수 없었습니다. 우리들에게 귀한 직분을 맡겨 주셨건만 그 소임을 다하지 못하여 하나님 앞에 서기에 심히 부끄럽습니다. 우리의 믿음이 약하고 나태하여 주님의 책망을 피할 수 없는 악한 종들임을 고백합니다. 주여, 우리 악한 죄를 용서하여 주시고 우리 심령을 정결케 씻어 주시옵소서. 자비로우신 주님! 가난한 마음으로 올 한 해 동안 교회를 위하여 세워주신 제직들이 헌신을 다짐하는 예배를 드립니다. 주여, 우리가 주님의 일을 감당하기에 지식도, 물질도, 재능도 부족하오니 우리에게 믿음을 주셔서 주의 보좌 앞에 나아와 큰 사명을 지고, 교회의 기둥답게 교회의 살림을 꾸려가며, 구제와 봉사, 복음전파 등의 일을 잘 감당하게 하옵소서. 특히 막중한 직무를 맡은 회장과 임원들을 중심으로 서로 협력하여 교회의 부흥발전에 애쓰며, 가난하고 어려운 교우들을 돌보며, 주님의 복음의 증거자로서의 사명을 잘 감당하게 하옵소서. 사랑의 하나님 아버지, 제직회에서 계획하고 있는 모든 사업 위에 축복하여 주시고, 모든 제직들과 성도들이 뜻을 합하여 주님의 선한 사업에 동참할 수 있도록 인도하여 주옵소서. 또한 제직들의 가정에 평안을 주시며, 그 사업 위에 축복하여 번영케 하시고, 각 직장에 함께 하여 주옵소서. 오늘의 헌신예배를 통하여 마음이 무장되게 하시고 이 결단이 금년 한 해 동안 변치 않도록 지켜주옵소서. 모든 것을 주님께 맡기며 우리 주 예수님의 이름으로 기도합니다. 아멘.

절기예배기도문

신년예배축하 1

　새해 첫 주일을 맞아 우리를 아버지 앞에 불러 모아주신 은혜를 감사드립니다. 거룩하시고 자비로우신 하나님 아버지! 언제나 새날을 맞을 때마다 가슴이 벅차지만 우리 심령이 정결치 못함을 인하여 마음은 무겁습니다. 새해 주님께 드리는 첫 마음이 주님 보혈 힘입어 정결하게 되기를 간절히 원합니다. 올해는 날마다 새로움으로 거듭나고 온 마음으로 하나님을 섬기며 주님의 나라와 의를 구하는 백성이 되게 하옵소서. 지난 날 교회와 이웃을 위하여 기도하지 못한 것과 그리스도를 증거하는 일에 게을렀던 잘못들을 다시는 범치 않는 한 해가 되게 인도하여 주시옵소서. 새해를 맞이하여 교회의 새로운 일꾼도 뽑혔사오니, 임명된 모든 일꾼들이 맡은 소임에 충성을 다하게 하옵소서. 특별히 주님의 몸된 교회를 위하여 애쓰시는 목사님을 성령으로 붙드사, 양무리들을 보살피기에 조금도 부족함이 없도록 영육 간에 강건함을 주시옵소서. 부교역자님들에게도 처음 부임할 때와 같이 맡겨주신 사명 충성 하게 하시며 가정에 평강을 주옵소서. 오늘 드리는 우리의 예배가 주님께서 기뻐 받으시는 산 제사가 되게 하시고 말씀 증거 하실 목사님에게 함께 하셔서 살아있는 말씀으로 우리들을 감화 감동케 하시며 승리의 삶을 살 수 있게 하옵소서. 성가대가 정성을 다해 준비한 찬양을 하나님께 올립니다. 흠향하시고 그들을 축복하옵소서. 오늘 예배가 살아있게 하시고 성령의 교통하심으로 거룩하고 평안한 시간으로 인도하소서. 살아계신 예수님 이름으로 기도 드립니다.　아멘

신년예배축하 2

새해를 우리에게 허락하신 하나님 아버지. 오늘 우리들이 주님께서 허락하신 새 아침을 새 결심과 새 희망 속에서 맞이하게 하시니 감사드리옵니다. 전능하신 하나님, 우리들이 지나간 한 해를 돌아 볼 때, 주님께서 허락하신 시간과 물질과 귀한 은사를 허비하고 게으름과 불충으로 시간을 보냈음을 고백합니다. 또, 육신의 생활에만 골몰하고 세상일에만 분주하여 주님을 멀리하고 생명의 말씀을 저버린 일이 너무 많이 있었습니다. 주여, 이 시간 우리들의 모든 죄와 허물을 깨끗이 사해 주시고 용서하옵소서. 언제나 희망이신 주님, 금년은 주께서 주신 시간과 물질을 하나님 기뻐하시는 뜻대로 쓰기를 결심하오니 도우셔서 우리들의 생활이 믿음으로 승리하게 이끌어 주옵소서. 그리하여 늘 주님과 함께 사는 삶이 되어 주님의 말씀을 기억하며 신령한 일과 하나님 나라를 위해 힘 쓸 수 있게 인도하옵소서. 올해 새로 사역을 시작하는 새 임원들이 있습니다. 모두 충성된 일꾼되게 하시고 열심히 일할 수 있도록 모든 환경을 주장하여 주옵소서. 특별히 목사님과 함께 하셔서 금년 한 해도 말씀의 능력과 건강과 가정을 축복하시고 지켜 주옵소서. 은혜와 사랑이 풍성하신 주님, 이 한해도 우리들의 기업이 되어 주시고 모든 성도들의 가정 위에 풍요한 성장을 허락하셔서 모든 가정이 믿음과 신앙으로, 물질과 건강으로 풍요함을 얻어서 더욱 주님을 뜨겁게 사모하게 하옵소서. 주님, 금년에도 이 나라와 민족을 불쌍히 여기시고 지키시며 분단된 이 나라가 속히 통일되는 놀라운 역사를 허락하옵소서. 새해에도 우리들의 삶을 지켜주실 줄 믿으며 예수님의 이름으로 기도합니다. 아멘

종려주일예배 1

　죄로 죽었던 우리를 섬기시려고 이 땅에 오신 주님, 오늘 거룩한 주일을 우리에게 허락하시고 특별히 종려주일로 지킬 수 있게 하셔서 주님께서 평화의 왕 되심을 선포하며 찬양하니 감사드립니다. 자비로우신 주님, 주님은 섬기려고 오셨으나 우리는 섬김 받으려 애를 쓰고 있음을 고백합니다. 하나님의 나라에서는 누가 더 크냐고 다투던 제자들을 심히 꾸짖으신 주님, 우리 잘못된 생각들을 꾸짖어 주시고 바른 길로 인도하여 주시옵소서. 주님의 고귀한 피로 산 교회가 주님을 따라 섬기는 자의 도리를 다할 수 있게 하여 주시옵소서. 주님의 나라는 말에 있지 않고 능력에 있다고 하셨습니다. 우리 교회가 실제로 주님을 위해서 세상에 대하여 복음과 진리로 봉사하는 교회가 되게 하시며 불의와 거짓으로 가득 찬 세상에 정의와 주님의 사랑을 보여줄 수 있는 교회가 되게 하옵소서. 제자들의 발을 친히 씻겨주신 주님을 기억합니다. 이 세상을 구원하시기 위해 십자가에서 피 흘리며 죽으신 것도 기억합니다. 승리의 주님, 우리의 신앙이 성숙하게 하시고 강하게 단련될 수 있도록 도와주시옵소서. 이 시간 우리가 드리는 예배가 어린 나귀를 타고 예루살렘으로 입성하신 주님의 승리의 입성을 찬양하는 예배가 되게 하시며 이 예배를 통해 우리 역시 승리의 대열에 서게 하시옵소서. 특별히 우리를 사랑하셔서 하나님 말씀을 대언하는 목사님을 보내주셨으니 오늘 성령 충만케 하셔서 하나님의 은혜의 진리를 담대히 선포하게 도와주시옵소서. 십자가에 달려죽으심으로 죄에서 우리를 구원하여 주신 우리 주 예수 그리스도의 이름으로 간절히 기도합니다. 아멘.

종려주일예배 2

평화의 왕이신 하나님 아버지, 오늘 예수 그리스도께서 온 인류에게 평화를 주시기 위하여 예루살렘에 입성하신 주님, 이 시간 온 마음으로 주를 찬양합니다. 거룩하신 주님, 주님께서 찬송과 존귀와 영광을 받으시기에 합당하신 분이나 죄 많은 우리를 사랑하셔서 나귀를 타고 평화의 왕으로 임하셨습니다. 그러나 우리는 주님을 믿는다고 고백하면서도 형제를 사랑하지 못하고 서로 섬김을 받으려고만 했습니다. 주여, 용서하시고 우리 더러운 몸과 마음을 씻어 주시옵소서. 평화의 주님, 참 평화를 주러 오신 예수님을 우리 모두 진심으로 영접할 수 있게 하시고 우리 마음을 주장하사 악하고 상한 마음에 기쁨을 주시고 새 힘을 허락하옵소서. 사랑의 주님, 이 땅에 전쟁의 공포와 경제적 불안과 민족 간의 반목이 있습니다. 예수 그리스도의 사랑으로 우리가 기도할 수 있도록 도와주시옵소서. 이 땅에서도 호산나 주를 찬양하는 소리가 넘치게 하여 주시옵소서. 사랑의 주님, 주님은 찬양과 존귀만을 취하지 않으시고 겟세마네 동산에서 피를 쏟는 진한 고뇌와 땀과 눈물로 기도하셨습니다. 우리의 삶도 주님을 본받게 하사 진정 낮은 곳으로 갈 수 있는 사람들이 되게 하여 주시옵소서. 낮은 자로 섬기는 삶을 살게 하시옵소서. 오늘 예배에 함께 하여 주심을 믿고 예수 그리스도의 이름으로 기도합니다. 아멘.

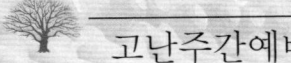

고난주간예배 1

　세상 죄를 홀로 지신 주님, 죄인을 대신하여 십자가를 지시고 고초당하신 주님의 놀라운 은총을 찬양하며 감사를 드립니다. 이 세상을 구원하시기 위해 친히 인간의 몸으로 오시고 십자가에 달려 죽으시기까지 우리를 사랑하여 주신 주님의 한없는 은혜에 감사드립니다. 자비로우신 주님, 이 험한 세상에서 어둠의 권세와 싸우며 고통당하는 우리의 곤고한 심령을 주께서 위로하여 주시며 주님의 십자가의 날개 아래에 보호하여 주옵시고 주님의 십자가의 날개 아래에 보호하여 주시옵소서. 주님의 십자가의 보혈로서 우리 무거운 죄 짐을 제거하여 주시옵소서. 우리가 주어진 십자가를 기쁨으로 짊어지고 주님을 따르며 골고다의 길이 아무리 험하고 힘들어도 주의 깊은 사랑의 힘으로 능히 이겨낼 수 있도록 도와주시옵소서. 우리 심령이 날마다 새로워지고 날마다 깊고 성숙하게 도와주시옵소서. 우리 교회가 이 지역과 나라에 꺼지지 않는 등불이 되게 하여 주시고 우리 교회가 죄로 어두워지거나 흐려지지 않고 주께서 처음 세워주신 그 모습 그대로 밝은 빛을 발할 수 있도록 도와주시옵소서. 주님의 고난의 십자가만을 바라보며 따르는 교회가 되게 하여 주시옵소서. 특별히 고난 주간에 드리는 이 예배를 통해서 주님이 당하신 고난의 의미를 깊이 묵상하여 주님의 깊으신 사랑을 더 깊이 체험할 수 있게 하여 주시옵소서. 주님, 주님을 따르는 것이 아무리 고통스럽다 할지라도 결코 불의나 악한 권세와 타협하지 않고 오직 주님의 길을 따르는 성도들이 될 수 있도록 도와주시옵소서. 이 시간 주님의 은혜가 영원히 우리와 함께 할 것을 믿으며 예수 그리스도의 이름으로 기도합니다. 아멘.

고난주간예배 2

　생명의 주님, 미천한 우리를 용서하시고 우리 죄를 사하시기 위해 험한 십자가를 지신 주님을 생각할 때마다 주님의 한없는 사랑과 놀라운 은혜에 감사와 찬송을 드립니다. 이 시간에도 주님께서 당하신 고난을 묵상하며 주님의 고난에 경건한 심령으로 동참하는 시간을 허락하심을 감사드립니다. 자비로우신 주님, 우리는 주님을 십자가에 못박으라고 아우성치던 군중들을 욕할 줄은 알면서 우리 자신은 주님의 고난과는 아무런 상관이 없는 것처럼 살아왔습니다. 주여 우리의 어리석고 불쌍한 모습을 용서하여 주시옵소서. 주님께서 고난당하심은 바로 우리의 죄 때문입니다. 그런데도 우리가 무책임하게 주님의 고난을 구경만하고 있는지 한 번 돌아보게 하시고 속히 회개하고 상한 마음으로 주님을 사모하게 하여 주시옵소서. 오늘 이 시간 주님의 고난을 가슴 깊이 안타까워하며 우리 모든 죄악을 진정으로 괴로워하면서 주님의 십자가를 바라볼 수 있도록 도와주시옵소서. 다시는 범죄치 않고 주님을 온전히 따르기로 작정하게 하여 주시옵소서. 주님의 십자가를 대할 때마다 우리가 도망가지 않고 겸손하고 진지하게 주님의 고난을 생각하고 받아들일 수 있게 하여 주시옵소서. 자비로우신 주님, 갈라지고 분열된 모든 사람들과 교회가 있다면 주님의 고난을 생각하며 화합하게 하시고 한 마음으로 다시 일어설 수 있게 하여 주시옵소서. 이 시간 드리는 예배가 형식적인 것이 되지 않게 하여 주시고 주님의 고난에 진심으로 동참하는 진정한 예배가 될 수 있도록 도와주시옵소서. 항상 우리와 동행하시는 예수님의 이름으로 기도합니다. 아멘.

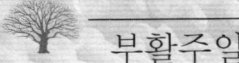
부활주일예배1

할렐루야 전능하신 하나님! 사망 권세를 이기시고 부활하신 주님, 그 이름을 찬양합니다. 오늘 부활 주일을 맞이하여 주님의 이름을 높이 찬양하오니 받아주옵소서. 우리를 사랑하사 십자가에서 죽으심으로 우리 죄를 대신 담당하시고 부활하시어 사망권세를 깨뜨리고 영생의 소망을 주신 주님께 감사를 드립니다. 지금도 하나님 보좌 우편에서 우리를 위하여 중보하시는 주님, 주님만 바라며 사는 우리가 되게 하여 주옵소서. 주님께서 사망의 권세를 깨뜨리고 다시 사신 것같이 우리 또한 죄를 떨쳐 버리고 사단의 유혹에서 벗어날 수 있도록 도와주시옵소서. 우리가 날마다 주님을 시인하고 고백하는 삶이길 원합니다. 사랑의 주님! 주님의 부활하심의 놀라운 소식이 온 땅에 가득하기를 원합니다. 오늘 주를 그리스도라 고백하는 모든 성도들이 주님께 영광을 돌리오니 받아 주옵소서. 아직도 이 놀라운 부활의 소식을 모르는 이들에게 주님의 복음이 전해지길 원합니다. 곧 오실 주님을 사모하되 모든 육체가 구원을 얻기까지 기다리시는 주님의 심장을 저희에게도 허락하시어 주님의 지상명령을 성취케 하옵소서. 우리에게 맡겨진 사명을 감당하기를 원합니다. 세상의 빛과 소금의 직분을 감당하게 하옵소서. 오늘 예배를 통하여 부활하신 주님을 찬양하오니 영광을 받아 주시고 은혜와 평안을 내려 주옵소서. 주님, 우리에게 주님의 빛을 비추어 주옵소서. 우리 주 예수 그리스도의 이름으로 기도합니다. 아멘

부활주일예배 2

거룩하신 하나님, 죽음을 이기고 부활하신 주님을 찬송하며 예배드리게 하심을 감사드립니다. 이 자리에 모인 사람들과 온 세상 사람들이 모두 주님의 부활을 축하하고 기뻐 찬양합니다. 우리 죄를 대신 지시고 십자가에서 죽임을 당하시고 부활하셔서 죽음을 저편으로 몰아내신 주님의 능력을 믿습니다. 그러나 아직 믿음이 부족해서 우리는 죄를 떨쳐버리지 못하고 여전히 죄 가운데 있을 때가 많습니다. 주여, 우리 죄를 용서하여 주옵소서. 자비로우신 주님! 즈님의 부활의 터 위에 세우신 교회도 부활하신 주님의 권능을 온 세상에 증거 할 수 있게 하시옵소서. 죽음과 질병과 절망으로 살아가는 영혼들을 부활의 주님을 모시고 찾아가서 위로해 주고 악한 세력들을 깨뜨려 주는 교회가 되게 하옵시고, 이 백성이 부활의 신앙으로 바로 설 때 하나가 될 수 있다는 것을 깨닫게 하시고 신실한 일꾼들이 넘쳐 나고 정직이 강같이 흐르는 민족이 될 수 있다는 것을 깨닫게 하시옵소서. 교회에 세우신 각 기관과 모든 직분을 맡은 자들에게도 함께 하시기를 원합니다. 부활 신앙을 갖고 능력 있게 맡은 역할을 잘 감당할 수 있게 하시며 맡은 자에게 구할 것은 오직 충성밖에 없음을 기억하게 하시옵소서. 부활의 복된 소식을 대언하시기 위하여 단위에 세우신 목사님을 성령께서 친히 붙드시고, 권세 있는 말씀으로 이 자리에 참석한 온 심령을 채울 수 있게 하시옵소서. 찬양으로 부활의 주님을 높이는 성가대와 예배를 위해 수고하는 모든 형제들을 주님의 크신 은혜와 복으로 채워 주시옵소서. 예배의 시종을 주님께 의탁하오며 부활하시어 산 소망이 되시는 예수 그리스도의 이름으로 기도합니다. 아멘.

 성령강림주일예배1

　능력의 하나님, 오늘 성령강림주일을 기념하며 하나님을 예배하는 시간을 허락하심을 감사드립니다. 마가의 다락방에 있었던 그 성령의 역사가 오늘 이 자리에도 일어나야할 사건임을 믿습니다. 주여, 우리 모두 성령충만을 간구하게 하옵소서. 날마다 성령충만한 삶을 누리게 하옵소서. 이 땅의 모든 것을 배설물로 여기고 오직 성령의 충만함만 간구하게 하옵소서. 성령의 충만함을 통해서 우리의 더러운 죄와 구별되지 못한 삶과 썩어 없어질 것들만을 구하는 어리석음을 깨닫게 해주옵소서. 이제는 주님을 알지 못하고 영원한 죽음으로 가고 있는 사람들을 기억하게 하시고 성령의 충만을 입어 담대하게 그들에게 복음을 증거하는 삶을 살게 하소서. 우리 가족을 살리게 하시고 이웃을 구원케 하소서. 하나님, 이 민족도 성령충만한 민족이 되게 하옵소서. 이 사회에 주님의 통치가 속히 이루어지기를 원합니다. 개인적으로나 국가적으로 부정과 불의와 온갖 죄악된 일들이 하늘을 뒤덮고 있사오니, 속히 이 사회를 성령의 권능으로 치료하여 주셔서 건전하고 바른 가치관이 정립될 수 있도록 은총을 허락하여 주시기를 원합니다. 오늘도 성령을 의지하고 말씀을 선포하시는 목사님을 권세 있게 하셔서, 말씀에 귀 기울여 듣는 모든 자들이 성령의 역사하심을 체험하고 은혜 받는 시간이 되게 하시옵소서. 예배를 돕는 손길들이 있습니다. 성령을 의지하며 말씀에 순복하는 욕구를 채우고자 하는 아름다운 믿음을 받아 주시고, 주님 앞에 더욱 귀하게 쓰임 받는 종들이 되게 하여 주시옵소서. 예배의 시종을 주님께 의탁하오며, 예수 그리스도의 이름으로 기도드립니다. 아멘.

성령강림주일예배 2

　거룩하시고 능력이 많으신 하나님 아버지, 이 시간 오순절 성령 강림을 기념하여 주께 예배드릴 수 있도록 허락하신 은혜 감사합니다. 하나님 아버지, 오순절 마가 다락방에 임하셨던 그 성령의 뜨거운 역사가 우리에게도 임하게 도와주시옵소서. 우리 마음을 모으게 하시고 간절하게 하셔서 세상을 능히 이기고 나갈 성령의 능력을 사모하게 하사 모든 성도들이 성령 충만한 삶을 누릴 수 있도록 도와주시옵소서. 하나님, 우리는 주님을 향한 뜨거운 마음과 믿음이 약하여 늘 방황하고 범죄하며 살아갑니다. 우리를 불쌍히 여기시고 사랑하셔서 성령을 허락하옵소서. 확고한 반석 위의 믿음을 허락하시고 죄를 능히 물리칠 수 있는 능력을 허락하여 주시옵소서. 사랑이 풍성하신 아버지, 우리 가정을 위하여 기도합니다. 우리에게 가정을 허락하시고 서로 사랑하며 살게 하셨으니 감사드립니다. 기도하옵기는 주의 성령이 비둘기같이 우리 가정에 임하여 환란과 걱정과 근심이 없는 사랑과 평화가 언제나 넘치는 가정이 되게 하여 주시옵소서. 가정이 작은 천국이 되길 원합니다. 한 분 성령을 통하여 가족들이 같은 마음을 품게 하시고 서로 사랑하게 하시옵소서. 주님, 이 교회에도 함께 하셔서 성령 충만케 하여 주시고 주님의 말씀을 담대히 전하고 구원의 진리를 확증하는 생명있는 증인들이 되게 하여 주시옵소서. 성령을 통하여 날마다 우리 영을 새롭게 하여 주시옵소서. 이 시간 성령의 역사하심을 바라며 예수님의 이름으로 기도합니다. 아멘.

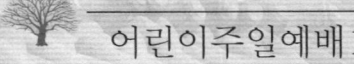

어린이주일예배 1

　어린아이와 같이 되라고 친히 가르치신 주님. 아름다운 세상을 창조하시고 아름다운 인간을 지으신 것을 감사하오며 찬양 드리나이다. 또 우리에게 사랑으로 가정을 이루게 하시고 사랑하는 자녀를 주시니 감사드리옵니다. 주님, 오늘 이 아침 우리 가정과 자라나는 자녀들을 위하여 기도드리옵니다. 주님께서 우리에게 임하셔서 선물로 주신 귀중한 자녀들을 주의 계명과 법도로 잘 교육하게 하옵소서. 그리하여 우리 자녀들이 하늘나라의 역군으로 성장하게 하옵소서. 하나님 아버지, 죄악과 방탕의 유혹이 범람하는 이 험한 세상에서 우리 자녀들을 지켜 주시고 주의 지팡이와 막대기로 인도하옵소서. 그들의 마음 밭에 주님의 복음과 진리의 씨앗을 뿌려 주시고 성령의 크신 능력으로 가꾸어 주시며, 말씀의 영양분을 충분히 주셔서 영과 육이 건강한 자녀들로 자라게 하옵소서. 은혜로우신 주님, 그들이 늘 주님을 모시고 사는 습관을 지키게 하셔서 이 나라와 이 교회를 짊어지고 나가는데 부족함 없게 하시며 주님의 큰일을 감당하며, 게으르지 않은 천국 백성이 되도록 도와주시옵소서. 사랑과 은혜가 풍성하신 하나님 아버지, 아직도 우리 주위에는 불우한 환경에서 가난과 질병으로 고생하는 어린이들이 많이 있사오니 그들을 불쌍히 여기시고 주께서 친히 품어 주셔서 그 품안에서 정상적으로 자라나는 주의 백성이 되게 축복하옵소서. 우리 모두가 그들을 친 자식처럼 사랑하며, 도우며, 기도할 수 있는 믿음도 허락하시옵기를 바랍니다. 오늘 어린이주일에 드리는 이 예배를 기쁘게 받아 주시고 온 세계의 모든 어린이들에게 크신 축복을 흠뻑 내려 주옵소서. 우리 삶의 주인 되시는 예수님 이름으로 기도합니다. 아멘

어린이주일예배2

　아름다운 세상을 만드시고 순수하고 정직한 영을 창조하신 하나님, 오늘 어린이주일을 맞이하여 주님의 은혜를 기억하며 예배드릴 수 있도록 하신 은혜 감사합니다. 주님, 오늘 이 시간 가정과 자라나는 자녀들을 위하여 기도합니다. 주님께서 우리에게 임하셔서 선물로 주신 귀한 자녀들을 참되고 순수한 어린이답게 주의 계명과 법도로써 잘 교육시키게 하옵소서. 우리 자녀들이 하나님 나라의 일꾼으로 성장하게 하여주시옵소서. 하나님, 죄악과 방탕의 유혹이 범람하는 이 험한 세상에서 우리 자녀들을 지켜주시고 주의 지팡이와 막대기로 인도 하옵소서. 우리 자녀들 마음 밭에 주님의 복음과 진리의 씨앗을 뿌려주시고 성령의 크신 능력으로 가꾸어 주시며 말씀의 영양분을 충분히 주셔서 그들의 영과 육의 건강한 자녀들로 자라게 축복하여주시옵소서. 은혜로우신 주님, 아직도 우리 주위에 넉넉지 못하거나 가정에 아픔이 있는 어린이들이 많이 있습니다. 그들에게 우리가 하나님의 사랑을 전해줄 수 있도록 도와주시옵소서. 주님 하신대로 사랑을 주고 병든 자를 위해 기도하고 소외된 자의 친구가 될 수 있도록 도와주시옵소서. 우리가 가르칠 것은 신앙 밖에 없는 줄 압니다. 잘 가르칠 수 있도록 모범된 삶을 살게 하여 주시고 날마다 성령 충만을 경험하여 주님의 선한고 옳은 길을 잘 분별할 수 있도록 도와주시옵소서. 예배의 순서들을 주님께 맡기며 예수님 이름으로 기도합니다. 아멘.

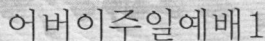

어버이주일예배 1

사랑이 많으신 하나님 아버지! 하늘에는 영혼의 아버지가 계시고 땅에는 어버이들이 있게 하셔서 오늘 우리가 있음을 감사드립니다. 하지만 우리는 부모님의 마음을 헤아리며 공경하고 순종하기 보다는 우리 고집을 앞세워 부모님의 마음을 아프게 해 드린 적이 너무도 많았습니다. 이시간 부모님의 마음을 안타깝게 했던 잘못을 주님 앞에서 회개하오니 용서하여 주시옵소서. 긍휼이 풍성하신 하나님! 이제껏 우리들을 위해 모든 것을 희생한 어버이들에게 평강을 주시고 나이 들면서 오는 외로움, 서러움, 쓸쓸함, 섭섭함 등이 사라지게 하옵소서. 외로운 분들과 허약한 분들과 가난한 분들을 위로하여 주시고 힘을 더하여 주시며, 이 땅에 계시는 동안 끝까지 훌륭한 믿음의 어버이로서 모범을 보여줄 수 있게 하시옵소서. 우리들 모두 주님을 본받아 정성스런 효행으로 어버이를 섬기는 가정생활을 할 수 있게 하옵시고 낳아 주시고, 길러주신 그 크신 은덕을 잊지 않도록 도와주시옵소서. 주님을 섬기는 마음으로 육신의 부모님께 효도하기를 힘쓰는 우리들 되게 하시옵고, 특별히 자녀 없이 외롭게 사시는 분들까지도 공경할 수 있는 넓은 효성을 주시기를 원합니다. 자비하신 하나님! 이 시간도 세상에서 자녀에게 버림받고 쓸쓸하게 생을 마감하는 분들이 계십니다. 세상의 빛과 소금이 되라고 하신 주님의 명령에 따라 이분들을 돌보는 것이 교회의 당연한 역할인줄 아오니 우리 교회가 이와 같은 분들을 돌아돌 수 있게 도우시고 세상 사람들에게도 덕을 끼치게 하시옵소서. 오늘 예배에 친히 함께 하실 줄을 믿고 주님을 찬양하며 예수 그리스도의 이름으로 기도 드립니다. 아멘

어버이주일예배 2

만복의 근원이신 하나님 아버지, 하나님의 거룩하신 이름에 찬양과 경배를 드립니다. 이 시간 어버이 주일로 지키게 하셔서 자녀들이 어버이의 사랑을 깊이 깨닫고 그 신앙을 유산으로 본받는 귀한 시간을 갖게 하시니 감사합니다. 오로지 기도와 사랑으로 자녀를 돌보시는 부모님이 계셨기에 숱한 유혹 속에서도 믿음을 굳건히 지키고 이 시간까지 승리하며 살아온 우리 자녀들이 있음을 압니다. 또한 하나님의 사랑으로 그 마음에 가득 채워주시옵소서. 자녀들이 그릇된 길로 가는 것을 보며 가슴을 쳤고 병든 자녀를 보고 똑같이 괴로웠으며 좌절하고 절망했을 때 늘 곁에서 용기를 주셨던 부모님들입니다. 주께서 그 노고와 사랑을 아시오니 그리스도의 깊은 은혜가 넘치게 하여 주시옵소서. 사랑의 주님, 우리 부모님들이 건강하기를 원합니다. 그리고 생명이 다하기까지 주님께 헌신하게 하시고 우리 자녀들이 그 모습을 본받게 하옵소서. 주님, 탕자처럼 아버지 곁을 떠나 제멋대로 살고 싶은 유혹을 받는 우리에게 이삭과 같이 목숨 드리는 순종을 하게 하시옵소서. 무엇보다 부모님을 진정으로 사랑하고 존경할 수 있기를 바랍니다. 이웃을 사랑하는 것은 부모님에 대한 사랑에서 시작되는 줄 믿습니다. 은혜의 주님, 혹시라도 외로운 부모님들이 있다면 우리가 그들의 자녀가 되기를 원합니다. 사랑을 안고 찾아 갈 수 있게 도우시고 주님이 그러셨던 것처럼 우리도 그들을 사랑할 수 있도록 도와주시옵소서. 오늘 단 위에 세우신 목사님에게 성령 충만함을 허락하시고 주님의 귀한 말씀을 선포할 때 하늘의 역사가 일어나게 도와주시옵소서. 예수님 이름으로 기도합니다. 아멘.

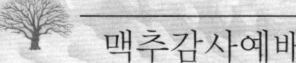
맥추감사예배

　때를 따라 비를 내리시고 햇빛을 허락하시어 세상 만물을 다스리시는 하나님, 오늘 맥추감사예배로 주님께 영광 돌립니다. 파종에서 수확까지 이른 비와 늦은 비로 가꾸어 주시고 풍성한 결실을 허락하사 우리를 입히시고 먹여 주시는 하나님 아버지의 한없는 사랑과 은혜를 감사드립니다. 주님은 언제나 우리에게 풍성한 열매를 허락하셨으나 그 은혜를 우리가 다 기억하지 못하여 행여 가인의 삶을 살고 있지는 않은지 돌아보게 됩니다. 하나님, 만물의 주인이신 주님을 잊어버리고 우리가 인생의 주인이 되어 있지는 않았는지요. 주님 용서하여 주시옵소서. 하나님의 것을 우리 것이라 여기고 이웃의 소유를 탐내며 지키라 하신 사명을 잊어버렸던 모든 죄를 십자가 보혈로 모두 씻어주시옵소서. 이제는 먼저 주님의 나라와 의를 구하고 하나님의 말씀을 날마다 힘입는 충성스러운 삶을 살게 하시옵소서. 들의 백합화도 공중의 나는 새도 먹여주시는 은혜의 아버지, 맥추감사주일을 맞아 우리 정성을 모아 주께 감사 예물을 드립니다. 기쁘게 받아주시기를 바라고 드리는 심령의 소원에 응답하여 주시옵소서. 오늘 말씀을 들고 단 위에 선 목사님을 성령 충만케 하셔서 하나님의 말씀의 능력이 그대로 전해지게 하여 주시옵소서. 찬양을 준비한 성가대에도 함께 하시어 주님의 은혜와 사랑을 고백하는 찬양이게 하옵소서. 예배의 시종을 주님께 맡기며 예수 그리스도의 이름으로 기도합니다. 아멘.

추수감사주일예배1

 늘 지켜주시고 보호하여 주시는 자비로운 아버지 하나님, 온 천지 만물과 인간의 생사화복을 주관하시는 그 사랑과 능력을 찬양하며 경배합니다. 우리가 무엇이관대 늘 궁핍함이 없도록 풍족히 채워주시는지 주님의 크신 은혜와 사랑에 감사드리지 않을 수 없습니다. 올 한해 열심히 살았다고 말은 하지만 주님의 은혜가 없다면 어찌 기쁨을 누릴 수 있었겠습니까? 이렇게 귀하고 즐거운 안식일을 맞이하여 세상에 흩어져 살던 우리가 다시 한 자리에 모여 주님께 예배드릴 수 있도록 허락하여 주시니 감사드립니다. 주님 이렇게 추수감사주일을 맞아 그동안의 우리 신앙을 결산해 봅니다. 누구 앞에도 내놓을 수 없을 만큼 부족하고 연약하기만 합니다. 하나님, 우리의 이 신앙을 용서하여 주시옵소서. 세상에서 승리하며 살라고 귀한 달란트 주셨는데 그저 땅 속에 묻어놓고만 있습니다. 회개하오니 주여, 씻어주시고 새롭게 하여 주시옵소서. 이제는 땅의 열매만 아니라 영의 열매도 함께 풍성히 맺는 추수감사주일이 되게 하여 주시옵소서. 주님, 올 한 해 동안 우리 믿음과 생업과 가정과 건강을 지켜주시사 주 안에서 만사형통케 하여 주신 주님의 은혜에 감사하며 예물을 드립니다. 기뻐 받으시고 드린 자의 마음을 보살피시고 더욱 정결하고 거룩한 삶 살아갈 수 있도록 도와주시옵소서. 지금 예배를 시작합니다. 마치는 시간까지 함께 하여 주시옵소서. 주님을 만나는 귀한 예배가 되게 하여 주시옵소서. 모든 것을 주께 맡기며 예수 그리스도의 이름으로 기도합니다. 아멘.

추수감사주일예배 2

　대지의 온갖 열매를 값없이 우리에게 허락하시는 전능하시고 영원하신 아버지 하나님, 어렵고 험난했던 한 해 동안 귀하게 얻은 결실을 인하여 주께 추수감사예배를 드립니다. 오늘 우리의 마음과 예물을 받으시고 홀로 영광 받아 주시옵소서. 하나님 아버지, 생각해보면 우리는 온통 감사의 제목인데도 하나님의 은혜를 너무도 많이 잊고 삽니다. 우리 능력 때문이라고 생각하기도 합니다. 주여, 용서하여 주시옵소서. 항상 기뻐하라, 쉬지 말고 기도하라, 범사에 감사하라고 하셨으나 감사치 못한 우리의 부족함을 용서하여 주시옵소서. 거룩하신 하나님 아버지, 이 시간 정성으로 준비한 우리 예물을 기뻐 받으시고 열납해 주시옵소서. 비록 적은 예물이지만 이 속에 주께 대한 감사와 주님 앞에서 다짐하는 헌신이 있사오니 받아주시고 영광 받아 주시옵소서. 복 주시기 원하시는 하나님, 오늘 감사의 예물을 드리는 모든 손길 위에 축복하시고 더욱 감사의 제목들이 늘어가게 하여 주시옵소서. 소중한 열매를 더 많이 얻게 도와주시고 믿음도 더 크게 성장할 수 있도록 도와주시옵소서. 오늘 감사의 제단을 쌓는 우리 예배에 주께서 임하시고 홀로 영광 받으시며 모든 순서를 주관해 주시옵소서. 이 시간 우리가 늘 당신의 은혜를 깨닫고 감사하는 생활이 되게 하시옵기를 간구하오며 복의 근원 되시는 예수님의 이름으로 기도합니다. 아멘.

대강절예배 1

영원토록 영광을 받으실 하나님 아버지! 어둠의 이 땅에 주님이 친히 오심을 감사드립니다. 주님의 지극한 사랑이 온 땅에 알려지게 하소서. 주님의 오심이 병든 자와 외롭고 쓸쓸한 이들에게 기쁨의 소식이 되게 하시며, 새 소망 가운데 살아가는 계기가 되게 하시옵소서. 재림을 약속하신 주님! 아직 주 앞에 설 수 없는 가증한 죄인의 모습임을 고백합니다. 이 시간 깨끗함을 입어 순결한 마음을 얻게 하여 주시옵소서. 아름다운 찬송을 부르며 왕 되신 예수 그리스도를 맞이하게 하시옵소서. 우리 구주 예수님의 공로로 씻김을 받지 못하면 다시 오실 예수님의 심판을 면치 못함을 아나이다. 이 시간 고백하는 심령의 죄악들을 용서해 주시기 원하오며, 주의 사랑의 손길로 우리를 붙들어 주시옵소서. 인류의 소망이 되시는 주님! 우리에게 힘에 겨운 일들이 많이 있으나 모든 견딤과 오래 참음으로 이기게 하시고, 주의 영광의 힘을 좇아 모든 능력으로 능하게 하시며, 기쁨으로 나아가게 하여 주시옵소서. 무슨 일이든지 주 안에서 주저함이 없게 하시고, 소망이 되시는 주님만을 바라보고 두려움 없이 나아갈 수 있는 우리들 되게 하시옵소서. 매일 우리가 이루어야 할 사명이 무엇인지를 새롭게 느낄 수 있는 우리들 되게 하시고, 더욱 전도에 힘쓰며, 복음 전파를 위해 열심을 더할 수 있게 이끌어 주시옵소서. 말씀으로 충만하게 하셔서, 그 말씀을 부지런히 증거하게 하시고 항상 말씀에 순종하는 삶을 살게 하시옵소서. 예배의 시종을 주님께 의탁하오며, 예수 그리스도의 이름으로 기도드립니다. 아멘

대강절예배 2

　사랑의 하나님, 하나님께서 감추고 계시던 구속의 비밀을 밝히 보이셨으니 기쁘고 감사할 따름이옵니다. 주님! 말로 다할 수 없는 주님의 은혜가 넘침을 깨닫습니다. 이 은혜를 받고자 주님께 나아가기를 원하지만 우리의 죄가 너무 크고 중함을 어찌하오리까? 주여! 엎드려 자복하오니 이 고백을 들어 주시고, 주님이 오심을 기다리는 이 주간에 심령이 새롭게 되는 체험을 할 수 있게 하시옵소서. 시온을 회복하시겠다고 약속하신 하나님! 우리들이 몸담고 있는 이 조국도 회복시켜 주시기 원합니다. 혼돈과 어지러움의 나날이 계속되고 있습니다. 희망이 끊긴 사람들이 저마다 절망을 노래하고 있습니다. 생활이 어려워짐으로 범죄 또한 급증하고 있습니다. 오! 주님, 이 땅을 고치시고 회복시켜 주시기를 원합니다. 이 백성에게 미칠 큰 기쁨의 좋은 소식을 알려 주시옵소서. 주님이 이 땅에 구원자로서 오심을 믿습니다. 가난과, 질병과, 고통에서 자유를 주시기 위해서 오신 줄 믿습니다. 죄의 어두움과 실패와 좌절의 어두움을 이기는 빛으로 오신 줄 믿습니다. 복을 주시고 더욱 풍성하게 하시기 위해 오신 줄 믿습니다. 구원의 손길을 애타게 기다리는 이 민족에게 함께하셔서 온전한 평화를 찾을 수 있도록 인도하시옵소서. 혹, 우리들이 때 묻고 죄에 휩싸인 자신을 돌아보지 아니하고, 주님의 은총만 갈급해하고 있는 것입니까? 회개의 영을 부어주셔서 철저히 회개할 수 있도록 하시고, 회개에 합당한 열매를 맺는 우리들 되게 하시옵소서. 예배의 시종을 주님께 의탁하오며, 예수 그리스도의 이름으로 기도드립니다. 아멘

성탄축하예배 1

죄 가운데 빠져 있는 인생을 구원하시기 위해 친히 인간의 몸으로 오사 마굿간에서 나시기까지 스스로 낮아지신 은혜와 사랑의 주님, 귀한 예물을 가지고 아기 예수를 찾아간 동방박사들처럼 우리도 이 시간 사람으로 오신 예수께 경배를 드립니다. 우리가 무엇이관대 주께서 하늘의 영광 보좌를 버려두시고 낮고 천한 몸으로 이 땅에 오셨는지 주님의 사랑은 헤아릴 수조차 없습니다. 주님께서 이처럼 우리에게 베풀어 주신 은혜를 생각할 때마다 머리 숙여 주님께 경배와 찬양을 드립니다. 많은 사람 중에 특별히 우리를 택하시고 예수를 영접하여 기쁘게 찬양할 수 있도록 은혜 허락 하시니 감사드립니다. 주님께서는 섬김 받으러 오신 것이 아니고 오히려 섬기려 한다고 하셨습니다. 그러나 우리는 아직까지 섬김 받으려고 이 세상의 삶을 살고 있을 때가 많습니다. 주여, 어리석음을 용서하여 주시옵소서. 구원의 주님, 말구유에서 나신 예수를 영접하지 못한 심령들이 혹시 있다면 예수를 구주로 영접할 수 있도록 도와주시옵소서. 아직도 인생의 무거운 짐을 지고서 고통을 당하고 있는 심령들 있습니까? 친히 말구유에 나심으로 가난한 자, 병든 자, 낙심과 좌절에 빠져있는 자들의 친구가 되어 주시는 주님을 의지하게 하여 주시옵소서. 그들도 온 인류를 구원하러 오신 주님을 기쁘게 영접하며 주님의 가신 길을 기꺼이 따르며 자기 십자가를 지고 주님의 영광스러운 나라에 가기까지 주님과 동행하는 믿음의 권속이 될 수 있게 하여 주시옵소서. 오늘 있을 모든 순서에 함께 하시고 악한 마귀가 틈타지 못하도록 지켜주시옵소서. 우리를 죄에서 구원하신 예수 그리스도의 이름으로 기도합니다. 아멘.

성탄축하예배2

　우리를 구원하시려고 이 땅위에 아들을 보내신 하나님 아버지, 올해도 성탄을 맞이하여 감사로 예배드립니다. 베들레헴 낮은 구유에서 가난하게 나신 주님을 우리가 기억하고 주님 탄생을 축하하는 예배를 드리오니 기쁘게 받아주시옵소서. 거룩하신 주님, 주님께서는 우리의 죄악으로 인해 하늘과 땅의 통로가 막힌 절망의 역사 속에 오셔서 우리들에게 새 소망의 길을 열어 만인의 구세주로 탄생 하셨고 사망의 길로 내려가던 인생들에게 새로운 바른 길을 가르치사 천국 길로 인도하셨습니다. 그러나 우리는 아직도 죄악의 늪에서 방황하며 소금과 빛의 삶을 살지 못하고 있습니다. 이 시간 다시 우리를 용납하시고 새 마음을 허락하여 주시옵소서. 허무하고 짧은 세상에 살면서 세상의 노예가 되지 않고 유혹에 넘어가지 않는 거룩한 백성으로 인쳐 주시옵소서. 전능하신 하나님, 이 성탄의 기쁜 소식이 온 세상에 널리 퍼지게 하시고 아직도 암흑과 죄악에서 신음하고 있는 북한의 형제들에게도 임하셔서 통일의 그 날이 어서 속히 임하도록 하여 주시옵소서. 우리가 드리는 이 축하가 동방박사의 황금과 유황과 몰약처럼 진실하고 값진 정성으로 하늘 보좌에 상달하게 하옵소서. 이 시간 주님이 탄생하신 성탄절에 주의 천사들이 잠들어 있던 베들레헴을 일깨웠듯이 잠들어 있는 우리 영혼을 일깨워 주옵소서. 아직 이 성탄의 기쁨을 알지 못하는 많은 사람들에게 구원의 소식을 전파할 수 있도록 도와주시옵소서. 오늘 예배에 함께 하시는 성령을 믿사오며 예수 그리스도의 이름으로 기도했습니다. 아멘.

송구영신예배 1

저희를 보호하여 주신 하나님! 저희를 이 시각까지 믿음 가운데 인도하여 주신 그 은혜를 감사드립니다. 저희의 감사를 받으시옵소서. 한 해가 저물고 새해의 아침 해가 서서히 저희 마음과 온 누리를 비추는 이 엄숙한 순간에, 주님께 찬송과 영광을 돌립니다. 하지만 한 해를 보내고 새해를 맞이하는 자리에 서서 주님께 고백할 것은 오직 부족한 것뿐이옵니다. 주의 영광을 빛내며 살겠노라 다짐했었던 지난 해였지만 하나님의 영광을 진토에 떨어뜨리게 한 일들이 얼마나 많았었는지 모릅니다. 자비하신 주님! 새해에는 이전보다 더욱 주님께 나아가는 한 해가 되게 하여 주시옵소서. 기도에 힘쓰고 말씀을 마음 판에 새기며 부지런히 순종하는 저희들이 되게 하여 주시옵소서. 날마다 성령을 의지하며 성령의 도우심과 인도하심을 받는 한 해가 되게 하여 주시옵소서. 마음을 새롭게 함으로 변화를 받아 하나님의 선하시고, 기뻐하시고, 온전하신 뜻이 무엇인지를 분별하며 하나님의 자녀로서 거룩한 삶을 살게 하여 주시옵소서. 또한 성도의 가정 가정마다 함께하시기 원합니다. 심히 어렵고 힘들어 연약하여 넘어지고 흔들리기 쉬운 때이오니, 주의 능력의 오른손으로 강하게 붙들어 주셔서 든든하게 서 가는 복된 가정들이 되게 하옵시고, 감사가 넘치며 날마다 성장하는 성도와 가정들이 되게 하여 주시옵소서. 주님, 새해를 맞으면서 이 시간 다짐하는 모든 일들이 주 안에서 일 년 내내 불변하게 하옵시고, 주님이 허락하신 열매를 많이 맺을 수 있게 하시옵소서. 한 해를 보내고 새해를 맞는 이 밤에 함께하시는 예수님의 이름으로 기도합니다. 아멘.

송구영신예배 2

　은혜가 충만하신 하나님, 한 해를 주님의 은총 안에서 보냅니다. 날마다 동일하게 지켜주시고 인도하여 주심을 감사드립니다. 이제 새로운 한 해를 맞이합니다. 이 귀한 자리에 불러주시어 지난 죄를 돌아보고 회개하며 새로운 계획과 은혜를 위하여 기도하게 하시니 또한 감사드립니다. 지난 한 해 살면서 많은 죄를 지었습니다. 하나님, 시간이 지났다고 그 죄들을 잊어버리지 않게 하시고 항상 주님 앞에서 겸허히 지난 모습을 기억하면서 새 모습이 되기를 간구하게 도와주시옵소서. 한 해를 새로 계획합니다. 주의 뜻대로 경영하기를 바랍니다. 우리 욕심을 따라 생각하고 판단하지 않게 하시고 언제나 기도와 말씀을 먼저 둘 수 있도록 도와주시옵소서. 이 시간 참석한 모든 성도들의 가정에도 함께 하시어 건강하고 충성스러운 가족들이 될 수 있도록 도와주시옵소서. 가정에서 지역에서 직장에서 학교에서 예수 믿는 사람으로 인정받게 하시고 귀한 열매를 가득 맺는 그런 성도들이 될 수 있도록 하여 주시옵소서. 또 우리 교회를 섬기는 목사님께 함께 하시어서 풍성한 은혜로 인도하시고 영육 간에 늘 충만하고 강건하게 하여 주시옵소서. 새해를 맞으면서 드리는 이 예배를 주님께서 기쁘게 받으시고 오로지 홀로 영광 받으시기를 간절히 원합니다. 살아계셔서 우리를 죄에서 구원하신 예수님 이름으로 기도합니다. 아멘.

제 3 부

기도와 희망

1. 청년을 위한 기도 292

2. 청소년을 위한 기도 297

3. 어린이를 위한 기도 302

4. 직장인을 위한 기도 307

5. 부부를 위한 기도 313

6. 병든 자를 위한 기도 317

7. 실직자를 위한 기도 322

8. 아버지를 위한 기도 327

9. 어머니를 위한 기도 332

10. 노인을 위한 기도 337

11. 세계유명기도문 343

청년을 위한 기도

공부하는 비전을 위한 기도

하나님 감사합니다.
공부할 수 있는 두뇌를 주시고 지속적으로 배울 수 있도록
학습능력을 주셔서 감사합니다.
하나님이 주신 지혜와 능력으로
주님의 영광을 위해 공부하기를 원합니다.
지치지 않고 끊임없이 노력하면서 공부하게 하여 주시옵소서.
제게 주신 달란트를 발견하게 하시고 열심히 공부하여
하나님께 쓰임 받는 도구가 되게 하옵소서.
제 자신의 유익을 위한 것이 아니라 만인에게
기쁨과 행복을 나누어줄 수 있도록 공부하게 하옵소서.
그리고 지식을 쌓아갈수록 교만에 빠지지 않게 하시고
더욱 겸허한 마음을 허락하여 주시옵소서.
재정적으로 어렵고 힘들 때는 하나님이 주신 비전을 바라보며 극복
하게 하옵소서.
최후 승리를 위해 넉넉한 마음으로 고난을 헤쳐 나가게 하옵소서.
삶의 주인이 되시는 예수님의 이름으로 기도합니다. 아멘.

청년을 위한 기도

미래의 삶을 위한 기도

우리의 미래를 주관하시는 하나님
하루하루 희망을 가지고 살게 하여 주시옵소서.
지금 비록 나약할지라도 날로 강건해지는 대기만성형 인간이 되게
하여 주시옵소서.
지쳐서 쓰러진 종이 뙤약볕 속에서 타는 목마름을 느낄지라도
미래에 내릴 단비를 감사하는 성숙한 마음을 갖게 하여 주시옵소서.
오늘 하루 슬프게 살기 보다는 가슴속 깊이 넘칠 미래의 기쁨을
그려보며 희망을 갖고 살게 하여 주시옵소서.
또한 부서지고 무너지는 고통과 좌절 속에서도
미래의 행복을 기대하는 든든한 마음을 갖게 하옵소서.
하나님이 저의 미래를 책임져 주실 줄 믿습니다.
제 인생을 계획하신 하나님을 바라보면서
오직 믿음으로 현재의 상황을 극복하려고 합니다.
매순간 주님과 동행하는 삶을 살게 하여 주시옵소서.
제 인생의 주인 되시는 예수님의 이름으로 기도합니다.

청년을 위한 기도

공동체의 변화를 위한 기도

하나님! 저희 교회의 공동체성 회복을 위하여 기도합니다.
주님께서 피 흘려 세우신 교회를 통해 많은 사람들이
구원 받을 수 있게 하셔서 감사드립니다.
성도들이 말씀으로 깨어 있게 하시고 서로 섬기는
예수님의 제자로서 참된 공동체를 회복하게 하옵소서.
그리하여 교회가 영적인 교제뿐만 아니라 물질도 나누는
온전한 공동체가 되어 바깥으로도
구제와 선교의 손길을 뻗칠 수 있게 하옵소서.
지역사회에서 이웃의 고통에 깊이 동참하는 교회 공동체가 되기를
원합니다. 나아가 이 땅의 모든 교회들이 교리와 사상, 보수와 진보,
교파와 지방색을 넘어서서 말씀과 성령 안에서 일치하고 화해하여
진정한 그리스도의 한 몸 이 되게 하여 주시옵소서.
그리스도인들이 자발적으로 나누고 섬김으로써
사회 문제를 해결하고 교회를 통하여 하나님의 살아계심을 증거하게
하옵소서. 이 땅 위에 하나님의 나라가 확장되기를 원하는
우리 주 예수 그리스도의 이름으로 기도하옵나이다. 아멘.

청년을 위한 기도

나라를 위한 기도

연약한 백성에게 위로의 말씀을 주시고, 옳은 길로 이끄시는 하나님 아버지, 이 시간 나라의 장래를 생각하며 기도합니다.
이 민족을 경영하시며 구원의 길로 이끄시는 하나님 아버지, 저희 나라가 비전을 잃지 아니하고 희망과 확신을 갖게 하옵소서.
정치 지도자들이 하나님을 경외하고 올바른 판단으로 백성들을 돌보게 하옵소서.
나라와 겨레를 안보하시는 하나님 아버지, 이 사회의 현실을 바로 볼 수 있는 안목을 주옵소서.
정의와 평화가 어우러진 삶을 모든 사람이 누릴 그날을 기다리는 백성들을 사랑의 띠로 묶어 주옵소서.
예수 그리스도를 통해 구원하신 은총에 늘 감격하면서 저희들은 이 나라가 안고 있는 원죄를 회개하옵나이다.
저희들이 땀 흘려 가꾼 포도나무 아래서 그 달콤한 열매를 먹을 수 있도록 정의가 실현되게 하옵소서. 정의를 세우시는 하나님, 이 나라의 모든 백성들이 서로 돌아보게 하시고 잘못한 일에 대해서는 회개하게 하옵소서. 서로 사랑하고 봉사함으로써 미움을 극복하게 하옵소서.
남북으로 분단된 이 나라를 안타까워하시는 하나님 아버지, 저희들이 통일을 위해 마음과 뜻을 모으고 지혜를 모으게 하옵소서.
저희 성도들 모두가 이 땅의 복음화를 위해 최선을 다하게 하시고, 북한의 권력자들까지 변화시켜 끝내는 통일의 그날을 볼 수 있게 하옵소서.
이 나라와 늘 함께 하시는 예수님의 이름으로 기도드립니다. 아멘.

청년을 위한 기도

세계를 위한 기도

하나님 이 세계를 위하여 기도합니다.
먼저 세계를 품은 그리스도인이 되겠다고 하면서 열방을 향해 열심히 기도하지 못했음을 회개합니다.
이 세상에 하나님 나라가 확장됨으로써 주님을 경외하는 자들로 항상 넘칠 수 있기를 기도하는 자가 되게 하여 주시옵소서.
지금 세상은 매우 혼란스럽습니다.
전 세계적으로 천재지변이 빈번하게 일어나고 있습니다.
주님께서 마지막 때가 가까이 왔음을 경고하시는 이상징후가 아닐 수 없습니다. 모든 인류가 이 사실을 깨닫게 하시고 전 세계 200여 개국의 지도자들이 하나님 앞에 무릎 꿇는 날이 어서 올 수 있게 역사하여 주시옵소서.
이 세계의 모든 민족이 하나님을 알기를 원합니다.
 6,809개의 전 세계 모든 언어가 성경으로 번역되는 그 날을 위해 기도합니다.
준비된 사람들을 사용하셔서 꼭 이루어 주시옵소서.
기독교를 박해하고 핍박하는 나라가 74개 국이나 된다고 합니다.
하나님을 믿는다는 이유로 고통 당하는 성도들을 기억하여 주시고 용기를 잃지 않고 담대한 믿음으로 승리하게 하여주시옵소서.
그들의 고난과 희생을 통해 하나님 나라가
놀랍게 확장될 줄 믿습니다.
세상의 주인이신 예수님의 이름으로 기도합니다. 아멘.

청소년을 위한 기도

학생으로서의 본분을 위한 기도

세상을 창조하신 하나님 아버지,
우리를 죄에서 구속하신 그 사랑을 감사드립니다.
어릴 때부터 주님을 알게 해 주셨사오니,
앞으로도 주님을 의지하며 살기를 원합니다.
연약한 종을 강하게 붙들어 주셔서 늘 주님과 동행하며
은혜를 체험하는 삶을 살게 하여 주시옵소서.
다윗과 같이 주님만 섬기고, 의지하며, 따라가게 하여 주시고,
솔로몬과 같이 지혜로운 자가 되어 늘 진리 안에 거하기를 원합니다.
 인격 또한 주님의 성품을 닮게 하여 주옵소서.
주님을 본받아 겸손과 섬김의 도를 실천하게 하시고,
이웃을 위해서 봉사하는 학생이 되게 하여 주시옵소서.
요즈음 많은 학생들이 탈선하고 있습니다.
바라옵기는 이 땅의 학생들이 인간적인 감정에 의해 가야 할
인생길을 결정하지 말게 하옵시고, 미래를 내다볼 수 있게 하셔서
바른길을 갈 수 있도록 도와주시옵소서.
학문을 연마하는 가운데 있습니다.
선생님으로부터 가르침을 잘 받게 하시고, 배운 지식으로
 이 민족과 이 사회에 기여할 수 있게 하옵소서.
무엇보다도 학문을 통해 하나님의 말씀에 잘 순종하고
주님을 기쁘시게 하는데 사용할 수 있는
학생이 되게 하여 주시옵소서.
예수 그리스도의 이름으로 기도 드립니다. 아멘.

청소년을 위한 기도

학교를 위한 기도

하나님, 우리 학교를 위해 기도합니다.
요즈음 우리 학교 분위기가 전쟁터 같습니다.
서로 경쟁을 의식하며 공부에 몰두하느라
진정한 우정을 찾아보기 어렵고 살벌하기조차 합니다.
젊은 날 진실한 친구를 만날 수 있게 해 주시고
진정한 우정이 오고가는 학교가 되게 하여 주시옵소서.
우리 믿는 학생들의 역할이 중요한 것 같습니다.
우리가 솔선수범하고 먼저 손을 내밀어
사랑이 넘치는 학교를 만들어 가게 하여 주시옵소서.
학교 내에 왕따를 당하는 친구도 있습니다.
그들에게 우리들이 먼저 다가가 손을 잡아 줄 수 있기를 원합니다.
학교 폭력을 일삼는 아이들을 변화시켜 주시옵소서.
우리 학교가 하나님을 경외하는 법과 진리를 가르치는
역사가 일어나게 하시고 믿는 선생님들이
학교를 위해 기도하면서 영향력을 발휘할 수 있게 하옵소서.
예수님의 이름으로 기도합니다. 아멘.

청소년을 위한 기도

소외 당하는 친구를 위한 기도

하나님 이 시간 소외 당하는 친구를 위해 기도합니다.
우리 그리스도인들이 따뜻한 시선으로 친구들을 바라보게 하시고,
특별히 외로운 친구에게 관심을 갖게 하옵소서.
예수님께서 낮고 비천한 자, 사회에서 놀림 받는 자들에게 찾아가
친구가 되어 주셨듯이 우리도 소외감을 느끼며
고통스러워하는 친구들에게 다정한 벗이 되게 해 주세요.
혹 제가 가진 것으로 베풀더라도 자랑하지 않게 하옵소서.
오직 친구 사이에 아름다운 우정을 꽃 피울 수 있게 하시고
서로 마음이 상해 돌아선 친구들이 있다면
저를 화해와 일치의 도구로 써 주시기를 원합니다.
주여, 그 동안 친구를 사랑하지 못한 종이 참회합니다.
이제는 사랑으로 흠뻑 젖은 가슴으로
삭막한 세상을 촉촉이 적시게 하옵소서.
제 마음을 넓혀주시고 더 높은 뜻을 품게 해 주옵소서.
황무지 같은 땅에서도 주님이 원하시는 아름다운 빛깔로
형제의 참사랑을 꽃피우게 하소서.
예수님 이름으로 기도합니다. 아멘.

청소년을 위한 기도

학교에서의 바른 기독교인의 삶을 위한 기도

하나님, 학교에서 올바른 기독교인이 되기 위해 기도합니다.
항상 하나님의 자녀로서 모범적인 학교생활을 다짐하지만
제대로 실천하지 못하는 저의 모습을 용서하여 주시옵소서.
항상 기도하며 마음을 다스리게 하시고
다정하게 친구들에게 다가갈 수 있도록 도와주시옵소서.
복음은 말보다 행동이 앞서야 자신있게 전할 수 있기에
저의 모습을 통해 친구들이 하나님을 알 수 있기를 원합니다.
크리스천 친구들이 모두 구별된 삶으로 하나가 되어
예수 그리스도를 전할 수 있게 하옵소서.
서로 힘을 합쳐 건전한 학교문화를 만들어 가게 하시고
다른 친구들이 우리를 통해 희망을 발견하게 하여 주시옵소서.
그들이 입시 지옥 속에서 건강한 영혼을 간직하고
하나님의 사랑을 통해 참된 인생의 의미를 발견하게 하시옵소서.
예수님 이름으로 기도합니다.

청소년을 위한 기도

꿈을 위한 기도

우리에게 꿈꾸게 하시고 그것을 이루어 가게 하시는 주님, 감사합니다. 하지만 제 자신의 이기심을 위한 꿈을 꾸지 않게 하옵소서.
사랑과 정의를 위하여 꿈을 꾸게 하옵시고 꾸준히 기도하며 노력하는 가운데 독수리의 날개처럼 높이 펼칠 수 있게 하옵소서.
비록 입시공부에 짓눌린 삶이지만 참고 눈물로 뿌린 꿈의 씨앗이 커다란 나무로 자라 풍성한 열매로 거두게 하실 줄 믿습니다.
그러나 때로는 성적부진에 빠지거나 저도 모르게 남을 괴롭혔을 때, 혹은 한 순간 잘못 결정하거나 예기치 못한 사고를 당해 꿈을 잃어버리고 절망하기도 합니다. 그때마다 용기를 내어 조각나 버린 꿈을 다시 꿰매거나 새로운 비전을 찾을 수 있게 해 주시옵소서.
실현 불가능한 꿈에 매달려 우리의 힘과 영적인 활력을 마냥 허비하지 않기를 원합니다.
오직 주님께서 쓰시고자 하는 목적대로 우리의 가슴에 다시 새로운 꿈을 심어 주시옵소서. 좌절된 꿈으로 큰 상처를 입었을지라도 날마다 기도하며 극복해 나가겠습니다.
지금 이 순간부터 용기 있는 자가 되어 다시 한번 비상을 꿈꾸며 부지런히 준비하겠습니다. 오직 꿈을 이루게 하시는 주님께 의뢰하며 어려워도 포기하지 않겠습니다.
인내하고 기다리며 조금씩 조금씩 꿈을 향해 나아가게 하옵소서.
스스로 닫힌 가슴을 열어 젖히고 새로운 꿈으로
호흡할 수 있는 오늘 하루가 되게 하옵소서.
예수님 이름으로 기도합니다. 아멘. 하나님 아버지,

어린이를 위한 기도

하루를 시작하는 기도

지난 밤 고요하게 하시고 다시 아침해를 주시니 고맙습니다.
늘 사랑으로 돌보아 주시고 이렇게 밝고
아름다운 날을 만들어 주신 하나님,
오늘 하루가 재미있고 유쾌한 날이 되게
하시고 위험한 일 당하지 않게 지켜 주세요.
공부할 때나 놀 때나 기쁜 마음을 주시고
친구들을 돕기도 하며 보람된 하루가 되게 인도해 주세요.
하나님 오늘 하루를 주셔서 감사합니다.
오늘 하루도 하나님이 지켜 주셔서 친구들과 사이좋게 지내고
부모님 말씀 잘 듣고 신나고 즐겁게 놀 수 있도록 도와주세요.
예수님의 이름으로 기도드립니다. 아멘

어린이를 위한 기도

하루를 마감하는 기도

사랑의 주님, 오늘도 저를 건강하게 지켜 주셔서 감사드립니다.
오늘 제가 잘못한 일 있으면 용서해 주세요.
또 모두를 용서할 수 있는 사랑의 마음을 주세요.
지금은 공부와 놀이가 다 끝나고 하나님 품안에서 쉬려고 합니다.
주님, 좋은 꿈 꾸고 예쁜 모습으로 잘 자게 해주세요.
또 잠자는 모든 어린이들을 사랑으로 지켜 주시고
내일은 더 좋은 날을 맞이하게 해 주세요.
예수님 이름으로 기도드립니다. 아멘

어린이를 위한 기도

부모님을 위한 기도

예수님, 저에게 부모님을 주셔서 감사드려요.
부모님을 사랑해요.
때로는 그 은혜를 잊기도 하고 마음을 아프게 해드리기도 하지만
그래도 이 세상 누구보다 더 사랑해요.
아빠는 믿음으로 가정을 다스리시고 엄마는 사랑으로 우리를 돌보시
며 우리는 순종함으로써 어른을 공경하게 해 주세요.
언제나 주님을 본받는 가정이 되도록 보살펴 주세요.
우리 부모님께서 예수님을 사랑하게 하시고 건강하게 지켜주세요.
우리도 착한 자녀가 되어 부모님의 마음을
항상 기쁘게 해드리려고 합니다.
그리고 어버이날만 아니라
매일매일 사랑의 카네이션을 달아드리도록 노력하겠어요.
예수님 이름으로 기도합니다. 아멘

어린이를 위한 기도

가정을 위한 기도

하나님
항상 우리 가정을 지켜주세요.
모든 가족이 건강하고 행복하며
언제나 주님을 섬기고 이웃을 사랑하며 살게 하시고
주님의 은총으로 행복한 가정이 되게 하여 주세요.
그리고 우리 가정이 성경 읽고, 기도하고 찬미하는
복된 가정이 되도록 이끌어 주세요.
날마다 웃음꽃이 피어나는 가정이 되게 하여 주세요.
예수님 이름으로 기도합니다. 아멘.

어린이를 위한 기도

목표를 향한 기도

하나님 감사합니다.
어느새 키가 쑥쑥 컸어요. 하나님이 저를 이렇게 키워 주셨죠.
하나님, 키가 자라는 것처럼 지혜도 자라고 싶어요.
솔로몬과 같은 지혜를 저에게 주세요.
친구들이 서로 다투거나 해결하기 힘든 일이 생겼을 때
바르게 판단하게 해 주세요.
그래서 서로 사이좋게 지내도록
돕는 어린이가 되게 해 주세요.
또 예수님처럼 지혜가 자라나서
하나님의 사랑도 받고 어른들의 칭찬도 듬뿍 받게 해 주세요.
커서도 하나님이 기뻐하는 일을 많이 할 수 있게 도와주세요.
예수님의 이름으로 기도합니다. 아멘.

직장인을 위한 기도

승리하는 직장생활을 위한 기도

자비로우신 하나님 아버지! 언제나 변함없이 은혜를 베푸셔서 감사와 찬송으로 영광 돌립니다.
영원히 죽을 수밖에 없는 제가 주님의 십자가 공로로 구원받아 영생을 얻었습니다. 하나님의 자녀로 복된 삶을 살게 하셨으니 그 은혜를 감사드립니다.
주님의 영광을 위해 살 수 있도록 날마다 성령께서 인도하시고 보호하시니 부족한 종으로서는 과분한 은혜가 아닐 수 없습니다.
자비하신 주님, 이전에 종이 세상에서 방황할 때는 아무 쓸모 없는 인생이었으나 지금은 주님께서 천하보다 귀한 자녀로 인정해 주셨습니다. 이제는 부족한 종을 충성된 자로 삼으셔서 귀한 직분을 주셨으니, 오직 성령님께서 감당할 수 있는 능력을 허락하옵소서.
주여, 이 직분을 통하여 성실하게 주님의 몸 된 교회를 위해 충성하고 주님을 영화롭게 하는 자가 되게 하옵소서. 주의 종을 잘 섬기게 하시고 하나님의 선한 사업을 통해 유익을 끼치게 하옵소서. 성실과 전심으로 형제를 사랑할 뿐 아니라 영적 성장을 도우며 그리스도의 몸 된 교회를 섬기게 하옵소서.
인간적인 열심이나 내 뜻대로가 아니라 성령님께서 주시는 능력으로 일하기를 원합니다. 성령님께서 감동과 감화를 주셔서 하나님의 선하신 뜻을 분별할 수 있는 지혜로 일하게 하여 주옵소서.
하나님의 전신 갑주로 무장하여 악한 마귀의 계교를 물리치고 때마다 일마다 승리하게 하여 주옵소서. 예수 그리스도의 이름으로 기도합니다. 아멘.

직장인을 위한 기도

직장의 빛과 소금 역할을 위한 기도

사랑이 많으시고 거룩하신 하나님 아버지!
오늘도 그리스도 예수의 십자가 공로로 죽을 수밖에 없었던 죄인을 생명으로 인도하여 주신 은혜를 감사드립니다.
부족한 종이 주님의 영원한 생명을 받은 자로서 날마다 새로워지고 성숙되게 하옵소서. 자라면서 그리스도를 아는 지식을 더하게 하심으로써 주님의 성품이 나타나게 하옵소서.
"빛의 열매는 모든 착함과 의로움과 진실함에 있느니라"(엡 5:9)고 하신 대로 주님의 빛 된 자녀로서 의롭고 거룩하고 진실한 삶의 열매를 맺게 하옵소서. 주님의 사랑과 겸손과 온유의 성품을 닮게 하여 주옵소서.
하나님, 진실하고 정직하며 충성스럽게 주님을 사랑하고
섬기는 한편 형제들도 사랑하고
그들을 위해 희생하는 사람이 되게 하옵소서.
저의 이기적인 욕심과 생각을 버리게 하옵소서.
저를 위하여 십자가에 못 박혀 죽으신 주님을 믿으므로 살든지 죽든지 흥하든지 망하든지 주님만 존귀하게 여기며 영광 돌리는 삶을 살게 하옵소서.
그리스도의 생명과 능력이 흘러넘치는 삶을 살게 하옵소서.
제 자신의 명예와 이익보다는 하나님의 영광과 형제의 유익을 먼저 생각하며 그리스도의 사랑과 희생과 헌신을 본받고 살 수 있도록 변화시켜 주옵소서.
예수 그리스도의 이름으로 기도합니다. 아멘.

직장인을 위한 기도

직장의 변화를 위한 기도

온 천하 만물의 주재가 되시는 거룩하시고 전능하신 하나님 아버지! 온 땅의 백성들이 하나님께서 주신 만물을 통해 일용할 양식과 필요를 얻어 삶을 영위하게 하셔서 감사드립니다.
자비하신 주님, 그리스도께서 대속하신 은혜로 이 민족이 가난의 저주에서 벗어나 번영하고 부요한 삶을 누릴 수 있게 하셔서 감사드립니다. 하지만 오늘날 이 민족은 탐욕과 향락을 추구하면서 이웃의 곤고함을 돌아볼 줄 모르는 죄악에 빠졌습니다. 교회와 하나님의 자녀들이 빛과 소금으로서 사명을 다하지 못한 탓이 아닐 수 없습니다.
"한 사람이 두 주인을 섬기기 못할 것이니…… 하나님과 재물을 겸하여 섬기지 못 하느니라"(마 6:24)고 하신 주님, 저희들이 두 마음 품은 것을 회개하고 성결한 마음의 그릇을 준비하게 하여 주옵소서.
교회가 거룩함을 회복하여 민족을 인도할 수 있게 하옵소서.
주여, 기업인들과 근로자들이 성실하고 충성된 마음과 선한 양심을 가지고 맡겨진 일에 최선을 다하게 하옵소서.
노사가 서로 원수처럼 여기며 투쟁하는 대신 서로 사랑하며 협력하게 하옵소서. 노사화합을 통해 경제가 꾸준히 성장함으로써 이 나라가 열방 가운데 든든하게 세워질 수 있습니다. 기업인들은 탐욕과 이기주의에서 벗어나 근로자들을 배려하며 나눌 수 있게 하옵시며, 근로자들은 사명감을 가지고 나라와 동포를 사랑하는 마음으로 일하게 하여 주옵소서. 우리가 이전에 이웃 나라들로부터 받은 도움을 기억하고 하나님께서 우리에게 주신 복을 어려운 이웃에게 나누어 주는 민족이 되게 하옵소서. 예수 그리스도의 이름으로 기도합니다. 아멘.

직장인을 위한 기도

올바른 리더가 되기 위한 기도

존귀하신 하나님! 주님의 높으신 이름을 찬양합니다.
주여, 한낱 질그릇에 불과한 저를 하나님의 영광을 나타내는 도구로 삼아 주셨습니다. 부족한 종을 존귀하게 사용하여 주신 하나님의 은혜를 감사드립니다.
하나님, 작은 일에 충성된 자가 큰 일에도 충성할 수 있다고 하셨습니다. 또 하나님 앞에서 겸손하고 경외하는 자, 사람들에게 겸손하고 성실한 자를 높이시고 존귀케 하신다고 하셨습니다.
무엇보다도 가장 자랑스러운 것은 제가 하나님의 귀한 자녀라는 사실입니다. 예수 그리스도의 십자가 은혜로 거듭나 하나님의 귀한 자녀요, 하늘과 땅의 권세를 가지신 주님의 상속자가 되었으니 이것이 가장 귀하고 자랑스럽습니다. 또한 이 땅에서 그리스도의 은혜와 성령의 도우심을 받으며 매일 살아갈 수 있게 하시니 감사합니다.
하나님, 직장에서 리더의 위치에 있사오니 겸손하고 성실하게 주님을 섬기며 동료들에게도 그리스도인으로서 선한 영향력을 끼치게 하옵소서. 일에 대한 책임도 커졌사오니 주님께 하듯 신실한 청지기로서 충성하게 하옵소서.
제가 지금 살아서 숨 쉬고 있는 것 자체가 하나님의 전적인 은혜라고 고백합니다. 결단코 제 자신의 능력이나 지식이나 재주를 높이는 교만에 빠지지 않게 하시고 먹든지 마시든지 무엇을 하든지 오직 하나님께 영광 돌리며 살게 하옵소서. 예수 그리스도의 이름으로 기도합니다. 아멘.

직장인을 위한 기도

성장을 위한 기도

만복의 근원이신 하나님! 주님의 크신 사랑과 지혜와 측량할 길 없는 은혜를 찬양합니다. 예수 그리스도 안에서 저를 택하여 불러 주신 주님의 은혜를 또한 찬양합니다.
부족한 종이 창조주 하나님으로부터 무한한 복을 받았으니 감사를 드리지 않을 수 없습니다.
하나님께서는 저에게 만물을 관리하고 다스릴 수 있는 권세를 주셨습니다. 또 능동적으로 환경과 운명을 지배하며 관리하는 권세를 주셨나이다.
이전 것은 지나가고 그리스도 안에서 새로운 피조물로 거듭난 종에게 이 모든 권세를 누리게 하셨으니 감사하옵나이다.
하나님, 주의 말씀대로 성실하게 이 직장을 위해 충성하려고 합니다. 주일 성수하고 십일조를 드리고, 선교하고 전도하는 직장으로 이끌고자 합니다. 정직과 성실로 하나님의 영광을 나타내고자 합니다.
이 직장의 주인은 하나님이시오니 주님께서 주관하여 주시고 인도하여 주옵소서.
충성되고 성실한 일꾼들을 보내 주시어서 함께 주님의 영광을 위해 기도하며 일하게 하여 주옵소서.
주의 종이 일하는 사업장을 번영케 하셔서 주님을 위해 더욱 헌신할 뿐만 아니라 이웃을 돌아보며 베풀고 나누는 선한 일도 많이 하게 하옵소서. 예수 그리스도의 이름으로 기도합니다. 아멘.

부부를 위한 기도

행복을 구하는 기도

우리를 사랑하시는 주님!
행복한 결혼 생활을 잘 가꾸는 법은 사랑뿐이오니
우리 부부 사이에 사랑과 이해가 충만하게 하소서.
남편은 영웅이 아니며 아내는 여왕이 아님을 알게 하시고
서로가 소중하게 본래의 모습대로 순수하게 살게 하소서.
남편과 아내의 일을 소중하게 생각하게 하시고
서로 협력하고 뜻을 맞추어 가정을 사랑의 뜰 안으로
행복의 보금자리로 만들어가게 하소서.
가정에 사랑과 은혜와 기쁨이 늘 충만하게 하여 주소서.
서로에게 지나친 의지만 하지 말게 하시고
부담스러운 삶이 되지 않게 하소서.
모든 일을 친구처럼 이루어가게 하소서.
상대방의 부족함을 공격하기보다는 사랑으로 덮어주고
칭찬해주며 힘과 용기를 북돋아 주게 하소서.
때때로 박수를 쳐주며 기뻐해 줄 수 있는 마음을 주시고
서로가 서로에게 소홀함이 없기를 원합니다.
작은 선물일지라도 사랑을 표현하며
기쁨을 만들어가게 하소서.
우리 부부에게 사랑을 듬뿍주시는
우리 주 예수 그리스도의 이름으로 기도드립니다. 아멘

부부를 위한 기도

결혼기념일의 기도 1

우리와 늘 함께 계시면서 보살펴주시는 하나님 아버지,
우리 서로에게 서로를 선물로 주셨음에 감사드립니다.
혼인예배를 통하여 부부의 인연을 맺어주시고 오늘까지 혼인의 언약을 충실히 지키도록 도와주셨으니 감사드립니다.
우리 사이를 갈라놓게 하는 장애물을 당신 손수 치워주시고 서로에게 충실할 수 있는 마음과 의지만을 허락하여주옵소서.
베풀면 베풀수록 받는다는 어리석음의 지혜를 갖출 수 있게 해주옵소서. 이 세상을 살아가는 동안 지쳤을 때는 용기와 힘을, 낙담과 실패에는 위로와 격려를, 언제나 섬세함과 부드러움과 친절로 늘 변함없는 은혜를 베풀어주소서.
서로의 모습이 다른 것처럼 우리 서로가 다른 존재임을 인정하며 서로를 보완하여 완성하는 기쁨을 허락하소서.
언제까지나 소중한 존재로서 곁에 머물며 늘 변함없는 마음으로 감사하게 하소서. 예수님의 이름으로 기도합니다. 아멘

부부를 위한 기도

결혼기념일의 기도 2

사랑의 근원이 되시는 하나님!
우리 부부가 하나님의 은혜로 맺어지도록
사랑으로 인도하여 주심을 감사드립니다.
모든 삶을 주님께 맡기며 날마다 기도 속에
성숙된 신앙으로 살아가기 원합니다.
서로 이해하고 감싸주고 견디며
부부의 사랑을 나누게 하소서.
가정을 축복의 장소로 만들어 가도록
늘 아버지의 충만한 사랑으로 채워 주소서.
기쁠 때나 슬플 때나 즐거울 때나 곤경을 당할 때나
언제든지 기도와 사랑으로
모든 일들을 의뢰하며 나아가기 원합니다.
가정은 행복이 시작되는 곳이니
항상 주님의 평안이 넘치게 하여 주소서.
가정을 통해 꿈과 소망을 함께 이루어가고
모든 일에 주님께 영광을 돌리게 하소서.
우리 부부에게 넘치는 사랑과 축복을 주시는
우리 주 예수 그리스도 이름으로 기도합니다. 아멘!

부부를 위한 기도

다툰 후의 기도

뼈 중의 뼈요 살 중의 살이라고 짝을 찾은 기쁨은 잠시 뿐이고 서로가 책임을 전가하면서 고독하게 된 아담과 하와를 기억합니다.
우리 부부도 신혼의 즐거움은 잠깐 뿐이요 잠시의 실수로 서로를 원망하면서 영원한 사랑을 의심하는 부부가 되었습니다.
참으로 애정만 있다면 극복할 수 있는 문제를 가지고 의견의 충돌을 하였사오니 사랑의 주님, 서로에 대한 인내심과 애정을 회복시켜 주옵소서.
서로가 주어진 조건에서 성의를 가지고 바르게 이해를 하면 감추어진 애정이 싹트며, 잃어버린 화목을 다시 회복할 수 있사오니 자기중심을 벗어나 서로의 입장에 설 수 있는 기회를 허락하옵소서.
결혼 전에 가졌던 아름다운 꿈과 현실과의 차이 때문에 걷잡을 수 없는 불만을 실감하게 되오니 상대방의 일방적인 희생만을 기대하는 어리석은 태도를 피차 버리게 하옵소서.
내가 그에게서 무엇을 기대하듯이 그도 나에게 무엇을 기대하고 있다는 사실을 알고 항상 그 기대를 찾아서 도와주려고 노력하게 하옵소서.
우리는 어두운 면도 있고 밝은 면도 있음을 알고 자신의 잘못을 찾아 반성할 수 있게 하옵소서.
성격의 장단에 있어서도 서로가 이해하며 그의 단점을 들추어내기보다는 그의 장점을 보고 서로 도우면서 사랑을 회복하여 화목한 부부가 되게 하옵소서. 예수의 이름으로 기도를 드립니다. 아멘

부부를 위한 기도

아침을 여는 기도

하나님, 우리 부부 예수님의 보혈로 덮어 주소서.
위로와 격려로 삶의 힘든 부분들을 함께 극복하게 하소서. 늘 진리에 목마르며 예수님을 닮고자 하는 겸허함으로 무릎 꿇게 하소서.
기도의 깊이가 더해지게 하시고 말씀을 깨닫고 생활 중에 적용하는 경건의 삶을 이루게 하소서.
자녀들을 말씀과 기도로 양육하며 축복의 언어를 말하게 하소서.
가정의 거룩함과 존귀함이 넘치게 하시고 찬양의 영이 충만하게 하소서.
거처하는 집이 복된 장막터가 되어 온전한 안식을 누리게 하소서. 깊은 영적 분별력을 주셔서 사탄에게 결박되지 않게 하시며 시험들지 않게 하소서.
남에게 나누어주고 꾸어주고 베풀어 주며 사랑의 마음으로 따뜻한 말을 나누는 가정되게 하소서.
우리의 지경을 넓혀 주시고 환난을 벗어나 걱정과 근심이 없게 하소서. 서로에게 말로 상처를 주지 않게 하시고 또한 상한 감정들과 상처들이 치유되어 기쁨의 감정을 회복케 하옵소서.
여호와이레 되신 하나님, 우리의 미래를 주님 손안에 의탁하오니 평생 성령님의 인도를 받게 하소서.
우리 가정이 신앙의 명문가가 되게 하시고 자손들에게 신앙과 축복의 유산을 물려주게 하소서.
이 모든 말씀 예수님의 이름으로 기도합니다. 아멘

병든 자를 위한 기도

병상의 기도

주 하나님! 병상에 누워 조용히 생각해 봅니다.
왜 예전에는 주님의 말씀을 꿀 송이처럼 달다고 느끼지 못했을까요?
왜 건강할 때 선하신 말씀을 가까이 못했는지
이제야 저의 믿음 없음을 깨닫고 회개합니다.
주님! 몇 번의 수술로 몸이 말할 수 없이 약해졌습니다.
쓰리고 아파 먹지 못하고 뼈 마디마디 아파 오는데 약을 먹어도 통증은 가시지 않고 제 몸 하나 움직일 수 없습니다.
가만히 누워 주님의 말씀을 묵상하니
주님의 말씀이 뼈 마디마디에 양약이 되게 하옵소서.
비록 약을 먹지 못하고 주사 바늘도 꽂을 데가 없어도
주님께서 들어오실 마음의 자리는 비어 있습니다.
어서 제 마음에 들어오셔서 주님의 참 뜻을 헤아릴 수 있는 지혜를 주소서.
이제는 주님의 말씀대로 삶의 모습을 고치고
주안에서 기쁨을 누리기 원합니다.
주님! 제가 어찌 하늘의 신비를 알겠습니까?
오늘도 햇살처럼 내리는 은총을 받으며
주님을 사모합니다. 주님의 말씀이 골수까지 시원케 하소서.
아픔만큼 더 주님을 부르며 순간마다 주님과 함께 하시길 원합니다.
모든 어려움을 이겨낼 수 있는 용기를 주십시오.
아멘

병든 자를 위한 기도

어린 환우의 기도

하나님!
지금 제게는 두 가지 소원이 있습니다.
옛날처럼 자유롭게 걸어다니고
옛날처럼 음식을 맛있게 먹는 것이 소원입니다.
가고 싶은 곳을 마음대로 걸어 다닐 때는
그것이 얼마나 소중한 것인지 몰랐습니다.
갈 곳, 못 갈 곳 사리지 않고 뛰어다녔습니다.
가족들과 음식을 함께 먹을 때는
그것이 얼마나 소중한 것인지 몰랐습니다.
먹을 것 못 먹을 것, 마실 것 못 마실 것
가리지 않고 먹고 마셨습니다
이제 모든 것을 잃었습니다.
걸어 다닐 힘도 없고
음식을 소화해 낼 힘도 없습니다.
제게 힘을 주십시오.
다시 한 번 기회를 주십시오.
꼭 가야할 곳만 가게 하시고
꼭 먹고 마셔야 할 것만 먹고 마시게 하옵소서.
아멘.

- 김광일 -

병든 자를 위한 기도

두려움을 이기는 기도

하나님 나는 너를 치료하는 여호와라고 하신 말씀을 믿고 두 손 모아 기도하오니 유대 땅에서 각종 병자를 고치시며 중풍 병자에게 네 죄 사함을 받았느니라 하시고 그의 병을 고쳐주시던 그 긍휼 하신 자비의 손으로 저를 만져주시옵소서.
상한 갈대도 꺾지 아니시고 꺼져 가는 심지도 끄지 아니하시는 자비 하신 주님, 믿음의 기도는 병든 자를 구원하신다는 주님의 말씀 의지하고 힘없는 몸을 일으켜 꿇어앉아 간절히 기도하오니 백부장의 하인을 고쳐주시던 그 능력으로 고쳐주소서.
하나님, 하나님을 섬기라 그리하면 먹는 양식에 복을 내리고 마시는 물에 복을 내리시며 네 몸에 병을 제하리라 하신 주님 내 죄 회개하고 눈물로 간구 하오니 나의 눈물을 주의 병어 담으시고 바디매오의 처절한 기도를 들으시고 눈을 뜨게 하신 능력으로 고쳐주소서. 죽은 자를 살리시고 병든 자를 고치시며 문둥이를 고치시던 주여, 내 병도 더럽다하시지 않고 내 곁에서 안타까이 하시며 수고하고 무거운 짐 지고 고달파 하는 자들아 다 내게로 오라 내가 너희를 쉬게 하리라하신 주여 나를 고달프게 하는 병을 고쳐주소서.
영혼이 잘됨과 같이 범사가 강건하고 잘 되기를 원하시는 주여, 내 생에 영과 육이 잘 되어 먹든지 마시든지 주님의 영광을 위해 살도록 하시고 아프게 하시다가도 싸매시는 주여 나의 병을 제하여 투병 생활에서 믿음의 선한 싸움 하도록 나의 병을 고쳐주소서.
예수님 이름으로 기도합니다. 아멘

병든 자를 위한 기도

회복을 확신하는 기도

내 몸이 약할 때에 아직 생각하고, 아직 말하고, 아직은 먹을 수 있음에 감사하게 하옵소서.
내 몸이 괴로울 때에 아픈 이의 심정과 없는 이의 처지와 부모님의 마음을 이해하게 하옵소서. 내 몸이 병들었을 때에 육신의 부주의함과, 죄와 허물 그리고 하나님의 뜻을 깨닫게 하옵소서. 내 몸이 수척할 때에 믿음과 인내와 하늘의 소망을 배우게 하옵소서. 내 몸이 아플때에 "죽을 병이 아니다", "하나님의 영광을 보리라"라는 음성을 듣게 하옵소서. 내 몸이 신음할 때에 사랑의 위로와 말씀의 힘과 기도의 능력을 체험하게 하옵소서. 내 몸이 상했을 때 그동안 읽지 못한 성경을 읽고, 그 동안 부르지 못한 찬송을 부르며, 그동안 하지 못한 기도를 하게 하옵소서. 내 몸이 고난 받을 때에 나누며 살리라, 절제하며 살리라, 경건하게 살리라 결심하게 하옵소서.

heesung.pe.ne.kr

병든 자를 위한 기도

고통을 이기게 하는 기도

주님!
고통의 근원이 무엇인지도 모른 채
아파하는 나 자신의 모습이 더욱 부끄럽습니다.
뼈를 깎는 듯한 아픔이 밀려오는 순간들은
내 눈물의 진액이 되어 침상을 적시는데도
아직 치유의 새벽은 저만치 깊은 밤 속에 묻혀 있습니다.
조금만 더 엎드리어 주님의 율례에 순복했더라면
교만의 늪에서 나와 겸손으로 가는 배에 몸을 실었더라면
이토록 육체가 신음 속에 침몰되지는 않았을 터인즉
불순종했던 이 마음 통회함으로 나아가오며
사함의 은총으로 덧입혀 주시는 새로운 은총이
또 한 번의 감사를 드리겠나이다.
주여!
참아내기는 너무도 고통스럽고
견디기에는 참으로 쓰라린 아픔이기에
주님만이 아시는 이 모진 통증을
그 넓으신 자비하심으로 헤아려 주시기를 기도합니다.
sk8404.or.kr/gnu3

실직자의 기도

좌절하지 않기 위한 기도

선한 목자 되신 주님! 종을 위해 언제나 푸른 초장과 쉴 만한 물가를 예비하시고 인도하여 주시니 감사드립니다.
이제껏 하나님께서 주신 좋은 일터를 통해 저희 온 가족이 일용할 양식을 공급받아 왔습니다. 그러나 최근 직장을 떠나게 되어 낙심 중에 있습니다. 가족들을 책임져야 하는 가장으로서 마음이 너무 무겁습니다. 당장 제가 무엇을 어떻게 해야 할지 모르겠습니다.
하나님은 저의 선한 목자로서 제 영혼이 잘되고 범사가 잘되고 강건하기를 원하는 분이심을 믿습니다. 죽어 마땅한 죄인에게 생명을 주신 주님, 실패와 좌절 가운데서 승리의 길로 인도하시옵소서.
주님, 저의 마음을 강하게 붙들어 주셔서 요동치 않게 하옵소서.
 주님께서 도와주실 줄 믿습니다.
지혜를 주시고 돕는 사람들을 보내주셔서 제가 해야 할 일들을 가르쳐 주옵소서.
하나님께서 예비하신 새로운 일터를 주시옵소서. 엿새 동안 힘써 일하며 주님을 더 잘 섬길 수 있도록 반드시 좋은 일터를 예비하신 줄 믿습니다.
결코 흔들리지 않는 믿음으로 승리하게 하옵시고 가족들에 대한 책임과 의무를 다할 수 있도록 은혜 내려 주옵소서.
그리하여 오늘은 어제보다 낫고 내일은 오늘보다 나은 복과 승리의 삶을 살게 하여 주옵소서.
예수 그리스도의 이름으로 기도합니다. 아멘.

실직자의 기도

지금까지의 삶에 대한 감사기도

저를 구원하사 영원한 생명을 주신 주님께 감사와 찬송을 드립니다. 광야 같이 메마르고 희망이 없던 인생을 물 댄 동산 같이 기름지고 복되게 변화시켜 주신 은혜를 찬양드립니다.
주여, 무엇보다 귀한 믿음 주셔서 하나님을 알고 범사에 주님 은혜 아래서 생명을 누리되 넘치도록 누리며 살게 하여 주심을 감사드립니다.
사랑하는 가족을 주시고, 친구들을 주셔서 감사드립니다.
믿는 형제들과 주 안에서 사랑의 교제를 나눌 수 있게 하셔서 감사드립니다.
좋으신 하나님, 비록 어려움이 닥치고 곤란한 때가 있다 할지라도 모든 것이 합력하여 선을 이루게 하시는 주님의 섭리를 믿습니다.
주 안에서 항상 기뻐하고 늘 기도하며 범사에 감사함으로 승리하는 삶을 살게 하여 주옵소서.
하나님께서 주신 복을 이웃과 함께 나누는 풍족한 마음을 주옵소서. 저만 축복 받고 누리는 것이 아니라 곤궁한 이웃을 향해 손을 펴서 돌아보며, 그들의 영혼과 육신을 위해 그리스도의 생명의 복음을 전하는 참된 신앙인이 되게 하옵소서. 부정적이고 세속적인 언어를 버리고 언제나 긍정적이고 적극적인 믿음의 말로써 복음을 전하고 실패와 좌절에 빠진 자들을 위로하게 하옵소서.
하나님께서 이제껏 베풀어주신 은혜를 잊지 않고 항상 기억하며 믿음과 감사가 풍성한 자가 되게 하옵소서.
예수 그리스도의 이름으로 기도합니다. 아멘.

실직자의 기도

하나님께서 인도해 주심에 대한 확신의 기도

선한 목자 되신 주님!
날마다 주의 지팡이와 막대기로 푸른 초장과 쉴 만한 물가로 저를 인도하여 주셔서 감사드립니다.
"주께서 택하시고 가까이 오게 하사 주의 뜰에 거하게 하신 사람은 복이 있나이다"(시 65:4)라고 하셨습니다.
예수 그리스도의 십자가를 통해 하나님과 화목케 하심을 감사드립니다. 주여, 저의 혼자 힘으로는 세상의 유혹과 시험을 이길 수 없습니다. 악한 마귀는 기회만 있으면 저를 넘어지게 하려고 합니다. 주님께서 능력의 팔로 붙드시고 실족하지 않게 보호하여 주옵소서.
주님께서 저를 고아와 같이 홀로 버려두지 아니하시고 언제나 함께 하셔서 저의 갈 길을 인도하여 주옵소서.
"너희는 성령을 좇아 행하라 그리하면 육체의 욕심을 이루지 아니하리라"(갈 5:16)고 하셨사오니 성령께서 감동 감화하여 주사 하나님의 음성을 듣고 따르게 하옵소서.
에녹이 평생 주님과 동행한 것처럼, 아브라함이 일평생 주님과 함께하며 순종한 것처럼 일평생 주님과 동행하며 순종하는 복된 삶을 살게 하옵소서.
하나님과 동행하는 것이 제게 복이요, 세상을 이기는 능력이 됨을 믿습니다. 저는 약하나 제 안에 계신 주님은 강하시오니,
오늘도 제가 마귀와 세상을 이기고 하나님의 빛 된 자녀답게 살게 하옵소서.
예수 그리스도의 이름으로 기도합니다. 아멘.

실직자의 기도

새로운 꿈을 위한 기도

우리의 영원한 소망 되신 하나님 아버지! 이전에 저는 소망도 없고 생명도 없이 죄 가운데 방황하며 육신의 욕심대로 살았던 죄인이었습니다. 멸망할 수밖에 없었던 종이 이제는 그리스도 안에서 생명이 넘치는 삶을 살고 있습니다. 예수 그리스도께서 갈보리 십자가에 피 흘려 죽어주신 공로로 영생을 주셨으니 얼마나 감사한지요.

주여, 이제 제가 천지를 지으신 전능하신 하나님의 귀한 자녀가 되었습니다. 하나님의 후사로서 복의 근원이 되었사오니 저로 인해 저의 가족과 이웃이 복을 받게 하옵소서. 구원이 임하게 하옵시고 영혼이 잘됨 같이 범사에 잘되며 강건한 복을 받게 하옵소서.

주여, 저에게 꿈과 소망을 주셔서 현재와 장래에 하나님께서 예비하신 일들을 이루게 하시고 저의 일생을 통해 하나님의 영광을 나타내게 하옵소서. 하나님께서는 당신의 기쁘신 뜻을 위하여 우리에게 소원을 두고 행하게 하신다고 하셨습니다. 또한 하나님께서 우리를 향하신 뜻은 재앙이 아니라 장래에 소망을 주시려는 것이라고 하셨습니다(렘 29:11).

주여, 저의 마음에 성령님께서 기름 부어 주셔서 거룩한 꿈과 비전으로 채워 주옵소서. 하나님의 기쁘신 뜻을 이룰 수 있는 소원으로 채워 주옵소서. 저의 장래 일을 계획할 때에 하나님의 영광을 나타낼 수 있도록 지혜를 허락하옵소서. 믿음으로 하나님께서 예비하신 복된 장막터를 찾아 지경을 넓히게 하옵소서.

이 세상에 주님의 구원과 복된 소식을 증거하는 거룩한 도구로 쓰임 받게 하옵소서. 예수 그리스도의 이름으로 기도합니다. 아멘.

실직자의 기도

가정의 회복을 위한 기도

믿음의 반석 되신 주님! 우리를 위해 화목 제물로 십자가에 못 박혀 죽으심으로 하나님과 원수 되었던 우리를 화목하게 하시고, 구원을 주신 은혜를 감사드립니다.
이 가정의 보호자가 되시는 주님! 언제나 가족들이 서로 사랑하며 하나님을 경외하게 하여 주옵소서.
세상의 헛된 것을 목표로 삼지 말고 영원한 하나님 나라에 소망을 두고 살아가고 싶습니다.
이웃에게 하나님의 영광을 나타내는 가정이 되게 하옵소서.
주님 안에서 부부가 서로 돕고 사랑하며 부모님을 공경하게 도와주옵소서.
자녀들을 말씀으로 양육하고 훈계하게 하옵소서. 세상의 그 어떤 일보다 하나님을 경외하는 일이 가장 가치 있고 중요하다는 것을 깨우쳐 줄 수 있기를 원합니다.
주여, 이 가정이 하나님 앞에서 바로 서고 말씀 안에서 거룩하게 되어 모든 믿는 가정의 본이 되기를 원합니다.
주님의 사랑으로 하나 되어 화목하고 경건하며 하나님 섬기는 일을 최고로 삼는 가정이 되기를 원합니다.
온 가족이 말씀으로 날마다 변화되게 하옵소서.
하나님을 예배하고 찬송하는 가운데 주님의 평강이 넘치게 하시고 주님의 사랑으로 충만케 하옵소서.
예수 그리스도의 이름으로 기도합니다. 아멘.

아버지의 기도

축복의 통로가 되기 위한 기도

하나님, 당신과 우리 인간 사이에 막힌 담을 헐고 길을 내기 위해 독생자 예수 그리스도를 보내주신 그 사랑을 감사합니다. 종의 영육이 건강해서 다른 이들을 섬길 수 있게 하시고, 주님께서 주신 복이 있으므로 축복하는 자가 되게 하옵소서. 하나님과의 관계가 회복되게 하시고, 동료들과의 관계를 원만하게 유지하게 하옵소서. 어디에 있든지 무슨 일을 하든지 주님 위해 사는 인생이 되게 하옵소서. 요셉처럼 살아가길 소망합니다. 여호와 하나님이 요셉과 함께 하심으로 주변 사람들이 그의 범사에 형통하게 됨을 보았던 것처럼, 저도 그렇게 되게 하옵소서. 요셉을 통해 주변 사람들이 여호와의 복을 받은 것처럼, 저를 통해 조건과 환경이 달라지게 하옵소서. 요셉을 통해 애굽을 부하게 하시고 가족들을 살리며, 더 나아가 이스라엘 민족을 구원하게 하신 주님의 원대한 꿈이 나를 통해 반드시 이루어지게 하옵소서. 그리하여 제 가정과 이웃, 이 민족이 저를 통해 주님을 보게 하시고 믿게 하시며 복있는 백성이 되게 하옵소서. 지하수를 퍼내기 위해 사용되는 마중물처럼, 하나님 나라의 마중물이 되게 하옵소서. 주님 때문에 사람들이 가지 않는 길을 가게 하셔서 길을 만드는 자 되게 하옵소서. 주님이 그러셨던 것처럼 사람들의 갈라진 틈 사이에 들어가 그것을 메우는 자가 되게 하옵소서. 세상의 차별과 넘지 못할 불가능의 벽에 도전하여 무덤문을 박차고 부활하신 주님을 선포하게 하옵소서. 그리하여 제가 주님께 쓰임 받는 축복의 통로가 되게 하옵소서.

길과 진리요 생명 되신 예수님의 이름으로 기도합니다. 아멘.

아버지의 기도

가장으로서 모범이 되는 기도

"수고하고 무거운 짐진 자들아 다 내게로 오라 내가 너를 쉬게 하리라"는 주님의 말씀을 들으면서 제가 진 인생의 짐이 얼마나 무거운지 새삼 느끼게 됩니다. 어떤 이는 무거운 짐을 벗어보려고 일탈하지만 여전히 짓눌린 채 살아갑니다. 주님이 오라고 부르실 때 "아멘"으로 화답하지 못하는 그들을 위해 안타까운 마음으로 기도합니다.

특별히 이 땅의 가장들이 주님 앞에 나오기를 소망합니다. 가정의 대표자로서, 때로는 가정의 책임자로서 감당해야 할 삶의 버거움에서 자유하게 하옵소서. 그것은 삶으로부터의 도피나 무책임이 아니라, 주님 주시는 능력 가운데 얻는 기쁨인 줄 믿습니다. 로뎀나무 아래 엘리야가 주님의 손길로 회복되었듯이 저를 회복시켜 주옵소서. 그리고 일어서게 하옵소서.

가장으로서 가족들 앞에 부끄럽지 않은 모습을 보이게 하옵소서. 늘 주어진 일에 최선을 다하게 하옵소서. 제가 소속된 모든 곳에서 주님의 일을 하듯 성실하게 감당할 수 있기를 원합니다. 하나님의 영광을 위하여 일하는 자가 되게 하옵소서. 그리하여 제 모습이 자녀들에게 좋은 거울이 되게 하옵소서. 성경에서 많은 믿음의 선진들이 축복했던 자녀들이 약속의 아들 딸이 되었음을 봅니다. 가정의 제사장으로 자녀들을 하나님께로 인도하는 자가 되게 하옵소서. 제게 주신 아버지로서의 축복권을 적극 사용할 것을 다짐합니다. 기도한 대로, 축복한 대로 성취될 줄 믿습니다. 제 가정을 세워주신 주님 뜻대로 쓰임받는 훌륭한 가장이 되게 하옵소서. 제 가정에 변함없는 울타리가 되어 주시는 예수님의 이름으로 기도합니다. 아멘.

아버지의 기도

믿음을 유산으로 남겨주는 기도

세상을 사랑하셔서 뭇사람들을 통해 그 사랑을 지속적으로 계승하게 하신 하나님을 사랑합니다. 많은 사람들이 명멸하는 이 역사 속에서 하나님을 만난 것이 더할 나위없는 기쁨이요 감사라고 고백합니다. 제가 주님을 알았기에 참 진리를 알게 되었고, 구원 받게 되었음을 믿습니다. 어떤 상황에도 불구하고 이런 확신을 갖고 하나님을 의지하게 하옵소서. 주님을 향한 믿음이 반석이 되게 하옵소서.
"내가 너희를 고아와 같이 버려두지 않으리라" 하신 주님을 믿습니다. 항상 제 곁에 서서 말씀하며 인도하시는 주님을 믿습니다. 주님의 손길을 경험하게 하옵소서. 주님께서 승천하실 때 "내가 너와 영원히 함께 있으리라" 하신 마지막 말씀이 제게 이루어지고 있음을 의심치 않게 하옵소서. 제게 임마누엘의 주님을 의지하는 믿음을 주시고, 이 믿음이 산을 옮길만한 능력으로 나타나게 하옵소서. 이제 이 믿음을 저의 가정에 심고자 합니다. 그리고 자라나는 후손들과 저의 가정에 믿음이 이어지길 소망합니다. 믿음의 가치를 자녀들이 알게 하시고, 모두가 공유할 수 있게 하옵소서. 자녀들에게 변하지 않고 훼손되지 않는 유산인 믿음을 남기는 아비가 되게 하옵소서. 창세로부터 우리를 위하여 예비된 나라를 상속받게 될 그때까지 믿음의 상속이 끊어지지 않게 하옵소서. 훗날 제 인생의 발자취가 오직 믿음의 흔적으로 평가될 수 있도록 결코 후회되지 않는 삶이 되게 하옵소서. 제가 걸어간 믿음의 발자취가 누군가에게 길이 되는 영광을 허락하여 주옵소서.
제게 믿음의 길을 걷게 하신 예수님의 이름으로 기도합니다. 아멘.

아버지의 기도

사랑하는 아내를 위한 기도

태초에 사람을 지으시고 그 안에 생기를 불어 넣으사 당신의 형상대로 빚으신 하나님을 믿습니다. 그 하나님의 손길이 한 사람 아담에게만 머문 것이 아니라, 한 가정을 이룬 아담과 하와에게도 임한 줄 믿습니다. 그렇게 사람을 사랑하시고, 천지를 창조하신 뜻을 가정을 통해 구현하신 하나님께 감사드립니다. 아담이 독처하는 것을 불쌍히 여기사 돕는 배필 하와를 주신 것처럼, 제게 아내를 주신 것은 저를 향한 하나님의 사랑인 줄 믿습니다. 아내가 하와처럼 세워지게 하옵소서. 제 삶에 진정한 동역자가 되게 하옵소서.

아내를 건강하게 지켜주소서. 아내가 건강해야 가정이 건강할 수 있음을 느낍니다. 아내가 균형 있는 삶을 살게 하셔서 몸과 마음이 건강하게 하옵소서. 언제나 해맑은 웃음과 여유로 가정의 선장이 되게 하옵소서. 더 나아가 아내를 지혜롭게 하옵소서. 가족들을 통솔하고 통합할 수 있는 지혜와 관용을 주소서. 우리 가정에 윤활유와 같은 존재가 되게 하옵소서. 유식한 아내요 어미보다는, 통찰력 있는 아내요 어미가 되게 하옵소서. 냉철한 판단력의 아내보다는, 가슴이 따뜻한 아내가 되게 하옵소서. 변함없이 사랑받아 그 사랑 나눠주며, 먼저 행한 그 헌신을 모든 이들이 따라가게 하옵소서. 아내의 미소가 가정에 웃음소리로 번지고, 아내의 손길 하나하나가 가정의 행복으로 번지게 될 줄 믿습니다. 아내가 한나처럼 기도하게 하옵소서. 한나를 통해 사무엘을 주신 것처럼, 저희 가정에 아내를 통해 사무엘이 있게 하시고 사무엘을 만들어가게 하옵소서.

아내보다 더 사랑하는 예수님의 이름으로 기도합니다. 아멘.

아버지의 기도

사랑하는 자녀를 위한 기도

저희 가정에 자녀를 기업으로 주신 하나님, 감사합니다. "자식은 여호와의 주신 기업이요, 태의 열매는 상급이라" 하신 주님, 자녀를 통해 가정의 미래를 축복해 주옵소서. 자녀가 가정의 기쁨이 되게 하시고 감사의 조건이 되게 하옵소서. 자녀의 생애 속에 부모의 기도가 응답되게 하옵소서.

저희 자녀 ○○에게 탁월한 리더십을 주옵소서. 이 시대의 리더로 하나님 앞과 사회 앞에, 역사 앞에 영향력 있는 인물이 되게 하옵소서. 세상에서 선의의 경쟁을 하는 가운데 지치지 않게 하시고, 하나님 나라의 조건으로 성공하게 하옵소서. 타인에게 먼저 본이 되는 삶을 살게 하사 주님처럼 섬기는 리더가 되게 하옵소서. 하나님 말씀대로 실행함에 있어서 늘 자신감을 갖게 하시고, 그 말씀의 능력을 의심치 않게 하옵소서. 다니엘처럼, 습관을 좇아 하나님의 말씀대로 살아가길 소원합니다. 세상이 인정하는 믿음의 지도자가 되게 하옵소서. 자기가 한 말과 행동에 대해 깊이있게 생각하고 판단하며 실천하는 용기 있는 자가 되게 하옵소서. 솔로몬에게 주신 지혜와 총명으로 양육되고 훈육되게 하옵소서.

예수님처럼 자라면서 강하고 지혜가 충만해지며, 늘 하나님의 은혜가 떠나지 않는 자녀가 되게 하옵소서. 예수님의 성품을 닮을 수 있도록 주님 가신 그 길을 좇아가게 하옵소서. 결국, 하나님과 사람에게 더욱 사랑받게 하시고 쓰임받게 하옵소서. 제 자녀의 모델이 되시는 예수님의 이름으로 기도합니다. 아멘.

어머니의 기도

현숙한 여인의 기도

하나님, 저를 그리스도의 신부로 불러주시니 감사합니다. 신랑 되신 예수님과 한 몸을 이루어 말에나 행동에나 뭇사람들에게 칭찬 받는 자가 되길 원합니다. 남을 동정하고 사랑하는 마음을 주셔서 어려움에 처한 자를 돌보는 긍휼한 마음을 갖게 하옵소서.

하나님이 허락하신 관계가 깨어지지 않게 하옵소서. 특별히 양가 부모님을 제 부모님 같이 여기게 하시고 많은 이들 앞에 믿는 자의 본이 되게 하옵소서. 하나님, 창조하신 사역 중에 우리를 협력자로 세우시고 자녀 양육을 통해 하나님의 동역자가 되게 하심을 감사드립니다. 세상의 양육방법에 흔들리지 않게 하시며, 변하지 않는 진리 되신 예수 그리스도를 가르치게 하옵소서. 자녀들이 특별한 훈련이나 배움의 기회를 적절히 갖게 하옵소서. 자녀의 소질과 재능이 하나님의 방법으로 하나님이 정하신 때에 계발되어지게 하시며, 자녀의 필요에 따라 적절한 시기에 공급되게 하옵소서. 하나님, 제 입을 통해서 아프고 죽어가는 자를 위로하며 살리는 말을 할 수 있도록 생명력 있는 입술을 허락하옵소서. 세상 사람들이 추구하는 외모의 아름다움은 세월이 지나면 사라지나, 하나님을 경외함으로써 얻게 되는 영원한 아름다움을 추구하게 하옵소서.

비천에 처하든 풍부에 처하든 어떤 형편에서든지 만족하고 행복하게 하옵소서. 부지런히 손으로 일하며 힘써 일하여 남편과 이웃들에게 인정받는 주의 여종이 되게 하옵소서. 이런 현숙한 여인의 그림을 마음속에 그리며 살기를 소망하는 여종이 되기를 간절히 원하오며 예수님의 이름으로 기도합니다. 아멘.

어머니의 기도

따뜻한 가정을 위한 기도

주님 우리 가정의 주인이 되어주시니 감사합니다.
이 땅에서 하나님 나라의 기쁨을 미리 맛보게 하시려고 우리에게 작은 천국인 가정을 허락하시니 참으로 감사드립니다. 세상에서 힘들고 지쳐서 쓰러질 때 우리 가정이 쉴 만한 물가가 되게 하여 주옵소서. 하나님이 세우신 가정을 통하여 연약한 육신은 강건해지고 갈급한 심령은 충만해져서 시기와 질투가 사랑으로 변화되는 역사가 날마다 일어나게 하옵소서. 부부 사이에 대화가 통하지 않을 때도 가끔 있지만 하나님의 언어로써 말하게 하셔서 사랑으로 하나 되게 하옵소서. 그리고 부부가 하나 되는 본을 자녀들에게 보이게 하옵소서. 또한 저희 가정에 기쁨의 선물로 허락하신 자녀로 인해 감사드립니다. 자녀들이 우리 가정에 축복의 통로가 되고 있음을 고백합니다. 귀한 선물을 위해 헌신할 기회와 기쁨을 허락하신 하나님, 자녀들이 힘들고 지칠 때 가정에서 쉼을 얻고 회복과 주님 주시는 비전을 맛보게 하옵소서. 작은 천국인 가정을 통하여 영원한 하나님 나라에 대한 소망을 품게 하시고, 믿지 않는 친지와 이웃들에게 천국의 기쁨을 함께 나누며 전파하게 하옵소서. 부모가 자녀에게 줄 가장 큰 유산은 경건한 삶과 믿음의 유산임을 자녀들에게 가르치게 하옵소서. 우리 가정이 에덴동산이 되게 하시고, 우리 가정이 하나님의 축복의 통로가 되게 하사 막혔던 축복의 물꼬가 터지게 하옵소서.
하나님, 우리 가정이 무너지지 않는 강한 산성이 되게 하여 주옵소서. 누구보다도 내 가정을 더욱 사랑하시는 예수님의 이름으로 기도합니다. 아멘.

어머니의 기도

사랑하는 남편을 위한 기도

우리 부부를 신랑 신부로 만나게 하시고 ○○년째 같은 길을 가게 하시니 감사합니다. 서로 동역자로 여기게 하신 것도 감사합니다. 외롭게 홀로 내버려 두지 않으시고 어려움을 함께 헤쳐나갈 수 있도록 배필을 보내주신 것도 감사합니다. 하나님이 우리 가정의 주인이 되어 주셔서 집안에서 일어나는 모든 일들을 간섭하시고 책임져 주시기를 원합니다. 세우신 남편이 우리 가정에 믿음의 제사장이 되게 하옵소서. 남편을 통한 축복이 자녀에게 흘러넘치게 하시고, 믿음이 대대로 흘러 우리 가문이 믿음의 가문, 예수의 가문이 되게 하옵소서. 남편에게 영적인 분별력을 허락하사 경건한 삶을 구별해 지켜나갈 힘을 주시옵소서. 남편이 속한 직장(회사, 일터, 사업장)에서 머리가 되게 하시고 주님 믿는 자로서 본이 되게 하옵소서. 권위만 내세우는 리더가 아니라 선한 영향력을 끼칠 수 있는 리더십을 발휘하게 하옵소서. 무슨 일이든 결정하거나 선택해야 할 때 주님의 마음으로 판단할 수 있게 하옵소서.

 부부가 같은 마음과 같은 뜻으로 온전히 하나 되게 하시고 함께 같은 곳을 바라보며 나아가게 하옵소서. 성령님께서 우리 부부를 다스려 주시옵소서. 사랑하는 남편이 하나님과 사람들 앞에 육체적으로 순결을 지키며 오직 한 사람 아내를 위해 거룩하게 살게 하옵소서. 자녀에게 좋은 아빠가 되게 하시며, 우리 자녀들이 아빠를 통하여 하나님의 사랑과 오래 참음과 소망을 경험하게 하옵소서. 자녀들이 아빠를 바라보며 아빠보다 더 큰 하나님을 사랑하고 사모하게 하옵소서. 영원한 저의 신랑 되신 예수님의 이름으로 기도합니다. 아멘.

어머니의 기도

사랑하는 자녀를 위한 기도

하나님, 우리 가정에 귀한 선물을 주시니 감사합니다. 이 자녀를 통해 우리 가정이 복의 근원이 되게 하옵소서. 주님, 우리 ○○를 하나님께 드립니다. 우리 자녀의 필요를 아시는 분은 오직 하나님뿐이신 줄 믿습니다. 주님 저희 자녀를 맡기오니 보호하고 인도하옵소서. 온갖 위협과 폭력으로부터 안전하게 지켜주시옵소서. 만일 그런 일로 위기를 겪는다면 우리 자녀가 머리털 하나 상하지 않도록 주님의 날개 아래 품어 보호하시고 구원하여 주시기를 간절히 기도합니다.

주님, 자녀에 대한 저의 헛된 기대와 욕심을 내려놓습니다. 자녀가 경건한 친구들과 훌륭한 선생님을 만나 함께 인생길을 가게 하시고 서로 밀어주고 이끌어주는 동역자들을 더욱 많이 얻게 하옵소서. 자녀가 가는 길이 외롭지 않게 하시고 함께 하는 기쁨을 맛보게 하옵소서. 지혜로운 자와 동행하면 지혜를 얻고, 미련한 자와 사귀면 해를 받는다고 말씀하신 주님, 지혜로운 자와 동행하게 하시고 어리석은 자와 함께 함으로써 패망하지 않게 하옵소서.

우리 자녀가 하나님께 순종하기를 원합니다. 주님의 말씀을 듣고 기도하기를 힘쓰며 주님의 음성을 듣게 하옵소서. 우리 자녀가 교만과 이기심, 반항심에 빠지지 않게 하시고 자신의 마음을 주님께로 향해 주님 보시기에 기뻐할 일을 행하게 하옵소서. 영적으로 무익한 것에 마음을 뺏기지 않게 하시고, 경건치 못한 것과 하나님을 대적하는 것을 물리칠 수 있는 담대한 마음과 믿음을 우리 자녀에게 허락하옵소서. 자녀가 자라서 하나님께서 주신 소명을 깨닫고 바른 목적의식을 갖게 하여 주옵소서. 예수님의 이름으로 기도합니다. 아멘.

어머니의 기도

성공적인 인간으로서의 기도

주님, 세상에서는 명예와 물질, 부를 누리며 사는 것이 성공이라고 얘기합니다. 이를 위해 사람들은 수단과 방법을 가리지 않습니다. 하지만, 하나님의 자녀 된 우리는 그것이 진정한 성공이 아니라고 믿습니다. 하나님 없이 부와 명예만 얻는다면 결코 성공하지 못한 인생이기 때문입니다. 하나님, 우리로 하여금 늘 주님과 동행하며 살아가게 하옵소서. 우리는 부유할 때가 있는가 하면 가난할 때도 있고, 강건할 때가 있는가 하면 육신이 연약하여 쓰러질 때도 있습니다. 어떤 상황에서도 주님은 늘 동행하시니 위로와 힘을 얻습니다. 주님 안에 거하는 삶이 진정한 성공인 줄 믿사오니 세상적인 가치관에 흔들리지 않게 하옵소서.

종에게 지혜를 주시고 늘 하나님께 영광 돌리며 살아가게 하옵소서. 저를 통해 믿지 않는 자들이 주님께 돌아오는 역사가 일어나게 하옵소서. 한 영혼이 천하보다 귀하다고 하신 주님의 말씀을 실천하게 하옵소서. 하나님의 관심이 저의 관심이 되게 하옵소서. 하나님이 종에게 허락하신 가정을 잘 지키게 하옵소서. 또 자녀들을 잘 양육하는 어머니가 되게 하옵소서.

힘이 없고 지쳤을 때 즉시 주님께로 달려가 새 힘을 얻게 하옵소서. 교회에서 언제나 적극적인 성도가 되게 하옵소서. 진리의 말씀을 사모하고, 성령의 인도하심을 따라 예배하며, 기도의 능력을 받아 주님 뜻에 민감하게 반응하는 사람이 되게 하옵소서. 모범적인 예배생활을 통해 인생도 진정한 성공하게 하옵소서. 진정한 성공의 모델 되신 예수님의 이름으로 기도합니다. 아멘.

노인의 기도

하나님의 섭리에 대한 감사의 기도

해는 지고 천지가 고요한 시간에 이 죄인이 하나님 앞에 무릎을 꿇었습니다.
주 안에서 건강을 허락하시고 지금까지 평안히 지낼 수 있게 인도하신 하나님, 감사드립니다.
그러나 때때로 주님을 배반하며 방황했던 종의 삶을 겸손히 회개하오니 용서하여 주시옵소서.
이제는 거룩하신 주님만 바라보며 살아가는 종이 되게 하옵소서.
하나님 아버지, 회개를 받아주시고 놀라운 위로와 평안한 마음을 주셔서 감사드립니다. 범사에 감사하게 하옵소서. 어떤 시험과 고난이 와도 감사하는 종이 되게 하옵소서.
이해할 수 없는 상황 가운데 종이 처할지라도 그러한 것을 허락하신 하나님의 뜻을 헤아리기를 원합니다.
하나님께서 나의 아버지가 되시고 늘 함께 하고 계심을 신뢰하며 기도하게 하옵소서.
그리고, 하나님의 마음과 뜻을 깨달을 수 있는 지혜를 주시고 내 생명 다하는 날까지 구체적으로 늘 실천하며 살아가게 하옵소서.
지금까지 섭리하신 하나님, 감사드립니다.
앞으로도 늘 섭리하셔서 하나님의 뜻에 합당한 삶을 살아가게 하여 주시옵소서. 예수님의 이름으로 기도 드립니다. 아멘.

노인의 기도

살아온 날들에 대한 감사의 기도

하나님. 화창한 봄날 같던 청춘이 엊그제 같은데 종이 어느 새 인생의 황혼기를 맞았습니다.
지나온 인생길 가만히 뒤돌아보니 어디로 가는지도 모른 채 허겁지겁 앞만 보고 달려온 것 같아 부끄럽고 아쉬운 마음뿐입니다.
가시밭 같은 인생길 하나님께서 부족한 종과 늘 동행하시며 오늘날까지 생명을 연장시켜 주신 것 얼마나 감사한지요.
사랑하는 아내와 함께 자녀들을 양육하게 하시고 그들이 성장하여 가정을 이루는 모습까지 볼 수 있게 하셨사오니 이 은혜를 무엇으로 갚아야 하오리까.
그럼에도 불구하고 늘 불평하며 감사하지 못했던 지난 날들을 용서하여 주옵소서.
앞으로 남은 삶은 오직 감사하게 하옵소서.
하루하루가 신비롭고 축복인 것을 깨닫고 범사에 감사하는 종으로 살아가게 하옵소서.
인생의 여정이 끝날 때는 후회 없는 삶을 살았노라고 고백하면서 주님 곁으로 가는 종이 되게 하옵소서.
예수님의 이름으로 기도합니다. 아멘.

노인의 기도

최선의 삶을 위한 기도

사랑하는 주님!
 늘 바쁘다는 구실로 하나님께 충성하지 못한 죄인을 용서하옵소서. 내가 먼저 변화되어 섬겨야 하는데, 다른 사람이 변화되어 섬김 받기를 원했던 종이었습니다.
제자들의 발을 친히 씻기시며 섬기셨던 예수 그리스도를 본받아 이 죄인도 변화되기를 원합니다. 벼가 익을수록 고개를 숙이는 것 같이 노년을 맞아 겸손하게 섬기며 살아가게 하옵소서.
주님의 향기가 그리워지는 시간 저녁노을 물든 하늘을 바라보며 묵상합니다.
향긋한 헤이즐넛 커피 한 잔을 놓고 묵묵히 흘러가는 강물을 바라보면서 그래도 주님이 계셨기에 이 정도로 살 수 있었노라고 고백합니다.
주님! 앞으로 남은 인생도 함께 하여 주옵소서. 최선을 다해 주님을 위해 살겠습니다. 마지막 눈을 감는 순간까지 주님을 붙잡고 주님을 위하여 살게 하시옵소서.
예수님 이름으로 기도합니다.

노인의 기도

하나님 나라의 확장을 위한 기도

주님, 날이 갈수록 혼탁하고 어두워져 가는 세상에서 하나님 나라가 확장되기를 원합니다.
어서 밝고 환한 세상이 되어 모든 사람들이 하나님께 경배하게 하옵소서. 이 세상을 치유하실 수 있는 분은 오직 하나님이심을 고백합니다. 하나님께서 이 땅에 임하시고 친히 통치하여 주시옵소서.
하나님 나라가 확장되어 온 백성들이 세상에서 맛보지 못한 행복을 누리며 살기를 원합니다. 무지한 백성들이 진리를 알게 하시고 마음을 열어 주님을 받아들이게 하옵소서.
모든 인류의 목적이 하나님 나라의 도래가 되게 하시고 하나님께서 다스리는 나라가 가장 행복한 세상이라는 것을 깨닫게 하옵소서.
 마지막 날까지 하나님 나라의 확장을 위한 도구로 살겠사오니 사용하여 주시옵소서.
예수님 이름으로 기도합니다. 아멘.

노인의 기도

하나님의 뜻을 위한 기도

주님, 하나님의 뜻이 이 땅에 실현되기를 기도합니다.
하나님은 태초부터 인간을 위해 놀라운 계획을 갖고 지금까지 우리가 상상할 수 없는 방식으로 이뤄 오셨습니다.
 이 죄인도 하나님께서 계획을 완성하시는 과정에서 요긴한 도구로 사용된 줄로 믿습니다.
앞으로 남은 인생도 하나님께 쓰임 받는 도구가 되기를 원합니다.
 그리하여 하나님 앞에 설 때에 "내가 너로 말미암아 나의 계획을 이루었노라" 칭찬 듣는 자가 되게 하여 주시옵소서.
인생의 황혼녘에 하나님을 알게 하신 것 다시금 감사드립니다.
반드시 하나님의 뜻이 이 땅에 이루어지기를 갈망합니다.
오늘도 내일도 하나님 뵈옵기를 원하오며
예수님의 이름으로 기도합니다. 아멘.

　　어떤 사람의 마음 속에 성령이 거하시게 되면 그 사람은 기도를 멈출 수 없다. 성령이 그 안에서 쉬지 않고 기도하시기 때문이다. 잠을 자든, 깨어 있든 그 사람은 마음 속으로 계속해서 기도하게 된다. 먹을 때나 마실 때나 일할 때나 쉴 때나 기도의 향기가 그의 마음 속에서 자발적으로 피어 오르게 된다. 마음 속에서 생기는 아무리 작은 자극도 보이지 않는 하나님을 향해 은밀하게 부르는 말없는 노래와 같다.

　　- 시리아의 아이작

세계유명기도문

스승의 기도

날려 보내기 위해 새들을 키웁니다.
아이들이 저희를 사랑하게 해주십시오.
당신께서 저희를 사랑하듯 저희가 아이들을 사랑하듯
아이들이 저희를 사랑하게 해주십시오.
저희가 당신께 그러듯
아이들이 저희를 뜨거운 가슴으로 믿고 따르며
당신께서 저희에게 그러하듯
아이들을 아끼고 소중히 여기며
거짓없이 가르칠 수 있는 힘을 주십시오.
아이들이 있음으로 해서 저희가 있을 수 있듯
저희가 있음으로 해서
아이들이 용기와 희망을 잃지 않게 해주십시오.
힘차게 나는 날개 짓을 가르치고
세상을 올곧게 보는 눈을 갖게 하고
이윽고 그들이 하늘 너머 날아가고 난 뒤
오래도록 비어 있는 풍경을 바라보다
그 풍경을 지우고 다시 채우는 일로
평생을 살고 싶습니다.
아이들이 서로 사랑할 수 있는 나이가 될 때까지
저희를 사랑하게 해 주십시오.
저희가 더더욱 아이들을 사랑할 수 있게 해주십시오.

-조종환

나의 모든 것을 맡기는 기도

하나님 아버지,
나의 몸과 나의 생명과
그리고 나의 전인격을 당신께 드립니다.
나의 죄를 당신 앞에 가져왔으니
용서하옵소서.
나의 꿈과 소망과 목표를 당신 앞에 가져왔으니
축복하옵소서.
나의 당하는 시험을 당신 앞에 가져왔으니
그것을 이길 힘을 주옵소서.
나의 일과 의무와 책임을 가져왔으니
그것을 감당할 능력을 주옵소서.
나의 친구와 가족과 사랑하는 자들을 당신께 의탁하오니
그들을 지켜주시고 보호해 주옵소서.
당신께서 내게 베푸신 모든 은혜에 대해
감사와 고마움을 당신께 바칩니다.
매일밤 항상 나를 보호하시고 감싸주시는
당신의 팔에 의지하여 잠들게 하옵소서.
주 예수 그리스도의 이름으로 기도드립니다.
아멘.

-윌리엄 바클레이-

10가지 감사기도

1. 나같은 죄인의 혈통에서 순교의 자식들을 나오게 하셨으니 하나님께 감사합니다.
2. 3남 3녀 중에서 가장 아름다운 두 아들, 장자와 차자를 바치게 된 나의 축복을 하나님께 감사합니다.
3. 허다한 많은 성도들 중에 어찌 이런 보배를 주께서 하필 내게 주셨으니, 그 점 또한 주께 감사합니다.
4. 한 아들의 순교도 귀하다 하거늘 하물며 두 아들의 순교리요, 하나님 감사합니다.
5. 예수 믿다가 누워 죽는 것도 큰 복이라 하거늘, 하물며 전도하다 총살 순교 당함이리요, 하나님 감사합니다.
6. 미국 유학가려고 준비하던 내 아들 미국보다 더 좋은 천국 갔으니 감사합니다.
7. 나의 사랑하는 두 아들을 총살한 원수를 회개시켜 내 아들 삼고자 하는 사랑의 마음 주신 하나님께 감사합니다.
8. 내 두 아들 순교로 말미암아 무수한 천국의 아들들이 생길 것이 믿어지니 우리 아버지 하나님 감사합니다.
9. 이 같은 역경 중에서 이상 여덟 가지 진리와 하나님의 사랑을 찾는 기쁜 마음, 여유 있는 믿음 주신 우리 주 예수 그리스도께 감사합니다.
10. 나에게 분수에 넘치는 과분한 큰 복을 내려 주신 하나님께 모든 영광을 돌립니다.

—손양원, 두 아들의 장례식장에서 드려진 기도

약함의 강함

무어나 얻을 수 있는 강한 체력을 달라고
하나님께 간구했으나
나는 약한 몸으로 태어나
겸손히 복종하는 것을 배웠습니다.
큰 일을 하기 위하여 건강을 구했더니
도리어 몸에 병을 얻어
좋은 일을 할 수 있게 되었습니다.
큰 부자가 되어 행복하기를 간구했으나
나는 가난한 자가 됨으로
오히려 지혜를 배웠습니다.
한번 세도를 부려
만인의 찬사를 받기 원했으나
나는 세력 없는 자가 되어
하나님을 의지하게 되었습니다.
내가 바라고 원하는 것은
하나도 이루어지지 않았으나
은연 중에 나는 모든 것을 얻었나니
내가 구하지 않은 기도까지 이루어졌습니다.
나는 부족하되 만인 중에서
가장 풍족한 은혜를 입었습니다.

-미상

주의 사랑으로

전능하신 하나님 아버지,
우리의 심령 속에 들어오셔서 당신의 사랑으로 채워 주시옵소서.
그리하여 모든 죄악된 생각을 버리고 유일한 선의 근원 이신 주님만 모시고 살게 하옵소서.
오 하나님, 나에게 자비를 베푸셔서 하나님이 나와 어떠한 관계가 있음을 알게 하옵시고,
나는 너의 구원이니라고 내 영혼에게 말씀하여 주시는 음성을 듣게 하여 주옵소서.
주여, 나의 심령을 맡기오니
그 귀를 여셔서 주님의 음성을 듣게 하옵시고 그 음성만 따라서 살게 하옵소서.
오 주여, 내가 주님을 찾사오니 주님의 얼굴을 숨기지 마옵시고
나의 영혼이 너무도 편벽되오니 이를 넓히시고 친히 들어와 계십소서.
나의 영혼의 집이 너무도 황폐하게 되어 있사오니 주님이 거하시기에 합당하도록 수리하여 주옵소서.
오 하나님, 우리의 주이시며 성부와 성령과 함께 이제와 영원까지 살아 계실 하나님의 독생자 예수 그리스 도의 이름으로 기도하오니 들어 주시옵소서. 아멘.

― 성 어거스틴

능력의 근원이시여

지혜와 이해와 능력의 근원이 되시는 하나님 아버지,
당신의 독생자이신 우리 구주 예수 그리스도의 공로를 힘입어 간절히 비옵나이다.
주여, 이 불쌍한 죄인에게 자비를 베풀어 주옵소서.
주님의 성령을 나의 마음 속에 임하게 하여 주시사 당신의 지혜로 말미암아 이 시험을 어떻게 견디고,
어떠한 말로 저들의 물음에 대답할 것을 가르쳐 주실 뿐 아니라,
제가 하나님의 영광스러운 이름을 위하여 싸우러 나갈 때에 당신의 오른팔로 나를 붙들어 주셔서 담대하게 주님의 믿음과 진리를 고백할 수 있게 하옵시며,
나의 생명이 다할 때까지 이를 위하여 최선을 다할 수 있게 하여 주시옵소서.
주 예수 그리스도의 이름으로 비옵나이다. 아멘.

― 리들리 감독

만군의 여호와여

오 만군의 주 하나님이시여, 육지와 바다로 싸우러 나간 이들을 돌보시사 그들을 위험한 자리에서 보호하여 주시고,
모든 고난에 견디게 하여 주시며 온전한 승리를 거둘 수 있게 하여 주시옵소서.
병든 자와 상한 자와 또 한 적에게 잡힌 자들을 긍휼히 여기시고, 그들이 받는 시험으로 인하여 자기들의 심령을 하나님께 바치는 기회로 삼게 하여 주시옵소서.
주님께서는 당신의 사랑하시는 아드님으로 인하여 죽을 자를 용서하시고 용납하셨으며, 과부와 고아들에게 자비를 베푸시고 슬퍼하는 모든 자를 위로하셨나이다.
오 자비로우신 하나님 아버지, 주님은 세상의 모든 전쟁을 그치게 하시고, 당신의 백성인 우리를 소생시키며 평화의 복을 주시사 우리가 현재 당하는
모든 괴로움은 당신의 영광으로 물리칠 것이오며 구세주의 왕국이 임하여서 모든 나라는 당신의 믿음과 경외하심과 사랑으로 하나가 될 것을 믿사 옵나이다.
주여 이 불쌍한 것의 기도를 들어 주소서. 응답해 주소서. 예수 그리스도의 이름으로 비옵나이다. 아멘

- E. 하오킨스

졸업생의 기도

주님, 내가 약간의 지식을 얻었사오니
슬기롭게 사용하여
내가 사는 이 세상을
좀더 나은 곳으로 만들
그런 길을 보여 주시옵소서
고뇌 많은 삶을
좀더 뜻있게 살고자 원하오니
믿음과 용기를 베푸시어
나의 나날에 목적을 심으소서
가장 큰 열매를 맺도록
당신 섬길 길 보이시고
나의 모든 배움과 지식과 기술이
당신 뜻 행함을 배워
참 열매 맺게 하소서
내 모든 일 행할 때
언제나 깨닫게 하소서
지식은 배움에서 비롯함이며
지혜는 당신께로부터 비롯되는 것임을

- H. S. 라이스

결혼식장에서

오 하나님!
우리의 발걸음을 모아
결혼의 삶을
이제 시작하려 합니다.
굽어 보소서.
그리스도 주시여!
우리들 마음에 성령으로 채우시고
우리 새 가정에 성령이여 오소서.
때마다 보이지 않는 손님으로 오시며
대화 때에 묵묵히 듣는 이 되시고
선잠 아닌 깊은 잠의 친구가 되소서.
어려운 때에
사랑과 기쁨
그리고 화평을 가지고 오소서.
시간 시간에
빛이 되어 주소서.
하나님 아버지여!
연초부터 연말까지
웃을 때나 눈물 흘릴 때나
일할 때나 쉼을 누릴 때나
눕거나 일어나는 생활 전폭에
평탄을 허락하여 주소서.

간수하심과 지켜주심이
지금부터 영원까지 하시고
우리는 주님의 사랑받는 사람이
되게 하시며
결혼의 기쁨이
죽는 날까지 가게 하소서.
오 하나님!
우리의 삶의 계획과
구상을 붙드셔서
순간순간이 황금의 때
행복의 시간이 되게 하소서.
사랑과 희망
기도하는 모든 것이
진실케 되며
아름다운 꿈으로
꽃피게 하소서.
새해 첫 날 부터
꽃피게 하소서.
그리스도 이름으로, 아멘.

-로버트 슐러

하늘 아버지

하늘 아버지 되시는 하나님
사람의 지상 생활은 아침 이슬 입니다.
아침 나뭇잎 위에 머문 이슬이 마침내 낮에 빛나는 태양 빛에 없어져 가는 것과 똑 같습니다.
그러나 이 유한한 생명에도 당신이 놀라운 힘을 부여하여 주시며 거룩하신 섭리를 생각할 때 감사하지 않을 수 없습니다.
짧은 우리들의 생명이 끝날 때까지 주님은 우리가 하여야 할 사명을 맡겨 주신 것을 우리는 잊지 않습니다.
차가운 바람이 불어 오는 곳,차디찬 얼음이 얼어 있는 곳에 우리가 있을 지라도,우리들의 눈을 영원한 세계를 향하여 지켜 볼 수 있도록 허락하여 줍소서.
원하옵니다. 지상 생활에 있어서 혼란과 실망 속에 길을 잃은 우리들을 위로하여 측은히 여겨 주옵소서.
아흔 아홉마리 양을 울에 두고 한 마리 양을 찾아 주시는 사랑의 목자여,
길 잃은 우리에게 돌아와 주옵소서. 죽음 앞에서도 당황하지 않고 영원한 하늘 나라를 믿게 하여 주옵소서.
영원에로 전개해 가는 성과와 성장을 믿어 어디까지나 당신을 위해 일하도록 이상과 무한에 둘려 승리의 길을 걷게 해 주시기를 비옵니다.
예수 그리스도의 이름으로 아멘.

― 어느 일본인 전도자

새해의 기도

사랑하는 하나님 아버지.
지난해의 모든 일에 감사하는 마음으로 올해를 시작합니다.
당신의 끊임 없는 사랑에 감사하며 지난 날을 보낼 수 있는 힘을 주셨음을 감사합니다.
지난 한해 동안 당신을 실망시킨 여러 가지 일을 생각할 때 부끄럽습니다.
당신을 즐겁게 하지 못하는 것을 알고도 행하였으며 당신을 즐겁게 하는 것을 알고도 행치 못했습니다.
저는 지난 해에 쓸데없는 시간을 낭비했으며 여러 기회를 놓치고 살아왔습니다.
다가오는 새해에는 나로 당신의 뜻 안에서 살 수 있도록 도와 주옵소서.
우리가 새해를 함께 맞이한 이 때에 당신은 온 세계에 있는 당신의 백성에게 함께 계시옵소서.
그리고 새해로 평화의 해가 되게하여 주소서.
새해는 우리가 좀 더 성숙해지는 한 해가 되게 하여 주시고 친선의 해, 신임과 관용의 해가 되게 하소서.
나의 생명을 당신과 당신의 천국을 위해 가치있게 만드는 방법을 발견토록 도와주소서.
예수님 이름으로 간구합니다. 아멘.

― 해로이드 & 도로시

부활절 아침에

전능하신 하나님,
당신의 자비로서 나는 그리스도의 죽으심을 기념합니다.
내가 살아 있어서 그의 죽으심과 부활은 나로 하여금 영원한 행복으로 이끌어 줍니다.
나로 하여금 나쁜 버릇과 습관을 이기게 도와 주소서.
나를 사악한 생각과 행동에서 구하여 주소서.
나의 임무를 분명하게 알 수 있는 빛을 주시며 의무를 행할 수 있는 은혜를 주소서.
날이 샐 때마다 나로 좀 순결하고 좀 더 기록되게 도우소서.
나로 당신을 충실히 섬기며 신뢰로서 섬기게 하소서.
당신이 나의 가정을 찾으실 때 우리는 당신의 영원한 생명과 행복으로 돌아갈 수 있을 것입니다.
예수 그리스도의 이름으로 기도합니다. 아멘.

-사무엘 존슨

 오, 주님

오 주님이시여.
주님의 영광으로써 자신에 대한 애정으로 해서 비롯되는 고통에서 저를 건져 주시옵고,
이 세상에서는 다 이룰 수 없는 참된 소망으로 이끌어 주옵소서.
주님을 따르려고 애쓰는 고뇌가 내 속에서 이루어지게 하시옵소서.
이제부터는 당신과 함께 있으며 오직 주님 우해 일하는것 이외에는 삶이나 건강에 열중하는 것을 그만두게 하옵소서.
생사와 건강과 병고를 나 자신의 영원한 평안과 교회의 필요와 성자의 은총을 위하여 당신의 품격으로써 저를 주관하시오니 거기에 집착하여 간구치 아니하고 당신의 뜻대로만 되기를 간구하옵나이다.
만유의 주님이시여 당신은 언제나 저에게 선한 것을 주실것을 아옵나이다.
그래서 항상 당신의 최선을 내게 베푸시옵고 이끌어 주시옵소서.
주님께 순종하겠나이다.
거룩하고 신실한 신뢰로써 겸허하고 온전한 순종을 허락하옵소서.
당신의 영원한 섭리의 조화를 받아 행하겠나이다.
구주 그리스도를 통하여 손수 내게 임하시옵고 주께서 항상 하시는 뜻을 믿고 있나이다.

- 파스칼

함께 하소서

주님이여 들어주소서.
빈 그릇은 채워져야 하옵니다.
나의 주님이시여 채워 주옵소서.
주여 나는 믿음이 약합니다. 나를 강하게 하옵소서.
사랑 가운데서 냉담할 수 있게 하소서.
나를 따뜻하게 하시고 내 이웃에 나갈 수 있도록 나의 사랑을 강하게
인도하여 주소서.
나는 강하고 확실한 신앙이 없습니다.
번번히 나는 불신하고 주님과 함께 하는 신뢰를 이룰 수가 없나이다.
주님이시여 도우소서.
당신께 두는 내 믿음과 신뢰를 강하게 하옵소서.
내 지닌 모든 재보들은 주님께 바쳤습니다.
나는 비천합니다.
당신은 풍요하시며 가난한 자에게 행운을 주시옵니다.
나는 죄인입니다.
당신은 정직합니다.
제게는 죄가 많사옵니다.
주님은 정의가 가득할 뿐입니다.
그리하여 나는 은혜 받을 수 있는 당신의 품에 남아 있사옵니다.
나를 아무에게도 주어 버리지 마옵소서.
오직 주와 함께 있게 하시옵소서.

― 마틴 루터

평화를 위하여

오, 하나님.
당신은 우리의 희망과 가장 심오한 꿈을 초월하여 계십니다. 당신은 죄악과 증오의 속박을 분쇄하기 위하여 우리에게 당신의 아들을 보내셨습니다.
당신의 보잘 것 없는 자녀된 우리들은 기도하는 중에 평화와 우리 세계속의 최선의 일을 도모하기 위하여 당신께 으지합니다.
젊은이로서 우리들은 당신을 따라 가기를 주저하였으며 중도에서 실패하였습니다.
평화의 왕이신 예수 그리스도를 통하여 우리 가운데 보여주신 사랑의 극치를 우리로 더 충분하게 볼 수 있게 하옵소서.
새로운 평화의 능력을 위하여 당신께 의지합니다.
오, 주님.
우리가 그 위대한 사랑의 선물을 몰 지각하게 받지 말도록 우리를 깨우쳐 주소서.
이 영광스러운 선물을 우리의 괴로운 세상과 나눌 수 있는 방법을 찾을 수 있는 용기와 통찰력을 허락하여 주소서.
우리 주 예수 그리스도를 통하여 빕니다. 아멘.

― 폴 보슬리

부시의 기도

우리의 큰 가정인 이 우주를 주심에 감사드립니다.
그의 거대함과 풍성함에 감사드리며 생활의 여러면에서 세상을 충만시키고 그 중에 우리는 지극히 작은 일부분입니다.
아치 형의 하늘과 축복 받은 바람에 당신을 찬양하며 운행하는 구름과 높은 곳의 성좌를 찬양합니다.
소금 바다와 흐르는 물, 모든 수목, 우리 발 밑에 있는 초목을 볼 때 당신을 찬양합니다.
우리에게 감정을 주셨으매 우리가 아침의 아름다움을 볼 수 있으며 봄의 향기를 맡을 수 있습니다.
환희에 취한 사랑의 노래를 들을 수 있습니다.
우리에게 이러한 아름다움과 즐거움에 마음을 활짝 열게 하소서.
우리의 영혼은 정욕으로 어두워졌으며 걱정에 너무 몰두하여서 심지어는 가시나무가 하나님의 영광을 빛내고 있음에도 무감각하게 지나치는 우리의 영혼을 그 상태에서 구해 주소서.
우리 주 예수의 이름으로 기도합니다. 아멘.

― 월터 부시

하나를 위하여

주 하나님.
우리는 당신 안에 뭉치길 기원합니다.
하나의 지체가 되기를 원합니다.
당신 앞에는 크고 작은 것이 없으며 우열이 없습니다.
그리고 모든 사람은 당신의 성스러운 몸의 지체 입니다.
당신은 신자의 가장 적은 자에 있어서도 우리를 만나 주십니다.
우리에게 은혜를 베푸사 우리의 마음을 열어 주시며 우리로 당신을 알며 당신의 아들을 영접하게 하소서.
오 주님, 주님은 섬김을 받으러 오시지 않고 섬기러 오셨습니다.
우리들 가운데 형제애를 더욱 강건케 하시며 우리에게 봉사의 기쁨을 베푸시며 당신의 새로운 사랑이 우리 가운데 불붙게 하시며 우리로 영원한 열매를 맺도록 인도하소서.
주여, 당신의 성스러운 우호로써
우리를 확고부동하게 자라게 해 주소서.
우리의 마음을 당신의 사랑의 능력으로 채워주소서.
우리 순례자로 당신이 계신 안식처를 발견하게 하소서.
그곳에서 영원히 당신의 형제가 되겠습니다.
우리 주 예수의 이름으로 비옵니다. 아멘.

― 칼 리터

사랑하는 하나님

사랑하는 하나님.
저는 진실로 선행하기를 원합니다.
그러나 때로는 무엇이 옳은지를 알지 못합니다.
때로는 제게 향한 당신의 뜻이 무엇인지, 저의 의지가 무엇인지 말할 수 조차 없습니다.
저는 당신이 저를 사랑하여 주시는 것과 친구와 가족에 대하여 골고루 베푸시는 사랑을 당신의 사랑과 표징인 줄 아옵니다.
저로 항상 주의 사랑을 기억하게 도와 주소서.
제가 주님의 뜻에 내 뜻을 굴복시키기에 어려움을 느낄 때, 당신의 사랑을 기억하게 도와 주소서.
그러므로 저의 생활이 전 인류를 향해
당신의 사랑을 나타내게 하소서.
우리 주 예수 그리스도의 이름으로 기원합니다. 아멘.

― 헬렌 포스트

맡은 일을 위하여

오!하나님,
오늘 나의 맡은 일을 감당하기 위해서
필요한 능력을 내게 허락하시고,
그것을 보다 잘 하기 위해서 필요한 성실함을 허락하시며,
비록 나를 지켜보고 칭찬하거나
잘못을 지적해주는 사람이 없을찌라도,
열심히 노력하는 자기 훈련을 쌓게 하옵소서.
자신을 높이는 만큼이나 일에 최선을 다하게 하시며,
나와 함께 생활하고 같이 일하는 자에게 친절하고
그들의 입장을 헤아리므로
저들로 마음의 평안을 누릴 수 있게 하옵소서.
오늘 하루를 이렇게 살므로 내가 가는 곳마다
행복감이 더해지게 하옵소서.
주 예수 그리스도의 이름으로 기도드립니다.
아멘.

― 윌리엄 바클레이

저를 통해

주여 저를 통해서 이 세계를 사랑하소서.
이 세상의 깨어진 사람들을,
주여 당신은 죽음으로써 사랑하셨나이다.
오, 저를 다시 사랑하소서.
주여,
사람들은 절망속에 있나이다.
오, 제가 알고 보살피게 하소서.
사람들이 제 인생을 볼 때 그들이 당신도 보게 하소서
오, 저를 통해서
이 세계를 사랑하소서.

— 윌 하프톤

내 평생에

오 주님, 당신의 말씀은 진리이며 생명이며 사랑이옵니다.
당신이 사랑해 주시는 염려가 저의 보호막이 되며 제가 태어난 순간부터 오늘 이 순간까지 나를 건강하게 하셨습니다.
이로 인하여 저는 온 마음과 정성을 다하여 당신께 감사를 올립니다.
어려운 문제에 부닥칠 때 당신의 뜻이 무엇인지 알게 하옵소서.
저를 절망에서 보호해 주시며, 당신의 영으로서 저를 인도해 주소서.
저로 하여금 그리스도의 마음을 본 받게 하시며 참된 신자의 자세를 가지고 저의 문제를 해결할 수 있도록 은혜를 베푸소서.
오 주님, 저로 하여금 저의 이기적인 편리를 위하는 모든 근심을 제거하여 주시고 제가 온전히 당신만을 믿을수 있게 도와 주소서.
주님의 사랑은 부족함이 없으며 주님은 완전히 믿을 수 있기 때문입니다.
제가 내릴 이 결심이 제 생애에 주신 주님의 뜻 안에서 이루어지게 하옵소서.
이 모든 것을 우리 주 예수 그리스도의 이름으로 기도합니다. 아멘.

― 클라우드

저로 하여금

사랑의 하나님, 저는 매일 여러 가지로 신자답지 못한 행실을 하고 있는 자신을 발견합니다.
제가 원하옵는 것은 저는 언제나 주님의 가르치심대로 살고자 노력합니다.
저로 하여금 제가 할 바를 바로 알고 바로 행할 수 있는 하나님의 자녀가 되게 하여 주소서.
사랑하는 하나님,
신자된 저의 위치를 지키기 어렵다고 하는 버릇에서 벗어나게 하여 주소서.
저는 저의 동료와 당신을 충분히 사랑하고자 노력하지 못하고 있습니다.
저로 하여금 주님이 제게 원하시는 일만을 하게 하도록 하옵시고 저로 하여금 저의 생애에 주어진 당신의 뜻이 무엇인가를 알게 하여 주옵소서.
사랑하는 하나님,
저와 함께 하셔서 저로 하여금 사욕을 버리고 비이기적이 되게 하소서.
또한 저에게 저를 온전히 당신께 바치도록 도와 주시옵기만을 바라옵니다.
우리 주 예수 그리스도의 이름으로 기도합니다. 아멘.

- 알렌

주가 결정하소서

나의 하나님. 저는 저의 연약함과 무능력을 한탄하느라 시간을 낭비하지는 않을 것입니다.
책임을 지는 분은 제가 아니라 주님이십니다.
주님께서는 "내가 너를 알았고 너를 구별하여 세웠고 너를 거룩하게 하였다"라고 말씀하셨고 또한 "내가 너를 누구에게 보내든지 너는 그에게 갈지어다. 그리고 내가 네게 명한것을 모두 말할 지어다"라고 말씀하셨습니다.
제가 누구관대 주님과 논쟁을 벌이겠습니까.
제가 누구관대 주님의 주권적 선택을 문제 삼을수 있겠습니까.
결정을 내리시는 분은 제가 아니라 주님 이십니다.
주여. 주님이 결정하소서. 제 뜻대로 마시고 주님의 뜻대로 하소서.
그러하오니 나의 주 나의 구원자시여, 저를 제 자신에게서 건지소서.
제가 다른 사람들에게 복된 존재가 되려고 노력하는 중에 제 자신에게 상처를 입히지 않게 하소서. 저를 성령으로 충만하게 하소서.
그리하시면 제가 주님의 능력 안에서 행하고 주님의 의를 선포할 것입니다. 저는 저의 목숨이 붙어있는 한 주님의 구속의 사랑의 메시지를 널리 전할것입니다.
그러하오니 사랑의 주님,
제가 늙고 지쳐 더 일할 수 없을때 하늘에서 저의 처소를 마련하시고 제가 영원한 영광 중에 거하는 주님의 성도들 중 하나가 되게 하소서. 예수님의 이름으로 기도드립니다. 아멘.

-토저

낮아지게 하소서

나에게는 소망이 한 가지 있습니다.
나의 한 가지 소망은 내 마음이 높아지는 것이 아니라
낮아지는 것입니다.
높아지기보다는 낮아질 때 마음이 따뜻해지기 때문입니다.
나는 날마다 마음이 낮아지는 노력을 할 것입니다.

나에게는 소망이 한 가지 있습니다.
나의 한 가지 소망은 내 생각이 복잡해지는것이 아니라
단순해지는 것입니다.
생각이 복잡할 때보다 단순해질 때 마음이 깊어지기 때문입니다.
나는 날마다 생각이 단순해지는 노력을 할 것입니다.

나에게는 소망이 한 가지 있습니다.
나의 한 가지 소망은
내 마음이 부유해지기보다는 가난해지는 것입니다.
마음이 부유해질 때보다 가난해질 때
마음이 윤택해지기 때문입니다.
나는 날마다 마음을 비워 내는 노력을 할 것입니다.

나에게는 소망이 한 가지 있습니다.
나의 한 가지 소망은 나의 자랑할 것을 찾기보다
나의 부끄러움을 찾는 것입니다.

나를 자랑하기보다 나를 부끄러워할 때
내 삶이 아름다워지기 때문입니다.
나는 날마다 내 부끄러움을 찾기 위해 노력할 것입니다.

나에게는 소망이 한 가지 있습니다.
나의 한 가지 소망은
기쁨보다 슬픔을 더 사랑할 줄 아는 것입니다.
기쁨은 즐거움만 주지만 슬픔은 나를 성숙시키기 때문입니다.
나는 슬픔이 올 때
그것을 내 인생의 성숙의 기회가 되도록 노력할 것입니다.

나에게는 소망이 한 가지 있습니다.
나의 한 가지 소망은 나를 사랑하는 사람보다
나를 미워하는 사람을 위해 기도하는 것입니다.
나를 사랑하는 사람을 사랑하는 것은 쉽지만
나를 미워하는 사람을 사랑하기는 힘들기 때문입니다.
나는 사랑의 기도보다 용서의 기도를 먼저 하도록 노력할 것입니다.

- 정용철

나는 소망합니다

나는 소망합니다.
내가 누구를 대하든 그 사람에게 꼭 필요한 존재가 되기를
나는 소망합니다.
타인의 죽음을 볼 때마다 내가 작아질 수 있기를
나는 소망합니다. 내 마음에 드는 사람들에 대한 사랑 때문에
마음에 들지 않는 사람들에 대한 사랑이 줄어들지 않기를
나는 소망합니다. 상대가 나에게 베푸는 사랑의 기준이
내가 그에게 베푸는 사랑의 기준이 되지 않기를
나는 소망합니다.
모두가 나를 있는 모습 그대로 받아주기를
그러나 나 자신만은 그렇지 않기를
나는 소망합니다. 언제나 남들에게 용서를 구하며 살기를
그러나 그들의 삶에는 나에게 용서를 구할 일이 없기를
나는 소망합니다. 사랑하는 여자를 만나게 되기를
그러나 그런 사람을 애써 찾아다니지는 않기를
나는 소망합니다. 언제나 나의 한계를 인식하며 살기를
그러나 그런 한계를 스스로 만들어 내지는 않기를
나는 소망합니다. 사랑하는 삶이 언제나 나의 목표가 되기를
그러나 사랑이 내 우상이 되지는 않기를
나는 소망합니다. 모든 사람이 언제나 소망을 품고 살기를

- 헨리 나우엔

전능하신 하나님이시여

전능하신 하나님이시여,

미국을 지켜주실 수 있는 분은

하나님뿐임을 믿습니다.

이 국가의 지도자들이

하나님의 말씀에 순종할 수 있도록 하시고

국민을 사랑할 수 있도록 형제애를 허락하여 주옵소서.

이들이 솔선하여 정의를 행하도록 하시고,

자비를 사랑하며, 좋은 나라를 이루기 위해

겸손히 국민들을 섬기는 자들이 되게 하옵소서.

– 조지 워싱턴

감사기도

발 앞은
천 길 낭떠러지였습니다만
오! 주님 여기 외나무다리를 주셔서
감사합니다.

가슴은
사정없이 겁에 질려 굳었습니다만
오! 주님
외나무다리를 건너려는 의지함을 주셔서
감사합니다.

현기증으로 눈은
장님이 되었습니다만
오! 주님 이 어려운 아픔을 감사할 수 있게 하셔서
감사합니다.

제 힘으로는 도저히
끝까지 갈 수 없습니다만
오! 주님
온전히 주님께 자신을 맡길 수 있는
큰 평화를 감사합니다.

- 추영수

한가지로 있게 하소서

땅이 꺼지는 이 요란 속에서도
언제나 당신의 속사귐에
귀 기울이게 하옵소서.

내 눈을 스쳐가는 허깨비와 무지개가
당신 빛으로 스러지게 하옵소서.

부끄러운 이 알몸을 가리울
풀잎 하나 주옵소서.

나의 노래는 당신의 사랑입니다.
당신의 이름이 내 혀를 닳게 하옵소서.

이제 다가오는 불 장마 속에서
'노아'의 배를 타게 하옵소서.

그러나 저기 꽃잎 모양 스러져 가는
어린 양들과 한 가지로 있게 하옵소서.

— 구상

아이들을 위해

아이들을 이해하고
아이들의 말을 끝까지 들어주고
묻는 말에 일일이 친절하게
대답해 주도록 도와주소서.

면박을 주는 일이 없도록 도와주소서
아이들이 우리에게 공손히 대해 주기를
바라는 것 같이
우리가 잘못을 저질렀다고 느꼈을 때
아이들에게 잘못을 말하고
용서를 빌 수 있는 용기를 주옵소서.

아이들이 저지른 잘못에 대해
비웃거나 창피를 주거나
놀리지 않게 하여 주옵소서.

우리들의 마음 속에 비열함을
없애 주시고 아이들에게
잔소리를 하지 않게 하여 주옵소서.

— 캐리 마이어스

때때로 병들게

주님!
때때로 병들게 하심을 감사합니다
인간의 약함을 깨닫게 해주시기 때문입니다

가끔 고독의 수렁에 내던져 주심도 감사합니다
그것은 주님과 가까워 지는 기회 입니다

일이 계획대로 안 되게 틀어 주심도 감사합니다
그래서 나의 교만이 반성될 수 있습니다

불의와 허위가 득세하는 시대에 태어난 것도 감사합니다
하나님의 의가 분명히 드러나기 때문입니다

땀과 고생의 잔을 맛보게 하심을 감사합니다
그래서 주님의 사랑을 깨닫기 때문입니다

주님!
감사할 수 있는 마음을 주심을 감사합니다

- 미상

희망

내 손에 펜이 한 자루있다면 그것은 희망입니다.
그 펜으로 글을 쓸 수 있고
그림을 그릴 수 있고 편지도 쓸 수 있으니까요.
내 입에 따뜻한 말 한마디 담겨 있다면 그것은 희망입니다.
그 말로 남을 위로 할 수 있고 격려할 수 있고
기쁘게 할 수 있으니까요.
내 눈에 눈물이 흐르고 있다면 그것은 희망입니다.
그 눈물과 가난과 슬픔으로
지친 이들의 아픔을 씻어 낼 수 있으니까요.
내 귀에 작은 소리 들려온다면 그것은 희망입니다.
나에게 꼭 필요한 말과 아름다운 음악과 자연의 속삭임을 들을 수 있으니까요.
내 코가 향기를 맡는다면 그것은 희망입니다.
은은한 꽃 향기와 군침 도는 음식 냄새와 사랑하는 이의 체취를 느낄 수 있으니까요.
내 곁에 좋은 친구 한 사람 있다면 그것은 희망입니다.
그 친구에게 내 마음 털어놓을 수 있고 지칠때는 기댈 수 있고 따뜻한 위로 받을 수 있으니까요.
내 가슴에 사랑 하나 있다면 그것은 희망입니다.
그 사랑으로 나를 사랑하고
남을 사랑하며 세상을 사랑할 수 있으니까요.

- 미상

오 주님

나의 주님, 당신의 십자가 외에는 내가 바라는 것이 없습니다. 당신께서는 스스로 낮아지시고 고통을 당하시고 죽음으로써 나로 하여금 헛된 것을 바라지 않게 하셨습니다. 이 땅에 머무르시는 동안 당신께서는 세상살이의 헛됨을 소멸시키셨고 죽었다가 다시 사심으로써 나에게 모든 영원한 것을 주셨습니다. 당신께서 가난하셨는데 내가 어찌 부자 되기를 바라겠습니까? 거짓 예언자를 높이고 참 예언자를 돌로 쳐 죽인 자들의 후손들이 당신을 거부하여 십자가에 못박았는데 내가 어찌 사람들 눈에 유명하고 권세 있는 자 되기를 애써 바라겠습니까? 이 세상에서 완전한 행복을 누리겠다는 희망을, 그 희망이 결국은 절망을 가져다 줄 뿐인데, 내가 어찌 그런 희망을 가슴 속에 품어 기르겠습니까? 나의 희망은 눈에 보이지 않는 것에 있습니다. 그러하오니, 눈에 보이는 보상을 믿지 않게 하소서. 나의 희망은 사람의 가슴으로 느낄 수 없는 것에 있습니다. 그러하오니, 내 가슴의 느낌을 믿지 않게 하소서. 나의 희망은 사람의 손이 닿을 수 없는 것에 있습니다. 내 손가락으로 잡을 수 있는 것을 믿지 않게 하소서. 죽음이 나로 하여금 잡은 것을 놓게 하고, 그리하여 나의 헛된 희망은 사라질 것입니다. 당신의 자비를 믿되 나 자신을 믿지 않게 하소서. 당신의 사랑을 믿되 건강이나 힘이나 재능이나 인간이 지니고 있는 것들을 믿지 않게 하소서. 만일 내가 당신을 믿으면 모든 것들이 나에게 힘이 되고 건강이 되고 나를 뒷받침해 줄 것입니다. 모든 것들이 나를 하늘나라로 데리고 갈 것입니다. 만일 내가 당신을 믿지 않으면 모든 것들이 나를 파멸시킬 것입니다.   - 토머스 머튼

꼭 필요한 만큼

꼭 필요한 만큼만 먹고
필요한 만큼만 둥지를 틀며
욕심을 부리지 않는 새처럼
당신의 하늘을 날게 해주십시오

가진것 없어도
맑고 밝은 웃음으로
기쁨의 깃을 치며
오늘을 살게 해주십시오

예측할 수 없는 위험을 무릎쓰고
먼길을 떠나는 철새의 당당함으로 텅 빈 하늘을 나는
고독과 자유를 맛보게 해주십시오

오직 사랑 하나로
눈물 속에도 기쁨이 넘쳐날
서원의 삶에
햇살이 넘쳐오는 축복

나의 선택은
가난을 위한 가난이 아니라
사랑을 위한 가난이기에

모든 것 버리고도
넉넉할 수 있음이니

내 삶의 하늘에 떠다니는
흰 구름의 평화여

날마다 새가 되어
새로이 떠나려는 내게
더이상
무게가 주는 슬픔은 없습니다

- 유안진

어느 소방관의 기도

제가 업무의 부름을 받을 때에는
하나님이시여,
아무리 강렬한 화염 속에서도
한 생명을 구할 수 있는
힘을 저에게 주소서
너무 늦기 전에 어린아이를
감싸안을 수 있게 하시고
공포에 떨고 있는 노인을
구하게 하소서
저에게는 언제나
만전을 기할 수 있게 하시어
가냘픈 외침까지
들을 수 있게 하시고
신속하고 효과적으로
화재를 진압하게 하소서
……
그리고 하나님의 뜻에 따라
저의 목숨을 잃게 되면
신의 은총으로
저의 아내와 가족을
돌보아 주소서..

- 어느 순직 소방관의 기도

이렇게 마옵시고

위험으로부터 벗어나게 하옵소서 하고 기도하게 마옵시고,
위험에 처하여도 겁을 내지 말게 하옵소서 하고 기도하게 하옵소서
고통 속에서 벗어나게 해달라고 기도하지 말게 하옵시고,
고통 속에 처하여도 그 고통을 이길 수 있는 용기를 달라고 기도하게
하옵소서
인생의 싸움터에서 동료자를 찾게 해 달라고 기도하지 말게 하옵시
고, 인생과 싸워서 이길 스스로의 힘을 달라고 기도하게 하옵소서.
근심스러운 공포 속에서 구원해 달라고 기도하게 마옵시고,
공포를 내가 싸워서 이길 용기를 달라고 기도하게 하옵소서.

겁장이가 되고 싶지 않습니다.
도와 주십시오.
너무너무 내가 기쁘고 성공했을 때만
하나님이 나를 도와 주신다고 생각하게 마옵시고,
매일매일 내가 슬프고 괴롭고 남이 나를 핍박하고 내가 배고플 때
하나님이 내 손목을 꽉 잡고 계신다는 것을 믿게 하옵소서.

— 타고르

누군가의 기도

이 깊은 밤에 누군가 나를 위하여 기도하고 있을 것이다.
이 깊은 밤에 누군가 잠 못이루고 아픔을 함께하고 있을 것이다.
창밖은 차가운 날씨, 꽁꽁 얼어붙는 속에
뜨거운 눈물로 배게 적시며 적시며
누군가 나를 위하여 기도를 하고 있을 것이다.
왠지 자꾸만 흐트러지는 마음 갈수록 곤비한 삶을 바로잡기 위하여
기도를 하고 있을 것이다.
누군가 슬픔의 날을 함께 지낼 수 있다면
아픔의 찔림을 그 고통을 함께 이겨낼 수 있다면
먼 방황의 끝에서 다시 돌아와야만 하는
그런 순간에 두손을 꼭 붙들어 준다면
휘몰아치는 회오리 눈바람 속에서라도
동행하는 믿음의 벗이 있다면
누군가 밤을 허비며 잠을 설치며
안타까이 기도하는 그 음성을 들을 수 있다면
하늘의 별들은 다시 솟구쳐 빛날 것이다.
그윽한 님의 음성이 들려올 것이다.
천상의 나팔 소리 같은 새 생명의 힘이 콸콸콸 차고 넘칠 것이다.
이리하여, 누군가 나를 위하여
한밤중 눈물 적시며 기도하고 있음은
정녕 한량없는 크신 은혜임을 …

— 박화목

오, 선하신 하나님

오 선하신 하나님, 나는 날마다 하나님을 찾을 수밖에 없나이다.
그런데 하나님께서 내가 찾을 때마다 나에게 나타나 주셨나이다.

가정에서나 들에 서나 예배당에서나 또는 길거리,
어디서나 주님을 찾을 때마다 주님은 나타나 주셨나이다.

무엇을 할 때나 주는 나와 함께 하셨나이다.
먹을 때나 마실 때, 글을 쓰거나 일할 때, 차를 타고 어디를 가거나 책을 읽거나
또 는 명상을 하거나 기도할 때 주는 나와 함께 하시나이다.

내가 무엇을 하거나 내가 어디 있거나 나는 주님의 자비와 사랑을 느끼나이다.
오 하나님, 이 고마운 친절함을 영원히 계속하여 베풀어 주시옵소서.

세상 사람이 다 주님의 무한하신 능력과 자비와 사랑을 깨닫고,
나의 원수들까지도 주님의 자비는 영원한 것임을 알게 되기까지 계속하여 주시옵소서. 아멘.

― 놀든

여덟 가지의 기도

그 사람이 바라보게 되는 곳에
아름다움만을 비춰 주시고

쓰게 되는 편지에
거짓을 담을 일 없게끔 해주시고

넘치는 행복 다 담을 수 있도록
큰마음을 만들어 주시고

살아가면서 생기는 아픈 일들
하룻밤의 꿈처럼 지울 수 있게 해주시고

어려운 사람을 위해 흘리던 눈물
앞으로도 계속 흘릴 수 있게 해주시고

사랑하게 되는 이선한 마음을 가진 사람으로 골라 주시고

앞으로도 그 사람을 위해 기도하며 살 수 있도록
나의 기도가 이루어졌음을
내가 평생 모르고 살게 하여 주시옵소서

— 원태연

기도하게 하소서

기도하게 하소서
당신께서
희생의 본을 보이셨던 기도같이
소망으로
기도하게 하소서

기도하게 하소서
당신께서 아버지의 뜻을 따라 간구하였듯이
믿음으로
기도하게 하소서

기도하게 하소서
당신께서
죄인들을 위하여 몸을 찢으셨던 것처럼
마음을 찢으며
기도하게 하소서

기도하게 하소서
당신께서 십자가상에서 거룩한 피를 쏟으시어 사랑했듯이
사랑으로
기도하게 하소서

- 김현민

주님

주님,
주님께서는 제가 늙어가고 있고
언젠가는 정말 늙어버릴 것을
저보다도 더 잘 알고 계십니다.
저로 하여금 말 많은 늙은이가 되지 않게 하시고,
특히 아무 때나 무엇에나 한 마디 해야 한다고 나서는
치명적인 버릇에 걸리지 않게 하소서.
모든 사람의 삶을 바로잡고자 하는 열망으로부터 벗어나게 하소서.
저를 사려 깊으나 시무룩한 사람이 되지 않게 하시고,
남에게 도움을 주되 참견하기를 좋아하는 그런 사람이 되지 않게 하소서.
제가 가진 크나큰 지혜의 창고를 다 이용하지 못하는 것은 참으로 애석한 일이지만
저도 결국에는 친구가 몇 명 남아 있어야 하겠지요.
끝없이 이 얘기 저 얘기 떠들지 않고 곧장 요점을 향해 날아가는 날개를 주소서.
제 팔다리, 머리, 허리의 고통에 대해서는 아예 입을 막아 주소서.
제 신체의 고통은 해마다 늘어가고
그것들에 대해 위로받고 싶은 마음들은 나날이 커지고 있습니다.
다른 사람들의 아픔에 대한 얘기를 기꺼이 들어주는 은혜는 어찌 바라겠습니까만,
적어도 인내심을 갖고 참아줄 수 있도록 도와 주십시오.

제 기억력을 좋게 해주십사고 감히 청할 수는 없사오나
제게 겸손한 마음을 주시어 제 기억이 다른 사람의 기억과 부딪칠 때
혹시나 하는 마음이 조금이나마 들게 하소서.
저도 가끔 틀릴 수 있다는 영광된 가르침을 주소서.
적당히 착하게 해 주소서. 저는 성인까지 되고 싶지 않습니다.
어떤 성인들은 더불어 살기가 너무 어려우니까요.
그렇더라도 심술궂은 늙은이는 그저 마귀의 자랑거리나 될 뿐입니다.
제가 눈이 점점 어두워지는 것은 어쩔 수 없겠지만
저로 하여금 뜻하지 않는 곳에서 새로운 것을 보고
뜻밖의 사람에게서 좋은 재능을 발견하는 능력을 주소서.
그리고 그들에게 그것을 선뜻 말해줄 수 있는
아름다운 마음을 주소서.
아멘.

- 15세기 어느 소녀의 기도

아내의 기도

주여! 사랑한 이
흙탕물 하늘거리는 연꽃 속에 빠져
내 심장 오그라들던 날
솔로몬 눈빛 같은 햇살로 어깨를 감싸주셨지요.

로마 병정 채찍보다 더 날카로운 소리는
가눌 수 없는 몸 되어 벼랑에 설 때
아가서의 속삭임으로
하늘 종소리 들려 주셨지요.

꽃들 웃음소리는 너무 작아 들을 수 없고
주님 모습은 너무나 커 볼 수 없습니다만
영혼이 갈라져 터진 골마다
성령의 소나기 부어 주심을 느낍니다.

그러나 이 온전치 않음을 보소서.
오른팔은 아들이, 왼팔은 딸이 붙잡고 섰지만
한 쪽 발로 선 절뚝발이 믿음을,
이 길을 얼마큼 걸어야
깊은 가시에 얼마큼 찔려야
그와 함께 걸을 수 있을까요?

닭이 세 번 운 뒤
베드로의 눈물을 가슴에 새기며
마지막 순간 빛나던 스데반의 얼굴로
부부가 숙인 마음에 천국을 품어
좁은 문 바라보는 그런 날들이고 싶습니다.

주여!
꺼져 가는 촛불 그림자로 살게 마시고
주님 발아래 엎드린 채 혼자 두지도 마시고
'아담아, 아담아 어디 있느냐'
하나님 음성으로 내 아담을 불러내 주소서.

- 윤영선

좁은 길로 가리라

버드나무 단정히 빗질하는
푸른 물결 넘실대는 강 저 쪽
좁은 길가 들꽃 향기 가득하여라.
청아한 산새 소리 뾰롱 뾰로롱 즐거워라.

하늘에선 사랑 같은 햇살 내리고
잘 익은 열매가 순한 손 기다리는 길
손잡고 나란히 걸을 수 없어도
앞서거나 뒤서거나 서로 정다워라.

생수 같은 사랑 흘러도
때로는 외롭고 때로는 곤고해
좁은 길 가는 사람 아주 적어라.
아는 사람들 이름 크게 부르지만
온다는 사람 대답은 시원찮고 돌아온 내 목소리뿐이어라.

주님 따르는 길은 좁은 길
세상과 구별되는 길
기쁨은 있어도 쾌락은 없는 길
희생은 있어도 짓밟음은 없는 길
그 길, 후회 없이 나는 가리라.
아주 좁고 멀어도 가리라.

빛나도록 흰 옷 입은 사람들
기다리는 나라 바라보며 가리라.

버드나무 단정히 빗질하는
푸른 물결 넘실대는 강 저 쪽
들꽃 향기 가득한 좁은 길로 가리라.
끝 날까지
주님 따라 가리라.

- 윤영선

10가지 기도문

1. 하나님을 친아버지 이상으로 섬기게 하소서. 친아버지가 생계를 위해 필요한 모든 것을 공급하지만 더 중요한 공급자는 바로 하나님 이십니다.
2. 목사님을 하나님 마음으로 섬기게 하소서. 목사님과 좋은 관계 속에서 하나님의 말씀을 듣고 따르는 것이 축복되기 때문입니다.
3. 주일예배는 본 교회에서 드리게 하시옵소서. 하나님의 자녀로서 교회에 충성해야 하며 가능한 주일 예배 만큼은 본 교회에 참석하여 예배 드리는것이 중요하기 때문입니다.
4. 오른쪽 주머니는 항상 십일조 주머니로 하게 하소서. 십일조는 하나님의 것이므로 먼저 구별하게 하여 주시옵소서.
5. 아무도 원수로 만들지 않게 하소서.
6. 아침에 목표를 세우고 기도하게 하소서. 하루를 시작하기 전 오늘 해야 할 일을 하나님께 맡기며 하나님이 모든 일에 함께하여 주실 것을 온전히 믿는 기도를 날마다 하게 하소서.
7. 잠자리에 들기 전 하루를 반성하고 기도하게 하소서. 알게 모르게 계속적으로 짓는 죄를 가능한 빨리 회개하여 죄로 인한 어려움과 고통을 피할 수 있게 하소서.
8. 아침에는 꼭 하나님의 말씀을 읽게 하소서.
9. 남을 도울 수 있으면 힘껏 돕게 하소서. 그리고 도와준 일에 대해 절대로 나팔을 불지 않게 하소서.
10. 예배시간에 항상 앞에 앉게 하소서.

- 록펠러를 향한 어머니의 기도

저녁기도

우리가 한 쪽 팔을 잃고 고통에 소리칠 때
우리의 마음 절망으로 꺾이지 않게 하소서
우리가 사랑을 잃고 가슴을 찢겨 울 때
우리의 가슴 나약함으로 덮이지 않게 하소서
우리가 두려움과 떨림으로 입술을 깨물 때
자유와 정의를 향한 뜨거움 식어가지 않게 하소서
우리가 가난과 굶주림에 쓰라려 넘어질 때
평등과 평화를 이루려는 믿음 작아지지 않게 하소서
우리의 다른 또 한 팔로 상처를 감싸며
두 무릎이 남았음을 알게 하소서
우리가 외로움 속에서 다시 기다릴 수 있는 것도
오직 사랑하는 마음뿐임을 알게 하소서
우리가 동터오는 새벽의 굳셈을 믿는 것도
어둠이 결코 오래 가지 않는 때문임을 알게 하소서
우리가 시린 바람속에서 손에 손 맞잡는 것이
이 세상을 사랑으로 비추는 길임을 알게 하소서

― 도종환

지금 어두운 것들은

버리게 하소서 지금 높은 것들은
그 높음의 살들을
지금 어두운 것들은
그 어둠의 뼈들을
지금 울고 있는 것들은
그 울음의 피들을

利己의 잠들을 탐욕의 꿈들을

그리하여 보이게 하소서

지금 부는 바람은
봄으로 가는 바람이니
지금 반짝이는 별은
홀로 하늘을 끌고 가고 있으니

보이게 하소서 어둠 속의 속의 빛
차가운 눈이 품고 있는 저 탄생들

끝내는 흐르게 하소서 처음과 끝이 하나 되어
흐르게 하소서 일어서 흐르게 하소서

— 강은교

용기를 주소서

모든 사물을 꿰뚫어 보시며
사랑으로 모든 일을 참으시는 하나님
진리와 영으로 당신께 가까이 나가도록
우리에게 용기를 주소서.
마음은 먼 데 가 있고
입술로만 드리는 예배가 되지 않게 하소서.
마음 깊은 곳을 살피시는 당신에게서
피하여 숨으려는 헛된 노력을 하지 않게 도와주소서.
이 밝은 대낮에 우리의 몸을 가리려고
덮어 쓰고 있는 모든 외투와 위장을 벗어버릴 수 있게 하소서.
진리의 빛을 바로 받아서
모든 거짓과 위선과 속임수를 물리치고
사물을 있는 그대로 보아
아무 것도 두려워 않을 만큼 용기 있게 하소서. 아멘.

- W.E. 오카드

작은 기도

눈보담도
희디 흰 마음이게 하소서

떠나는 것
고이 돌려보내고
오는 것
순히 맞아들이게 하소서

반짝이는 반짝이는
 물결이게 하소서

가이없는 출렁임
그 아래 깊숙이
풀지못할 신비를
간직케 하소서

몸부림이게 하소서 못견디는 몸부림이게 하소서

엷은 바람결에도
멀리까지 날으는 은은하고 서러운
저녁 종소리이게 하소서

— 허영자

고3 자녀를 위하여

우리의 아들 딸들에게 더욱 나은 미래를 위하여
학교라는 울타리에서 애태우며
나름대로 열심한 삶을 살았습니다
다가온 수능 관문은 너무 좁습니다

그것을 하루에 해결해야 하는
강박관념에 쌓였습니다
아들 딸에게 펼쳐질 미래는 알 수 없습니다

꽉 쪼인 마음에 희망 불어 넣어 주소서
이것이 시작에 불과함을 일깨워 주소서
가정의 대들보가 되게 하여 주소서

나라의 기둥이 되게 하여 주소서
자신이 하는 일에 소중함 느끼고
최선을 다하게 하여 주소서

그리하여 우리의 자녀가 자신을 바로 알고
작은 생명 하나에도 귀함을 여기는 사람이 되게 하여
이웃 속에서 하나님을 발견하는
맑은 영혼의 소유자가 되게 하여 주소서

- 공복자

오늘을 위한 기도

잃어버린 것들에 애닯아 아니하며
살아있는 것들에 연연해 하지 아니하며
살아가는 일에 탐욕하지 아니하며
나의 나 됨을 버리고
오직 주님만
내 안에 살아있는 오늘이 되게 하소서.

가난해도 비굴하지 아니하며
부유해도 오만하지 아니하며
모두가 나를 떠나도 외로워하지 아니하며
억울한 일을 당해도 원통해 하지 아니하며
소중한 것을 상실해도 절망하지 아니하며
오늘 살아 있음에
감사하고 격려하는 하루가 되게 하소서.

누더기를 걸쳐도 디오게네스처럼 당당하며
가진 것 다 잃고도 욥처럼 하나님을 찬양하며
천하를 얻고도 다윗처럼 엎드려 회개하는

넓고 큰 폭의 인간으로
넉넉히 사랑 나누며
오늘 하루 살게 하소서

죽음보다 강한 사랑

나는 믿습니다.
상상력은 지식보다 강하다는 것을 믿습니다.
신화는 역사보다 힘이 세다는 것을 믿습니다.
꿈은 사실보다 강력하다는 것을 믿습니다.
희망은 항상 경험을 이겨낸다는 것을 믿습니다.
웃음만이 크나큰 슬픔의
유일한 치료법이라는 것을 믿습니다.

그리고 나는 믿습니다.
사랑은 죽음보다 강하다는 것을.

- 로버트 풀컴

어느 여인의 기도

차갑고 외로운 세상 속에서도
그대에게 이르는 길이 따뜻하게 하소서

가슴 여윈 외로움의 날카로운 뼈마디로
깊은 상처가 되어 눈물로 맺힌 이 그리움을
그대의 품 안에서 더 이상 아프지 않게 하소서

모진 어둠 속에서도 등불 같은 그대를 만나
새벽 종소리 출렁이는 빛 한가운데서
기쁨 충만한 영혼이 되게 하소서

더욱 고요해진 내 마음 안에서
영원히 끝나지 않을,
그런 오랜 사랑을 만나게 하소서

- 안희선

다하지 못할 기도

높은 파도도 넘지 못하는 노아의 방주처럼
내 속엔 주님의 사랑이 가득합니다.

끝도없이 펼쳐진 수평선처럼
우리가 기다리는 새날이 오고있습니다.

조용히 그 소리를 가만히 저 곳을 향해
마음을 모으면 언제고 지친
내 어깨 어루만지시는
주님의 크신 사랑 차곡차곡 쌓입니다.

영광의 주께 감사와 찬양을 드립니다.
미처 다하지 못한 기도도 오늘은
끝없이 제단의 촛불처럼 불타 오릅니다.

저 높은 파도도 넘지 못하는
그 사랑을 주님께 오늘부터 조금씩 배워가렵니다.

- 전화자

이런 남편

눈부신 벚꽃이 눈꽃처럼 흩날리는 노곤한 봄날,
저녁 어스름이 슬며시 몰려드는 퇴근길에
사랑하는 아내를 위한 안개꽃 한 다발과
곱게 핀 장미꽃 한 송이를 준비하겠습니다.
뜻밖의 선물에 감격해 발그레해진 아내의 뺨 위에
살포시 사랑의 키스를 선물하는 낭만도 잊지 않겠습니다.
정성으로 준비한 저녁식탁에 앉으면
어설프더라도 칭찬을 아끼지 않는 남편이 되겠습니다.

피곤에 지쳐 곤히 잠든 아내를 위해
아내의 속옷과 양말을 걷어 차곡차곡 개켜 두겠습니다.
그러다 구멍난 아내의 양말을 보면 가슴 뻥 뚫린 미안함에
부끄러운 눈물 한 방울 떨구겠습니다.
라면 하나 끓일 줄 모르지만
가끔은 아내만을 위한 사랑의 요리를 하겠습니다.
맛없다 타박하지 않고 미소로 답하는 아내에게
더 나은 내일을 약속하는 겸손한 남편이 되겠습니다.

때로는 휴가를 내서 아내의 부모님을 모시고
여행을 떠나겠습니다.
귀한 따님 주신 것에 감사하며
귀한 추억을 부모님 가슴에 온전히 새겨 드리겠습니다.

그럴 때에 아내 얼굴에 핀 웃음꽃을 보며
참 행복의 의미를 다시금 깨닫겠습니다.
능력과 재력으로 군림하는 남자가 아닌
배려와 관심으로 함께하는 남자.
가장 든든한 쉼터, 한 그루 나무가 되겠습니다.

봄이면 희망의 새싹이, 여름이면 넉넉한 그늘이.
가을이면 싱그러운 과일이,
겨울이면 언 몸을 녹여 줄 잘 마른 장작이 되어,
고단한 세상을 살아갈 이유와 힘이 생기도록
항상 마음을 열어놓고 귀를 기울이겠습니다.
쉽게 불붙기보다 은근히 타올라
몸과 마음에 온기를 채워 주는 따뜻한 남편이 되겠습니다.
사랑합니다.
아름다운 아내여

일상을 위한 기도

오!하나님 아버지시여,
오늘은
내가 두려워서 하지 못하는 것들을
행할 수 있는
용기를 허락하시고,
내가 하기를 원치 않는 것들도
성실히 수행할 수 있는
양심을 허락하시며,
서로가 싫어하는 사람들과도
잘 어울릴 수 있는 아량을 허락하옵소서.
매일 반복되는 틀에 박힌 일에 대해서도
내가 그것을 당신과 함께 하고 있다는
사실에서 기쁨을 발견하며,
따라서 지루한 것들이
재미있는 것이 되고,
하찮게 보이는 것들이
중요한 것으로 여겨지게 하옵소서.
나로 하여금 행복한 하루가 되게 하시되
다른 사람에게도 그러한 기쁨을 더하게 하옵소서.
예수 그리스도의 공로에 의지하여 기도합니다.
아멘.

세계유명기도문

아버지시여, 풀들이 자라듯이
조용히 걸어가는 법을 가르쳐 주시고
거친 세파의 충격을 맞을 때
내 영혼을 흔들리지 않게 하소서
그러나 내 정신을 꽃처럼 단순하게
만들어 주소서
비록 굳센 힘으로 우뚝 서 있다 해도

아버지시여, 나무처럼 친절하고
끈기있게 참는 법을 가르쳐 주소서
귀뚜라미들은 한낮의 그늘진 참나무 아래서
즐거웁게 속삭이듯 노래하고
투구풍뎅이는 제 일에 힘을 쏟으며
서늘한 제 집에 머물고 있으니
나는 또한 그 어느 한 장소
으슥한 숲이나 돌을 성원하게 하소서
지나는 길손들의 제일 좋은 보금자리가 되어
편히 쉴수 있는 그런 곳을

- E. 마아컵

 ## 용서

오 주님, 호의를 가진 사람들뿐만 아니라
악의를 품은 사람들까지도 기억하여 주소서.

그들이 우리에게 끼친 고난만을 기억하지 마시고
그 고난으로 인해 우리가 얻은 열매도 기억하여 주소서.

이 모든 고난의 결과로 맺어진 열매들,
이를테면 우리의 우정과 충성, 우리의 겸손과 용기, 관용, 넓은 마음
도 기억하여 주소서.
그리고 그들이 심판을 받게 될 때에
우리가 맺은 모든 열매들로 인해 그들이 용서받게 하소서.

- 라펜스부루크에 있는 나치스 강제 수용소에서 발견된 종이조각에

이 손을 잡고 가소서

하나님, 저는 무능하지만 주님께 능력이 있을 줄로 믿습니다.
하나님, 저는 문제 투성이로 주님 앞에 나아왔습니다.
주님께서 저의 해결이 되어주실 줄로 믿습니다.
하나님, 저는 주님께서 주신 건강을 탕진하고 질병 가운데 나아왔습니다.
하지만 주님께서 나를 고쳐주실 줄로 믿습니다.
하나님, 우리 가정은 어려움 가운데 빠져 있습니다.
주님께서 우리 가정을 회복해주실 줄로 믿습니다.
하나님, 나는 주님께서 주신 기회를 다 허비하고
이제 쓸모 없는 인간으로 나아왔습니다.
하지만 주님께서 주님의 영광을 위하여
나 같은 사람도 써주실 줄로 믿습니다.

주님이여, 이 손을 꼭 잡고 가소서. 약하고 피곤한 이 몸을.
폭풍우 흑암 속 헤치사 빛으로
손잡고 나를 인도하소서.
인생이 힘들고 고난이 겹칠 때
주님이여 나를 도와주소서.
외치는 이 소리 귀 기울이시사
손잡고 나를 인도하소서.

- 장경철

이제는 포기합니다

하나님 아버지,
오랫동안 저는 주님께 마음속 깊은 욕망을 간구 해 왔습니다.
그렇지만 제가 주님께 도움을 호소하면 할수록 주님은 더 멀리 계신 것 같았습니다.
제가 이 문제에 있어서 일방적으로 간구 했음을 자백합니다.
저는 주님께 제 기도가 응답될 수 있는 방법을
제안하려고 애썼습니다.

수치스럽게도 저는 주님과 흥정을 했습니다.
그러나 저는 창조주이신 주님을 조정하려는 것은 너무나 어리석은 일임을 알고 있습니다. 제 영혼이 너무나 아프고 지친 것은 하나도 이상할 것이 없습니다.

하나님 아버지,
저는 주님을 의뢰하기 원합니다.
제 영혼은 다음과 같은 진실들이,
제가 비록 느끼지 못할 때라도 영원히 신뢰할 만한 가치가 있음을 알고 있습니다.
주님이 거기 계신 것.
주님이 저를 사랑하시는 것.
주님만이 제게 가장 좋은 것이 무엇인가를 알고 계시는 것.

하나님 아버지,
어쩌면 처음부터 주님께서는 저 자신의 노력을 포기하기를 기다리셨는지도 모릅니다.
결국 저는 제가 원하는 보다도 제 생활 속에 주님이 계실 것을 더욱 원합니다.
그러므로 지금, 의지의 행위로 저는 이것을 주님께 포기합니다.
그것이 어떤 것이든지 저는 주님의 뜻을 받아들이겠습니다.

제 감정이 항의할 때조차, 이 의지의 행위를 진정한 인격의 결정으로 받아 주시는 것을 주님께 감사 드립니다.
주님께서 이 결정에 진실하도록 저를 붙들어 주시기를 간구 합니다.
주 하나님,
홀로 경배 받으시기에 합당하신 주님께 저는 무릎을 꿇고 이것 역시 "합력 하여 선을 이룰"(롬 8:28)것을 감사 드립니다.
예수님의 이름으로 기도합니다. 아멘.

– 캐서린 마샬

말의 은혜를 더하사

말씀의 주님
말씀으로 천지를 창조하시고 조성하신 주님께
감사와 찬송을 돌리옵니다.

말씀의 주님께서
저희들을 창조하실 때에
말의 은총을 부여하사
말하면서 살 수 있게 하신 것을 감사합니다.

주님의 말씀은
전능하신 말씀인 것을 믿기에
그 말씀에서 생명을 얻고
말씀의 은총 안에서 힘을 얻고 또 얻으며
살아가고 있음을 고백합니다.

저희들은
저희들의 말에도 주님께서 주신 힘이 있다는 사실을 망각하여
잘못 말하거나 무책임하게 말하거나
부정적으로 말하면서도 그것이 잘못이라는 것을
깨닫지 못했던 일들이 있었음을 용서하여 주옵소서

이제부터라도

말의 지혜와 겸손과 사랑과 진실함을 따라
말할 수 있도록
말의 은혜를 더하여 주옵소서

그리하여
오해를 이해로
분노를 평온으로
미움을 사랑으로
부정을 긍정으로 바뀌게 하는 자리에 이르도록
축복하여 주옵소서

주 예수 그리스도의 이름으로
기도하옵나이다. 아멘

— 이현수